Neue
Kleine Bibliothek 233

Thomas E. Goes

Aus der Krise
zur Erneuerung?

Gewerkschaften zwischen
Sozialpartnerschaft und
sozialer Bewegung

PapyRossa Verlag

Für Michael, Vio, Frauke und Yanira

© 2016 by PapyRossa Verlags GmbH & Co. KG, Köln
Luxemburger Str. 202, 50937 Köln
Tel.:   +49 (0) 221 – 44 85 45
Fax: +49 (0) 221 – 44 43 05
E-Mail: mail@papyrossa.de
Internet: www.papyrossa.de

Umschlag: Verlag, unter Verwendung eines Motivs von dapd
Druck: Interpress

Die Deutsche Nationalbibliothek verzeichnet diese Publikation in
der Deutschen Nationalbibliografie; detaillierte bibliografische
Daten sind im Internet über http://dnb.d-nb.de abrufbar

ISBN 978-3-89438-619-1

Inhalt

1.
Gewerkschaft als Bewegung?

»Zehn Jahre Wirtschaftskrise, Massenarbeitslosigkeit, Sozialabbau und beschleunigte unternehmerische Rationalisierung haben soziale Ungerechtigkeiten, Chancenungleichheiten, zunehmende Armut (...) und die Mißachtung der Lebensinteressen breiter Bevölkerungsschichten in der Bundesrepublik bewirkt. Dies alles geschieht, obwohl das Sozialstaatsgebot die staatlichen Organe zur Überwindung der Wirtschafts- und Beschäftigungskrise nach dem Maßstab von Gleichheit und sozialer Gerechtigkeit verpflichtet.« (Steinkühler 1986, 579)

Dieses Urteil, das der damalige Zweite Vorsitzende der IG Metall, Franz Steinkühler, nach den ersten Jahren der Regierungskoalition zwischen CDU und FDP formulierte, ist mittlerweile 30 Jahre alt, hat aber nichts an Aktualität verloren. Im Gegenteil, die Ausweitung von Kapitalmacht ist weitergegangen, gesellschaftliche Spaltungslinien wurden vertieft, der Anteil der arbeitenden Armen ist gestiegen. Ohne konfliktorientierte Gewerkschaften, davon bin ich überzeugt, wird sich diese Entwicklung sogar noch verschärfen.

Mit dem vorliegenden Buch möchte ich daher zur Diskussion um die wünschenswerte Stärkung der deutschen Gewerkschaften beitragen, die unter dem Stichwort »Gewerkschaftliche Erneuerung« geführt wird. Erörtert werden auf den folgenden Seiten unter anderem neuere Organisierungsbewegungen, die aus Belegschaften kamen, und neue Ansätze in der Mitglieder- und Tarifpolitik (wie etwa »Organizing« oder die »bedingungsgebundene Gewerkschafts-

arbeit«[1]), die in den letzten Jahren in den Gewerkschaften aufgegriffen wurden. Sie zielen auf den Wiederaufbau gewerkschaftlicher
Organisationsmacht. Diese Ansätze sind begrüßenswert. Sie reichen, jede allein für sich genommen, angesichts einer fulminanten
Ausweitung der Kapitalmacht, wie sie sich in den vergangenen 30
Jahren vollzogen hat, allerdings nicht mehr aus. Die Neoliberalisierung des globalen Kapitalismus hat das Kampffeld radikal verändert, auch wenn Inseln der gewerkschaftlichen Stabilität einen
anderen Eindruck vermitteln können. Im Ergebnis haben wir es seit
längerer Zeit mit einer eklatanten Defensive der sozialpartnerschaftlichen Gewerkschaften zu tun.

Eine politische Alternative könnte der »Social Movement Unionism« sein, die »Gewerkschaft als Bewegung«. Als erste große Industriegewerkschaft entwickelten die Canadian Auto Worker diese
Strategie in den 1980er Jahren (Köhnen 1999, 26 ff.). In Deutschland
könnte sich die »Gewerkschaft als Bewegung« aus den angedeuteten
und unten ausführlicher zu diskutierenden Lernprozesse innerhalb
der Betriebe und Gewerkschaften entwickeln. Kim Moody, Mitbe-
gründer des Gewerkschaftsnetzwerks Labor Notes[2], hat die »Gewerkschaft als Bewegung« folgendermaßen charakterisiert: »Die Gewerkschaft als Bewegung ist zutiefst demokratisch, da dies der beste Weg
ist, um die Stärke der Vielen zu mobilisieren und so ein Maximum
an wirtschaftlicher Verhandlungskraft zu entfalten. Sie ist kämpferisch
und konfliktorientiert in den kollektiven Verhandlungen, weil sie
glaubt, dass Konzessionen hier zu mehr Konzessionen woanders führen – ein Angriff auf einen ist für sie ein Angriff auf alle. Sie versucht
Forderungen aufzustellen, die zu mehr Arbeitsplätzen führen und der
ganzen Lohnabhängigenklasse nützen. Aufgrund der Einsicht, dass
dort die größte Durchsetzungsfähigkeit entsteht, kämpft sie für den
Aufbau von Macht und Organisierung am Arbeitsplatz und im Betrieb. (…). Sie multipliziert ihre politische und soziale Macht, indem

---

1   Einen Überblick über neuer Ansätze der Gewerkschaftspolitik bietet der
    Sammelband »Comeback der Gewerkschaften?« (Schmalz/Dörre 2013).

2   www.labornotes.org.

sie Verknüpfungen mit anderen Sektoren der Lohnabhängigenklasse herstellt, sei es zu anderen Gewerkschaften, sei es zu Stadtteilgruppen und -organisationen, sei es zu sozialen Bewegungen. Sie kämpft für alle Unterdrückten und vergrößert auf diesem Weg ihre eigene Macht.« (Moody 1997b, 4 f.)

Um diese Überlegungen verständlich zu machen, ist es sinnvoll zunächst einen Schritt zurückzutreten und die Entstehung sozialpartnerschaftlicher Gewerkschaften in Westdeutschland in den Blick zu nehmen. Im zweiten Kapitel des Buches wird deshalb zunächst ausführlicher in das Thema eingeführt, bevor mit dem dritten ein Theoriekapitel folgt. Es wirft einen grundlegenderen Blick auf das Herrschaftsverhältnis zwischen Kapital und Arbeit und fragt nach der Rolle von Gewerkschaften darin. Während ich im ersten Teil dieses Kapitels Sphären der Kapitalherrschaft und ihre Bedeutung für Gewerkschaften diskutiere, stelle ich im zweiten Teil die Machtressourcen von Lohnabhängigen vor, auf die sie zurückgreifen können, wenn sie sich für ihre Interessen einsetzen. Das vierte Kapitel widmet sich den Besonderheiten des sozialpartnerschaftlichen Gewerkschaftsmodells, dessen Entwicklung auf dem Rücken einer lang anhaltenden Prosperitätskonstellation nach dem Zweiten Weltkrieg sowie der Bedeutung (bisher) periodisch wiederkehrender lang andauernder Wachstums- und Stagnationsperioden für das gewerkschaftliche Handeln. Im daran anschließenden fünften Kapitel werden wichtige Entwicklungen innerhalb der Transformationsphase des deutschen Kapitalismus erörtert, die Mitte / Ende der 1970er Jahre einsetzte. Sozialpartnerschaftlich agierende Gewerkschaften sind dabei nachhaltig unter Druck geraten. Die sich anschließende Erosion gewerkschaftlicher Macht hängt mit grundlegenden Veränderungen des Kapitalismus zusammen, die hier als Neoliberalisierung zusammengefasst werden. Im Kern geht es dabei einerseits um die Verbesserung von Investitions- und Verwertungsbedingungen, die nicht nur politisch und wirtschaftlich, sondern auch ideologisch verfolgt wird, andererseits um die Erschließung neuer Felder für die private Kapitalanlage – die Neoliberalisierung ist insofern gleichbedeutend mit der Ausweitung von Kapitalmacht und der Festigung bzw. dem Ausbau von

Klassenherrschaft (Harvey 2005, 11 ff.). Das Zwischenergebnis ist eine prekäre Arbeitsgesellschaft, für die größere soziale Unsicherheit, eine marktgetriebene Disziplinierung und eine strafend aktivierende Sozialpolitik charakteristisch sind (Dörre 2014). Die Konkurrenz- und Kampfzonen werden ausgeweitet, die Macht und damit die Autonomie und Teilhabechancen von Lohnabhängigen hingegen empfindlich geschwächt.

Mein zentrales Argument lautet, dass die Routinen und Institutionen sozialpartnerschaftlicher Gewerkschaftspolitik deshalb nicht mehr ausreichen, um Lohnabhängigeninteressen erfolgreich und solidarisch zu vertreten. Allerdings blieb die Defensive nicht ohne Gegenbewegung, wie sich etwa in der jüngeren Stabilisierung der Mitgliederzahlen der DGB-Gewerkschaften zeigt. Auch in den Belegschaften finden sich, wie ich im sechsten Kapitel zeige, »Organisierungsrohstoffe« in Form von betriebs- und gesellschaftsbezogenen Ungerechtigkeitswahrnehmungen, wenngleich diese zum Teil mit Verarbeitungsweisen einhergehen, die gewerkschaftliche Organisierung zunächst blockieren können. Und auch in den Gewerkschaften selbst lassen sich vielfältige Lernbewegungen beobachten, die darauf zielen gewerkschaftliche Organisationsmacht[3] in der betrieblichen und tarifpolitischen Arena wieder herzustellen, wie ich im siebten Kapitel zeigen werde. Aus diesem Grund habe ich es mit »Hoffnungsfunken« überschrieben. Diese Lernbewegungen verdichten sich bisher aber nicht zu einem alternativen Gewerkschaftsansatz. Sie koexistieren mit Ansätzen, die an den überkommenen sozialpartnerschaftlichen Arbeitsbeziehungen festhalten oder gar auf Co-Management setzen. Ich schließe das Buch deshalb im achten Kapitel mit einem Plädoyer für die Ausrichtung der »Gewerkschaft als Bewegung« ab. Die »Gewerkschaft als Bewegung« kann – ausgehend von »Organisierungsrohstoffen« in den Be-

---

3   Siehe hierzu den sog. Jenaer Machtressourcenansatz (Schmalz/Dörre 2013). Wer die Jenaer Gewerkschaftssoziologie kennt, wird viele Übereinstimmungen (aber auch gravierende Unterschiede) im weiteren Gang der Argumentation finden. Die Anregungen, die ich in diesem Arbeitszusammenhang in den vergangenen Jahren bekommen habe, sind zu zahlreich, um sie an allen Stellen auszuweisen, an denen es vielleicht angebracht wäre.

legschaften – aus gegenmachtorientierten Traditionen der deutschen Gewerkschaftsbewegungen schöpfen und an jüngere Lernbewegungen in Betrieben und Gewerkschaften anknüpfen. Letztlich ist dies ein politischer Konflikt und eine strategische Entscheidung, zu der wir uns selbst durchringen und für die wir uns in unseren Gewerkschaften einsetzen müssen.

Bedanken möchte ich mich bei den haupt- und ehrenamtlichen GewerkschafterInnen[4], die mich an ihren Einsichten haben teilhaben lassen. Es wäre schön, wenn dieses Buch einen Nutzen für sie hätte.

---

4   Für wichtige Anregungen und Korrekturen danke ich Anton Kobel, Axel Gerntke, Helmut Born, Jan de Vries, Patrick von Brandt, Yanira Wolf, Marcel Thiel, Mario Becksteiner, dem Projekt »Organisieren Kämpfen Gewinnen« www.organisieren-gewinnen.de sowie den TeilnehmerInnen am Arbeitskreis Strategic Unionism Jena.

2.
Zwischen Sozialpartnerschaft, Erneuerung und sozialer Bewegung

Nach dem Zweiten Weltkrieg setzte sich die weithin sozialistische Gewerkschaftsbewegung für eine wirtschaftsdemokratische Neuordnung der deutschen Gesellschaft ein. Bekanntermaßen sollte es anders kommen. Zum Erstaunen vieler Zeitgenossen hatte nach dem Zweiten Weltkrieg, ab Mitte der 1940er Jahre, eine neue lange Prosperitätsphase des Kapitalismus eingesetzt. Erst Anfang / Mitte der 1970er Jahre sollte sie in eine ebenfalls nun länger anhaltende Phase mit wirtschaftlich stagnativem Grundton übergehen. Diese Nachkriegsexpansion hatte tiefgreifende soziale Folgen: Ab Anfang der 1950er Jahre setzte ein starkes Wirtschaftswachstum ein, die Löhne stiegen enorm an und die Arbeitslosigkeit nahm deutlich ab. Die Regierung Adenauer schaffte es vor diesem Hintergrund Forderungen nach einer Demokratisierung der Wirtschaft ins Leere laufen zu lassen. Im Gegenteil, nicht nur die Herren an Rhein und Ruhr, die während des deutschen Faschismus prächtige Geschäfte gemacht hatten, kehrten auf die wirtschaftlichen Kommandohöhen zurück. Sozialistische Neuordnungspläne der Gewerkschaften und der SPD verschwanden, die der Kommunistischen Partei konnten aufgrund eigener politischer Fehler und infolge politischer Repression, die 1956 schließlich zum Parteiverbot führte, nicht an Boden gewinnen. Die DGB-Gewerkschaften stiegen auf dem Rücken der wirtschaftlich expansiven Nachkriegswelle schließlich zu einflussreichen und poli-

tisch anerkannten Vetomächten auf. Die führenden Köpfe der Gewerkschaften wurden trotz der Nachkriegsniederlagen zu einer Art
Gegen-Elite (Streeck 2008). Sie gehörten zwar nicht zum ›Block an
der Macht‹ (Poulantzas), wurden von diesem aber als Gegenspieler
anerkannt – so lange jedenfalls, wie sie die Regeln der kapitalistischen Marktwirtschaft akzeptierten. Den politischen Rahmen dieser
Kompromissbildungen ergaben die Rückkehr der alten Eliten an die
Schalthebel der Macht, der Ausbau des Sozialstaates, die Einrichtung
einer die sozialen Konflikte tendenziell befriedigenden Betriebs- und
Tarifverfassung (die den Gewerkschaften einen institutionellen Einfluss in den Betrieben verwehrte), die Repression gegen Linke jenseits der Sozialdemokratie (u. a. Verbot der KPD) und die langsame
Revision sozialistischer Positionen innerhalb der SPD. An die Stelle
einer Reformprogrammatik, die die kapitalistische Marktwirtschaft
Schritt für Schritt überwinden wollte, trat ein Ansatz, der sie lediglich
sozialer und menschlicher zu machen suchte.

Die Mitgliederzahlen der Gewerkschaften wuchsen, Tariferfol-
ge konnten gefeiert werden. Mit der Arbeitslosigkeit verschwand
schließlich auch die industrielle Reservearmee der Unternehmen.
Ende der 1960er Jahre stellte eine selbstbewusstere gewerkschaftliche
Basis schließlich auch weitaus höhere Forderungen, als vom hauptamtlichen Funktionärskörper zunächst für möglich gehalten wurde.
In diese Zeit fiel auch eine Renaissance grundsätzlich kapitalismus-
und gesellschaftskritischer Ansichten innerhalb der Gewerkschaftsbewegung (Streeck 2008, 8). Und schließlich stammen aus diesen
Jahrzehnten auch unsere Vorstellungen darüber, was sozialpartnerschaftliche Arbeitsbeziehungen sind, wie sie funktionieren und welche Routinen sie prägen. Damals fehlte es sicherlich nicht an linken
KritikerInnen innerhalb der Gewerkschaften. Dennoch erscheint
diese Zeit aus heutiger Perspektive geradezu als »Golden Age« der
gewerkschaftlichen Stärke. In den späten 1970er und frühen 1980er
Jahren fand es allerdings ein langsames Ende. Seither hat sich derart
viel im Kräfteverhältnis zwischen Kapital und Arbeit verändert, dass
selbst Stimmen laut wurden, die fragten, ob nicht auch ein Kapitalismus ohne Gewerkschaften möglich sei.

Denn immerhin seit rund 25 Jahren befinden sich die deutschen Gewerkschaften in der Defensive. Erst in jüngster Zeit konnten sie sich organisationspolitisch und mitgliedermäßig erneut stabilisieren. Es gibt mittlerweile sogar zarte Anzeichen eines Rückenwindes (Dörre u. a. 2016; Goes u. a. 2015). So konnten etwa die IG Metall und die Gewerkschaft Nahrung-Genuss-Gaststätten (NGG) zwischen 2009 und 2013 leichte Mitgliedergewinne verzeichnen (Dribbusch/Birke 2014, 6). Von einer Rückwärtsbewegung zu sprechen, bedeutet also nicht, von einer Periode ständiger Niederlagen und Misserfolge auszugehen. Dennoch: Seit langem nimmt die Zahl der Beschäftigten, die nach Tarifverträgen und/oder in einem Betrieb arbeiten, in dem Betriebs- oder Personalräte mitbestimmen, ab. 1996 arbeiteten in Westdeutschland 66% und in Ostdeutschland 48% aller Beschäftigten im Rahmen eines Flächentarifs, im Jahr 2014 waren es im Westen nur mehr 47% und im Osten 28%. Durch einen Betriebsrat wurden 1996 51% aller Westdeutschen und 43% aller Ostdeutschen, die in der Privatwirtschaft beschäftigt waren, vertreten. Wiederum 18 Jahre später kamen nur noch 43% im Westen und 33% im Osten in den Genuss der betrieblichen Mitbestimmung (Ellguth/Kohaut 2015, 291 ff.). Die Zahl der gewerkschaftlich Organisierten ist ebenfalls rasant gesunken. 1989 waren nach Angaben des DGB 7.861.120 Beschäftigte in einer seiner Einzelgewerkschaften organisiert, 2014 waren es noch 6.104. 851 – trotz der Vergrößerung der Zahl der Erwerbspersonen im Zuge der Vereinigung 1990 (DGB 2015). 1990 betrug der Anteil der Gewerkschaftsmitglieder an allen abhängig Beschäftigten (gewerkschaftlicher Organisationsgrad) noch gut 36%, 2012 waren es noch etwa 22% (Greef 2014, 703). All dies deutet auf geringere gewerkschaftliche Durchsetzungs- und Mobilisierungsfähigkeit hin.

Diesen Zahlen entsprechen harte betriebliche Realitäten, in denen Mitbestimmungs- und Tarifforderungen oft auf Gegenwehr der Geschäftsführungen treffen. Nicht selten zielen sie darauf ab, Betriebsratsgründungen und die Durchsetzung von Tarifverträgen – zwei Varianten institutioneller Lohnabhängigenmacht – zu verhindern. Als beispielsweise im Unternehmen Ergotron[5], einem größeren Automo-

---

5   Name des Unternehmens wurde geändert.

bilzulieferer, Betriebsräte und gewerkschaftlich Aktive die Forderung in der Betriebsöffentlichkeit erhoben, das Unternehmen solle mit der Gewerkschaft einen Tarifvertrag unterschreiben, reagierte das Management zunächst mit einem disziplinierenden Personalgespräch, das den maßgeblichen Aktiven einschüchtern sollte. Als dieser sich unbeeindruckt zeigte lancierte die Geschäftsführung in der Belegschaft das Gerücht, die aktiven Betriebsräte würden durch ihre Politik maßgeblich dazu beitragen, die Wirtschaftlichkeit des Unternehmens zu gefährden und Arbeitsplätze aufs Spiel zu setzen. Den führenden Kopf dieser Gruppe, die lediglich grundlegende Rechte wahrnehmen wollte, versuchte die Geschäftsführung aus dem Unternehmen zu drängen. Ein prominenteres Beispiel antigewerkschaftlicher Unternehmenspolitik bietet das Handelsunternehmen Amazon, das sich beständig weigert(e), mit ver.di über den üblichen Branchentarifvertrag Handel überhaupt zu verhandeln. Der Grund dafür findet sich zum einen in der Niedriglohnstrategie des Marktführers (Boewe/Schulten 2015, 3-5); zum anderen zielt das betriebliche Herrschaftsregime, das tayloristische Arbeitsorganisation, computergestützte Kontrollen, geschürten internen Wettbewerb, Teamideologie und disziplinierende Leistungsbeurteilungen kombiniert, auf eine interessenpolitische Atomisierung der Belegschaft (ebd., 9 f.). Das erhöht die Handlungsspielräume des Unternehmens, gewerkschaftlich verankerte Interessenvertretungen wirken hingegen einengend. Die gewerkschaftliche Organisierung braucht dementsprechend langen Atem, auch weil das Unternehmen gezielt auf interessenpolitische Spaltungen und antigewerkschaftliche Mobilisierungen setzt (ebd., 29-32).

Zugegeben, das sind Schlaglichter. Aber derartige Fälle sind längst keine Ausnahmen mehr und prägen die Arbeitsbeziehungen in sehr unterschiedlichen Branchen, von Zulieferern der Automobilindustrie sowie Logistik- und Handelsunternehmen bis hin zur Bauindustrie. In einem Großhandelsunternehmen, das ich in einem Forschungsprojekt untersucht habe, weigerte sich das Unternehmen hartnäckig, Tarifverhandlungen mit der Gewerkschaft ver.di zu führen. Dem Kopf des gewerkschaftlich organisierten Betriebsrates kündigte das Unternehmen unrechtmäßig, insgesamt wurden im Rahmen der Unternehmensstrategie, die auf Produktivitäts- und Flexibilitätssteigerung zielte, drastische Kontroll- und Strafmittel eingeführt. Disziplinierende Vorgesetztengespräche gehörten zum normalen Betriebsalltag. Das Betriebsklima umschrieb einer der aktiven Gewerkschafter so: »Das ist da oben schlimmer als in der Psychiatrie, da wirst du psychisch fertig gemacht. Die vier goldenen D's: Dampf, Druck, Dresche, Drall. Was anderes zählt da oben nicht, wenn der Drall da nicht mehr nützt, dann kommen sie an mit der Peitsche.« Wichtig ist dabei: Diese Art der unternehmerischen Gegenwehr bewegt sich unterhalb der Schwelle des sog. »Union Busting«, also aggressiver Gewerkschafts-Verhinderungsstrategien (Rügemer/Wigand 2014). Es handelt sich dabei weniger um Extremfälle, als um eine Begleiterscheinung unternehmerischer Wettbewerbsstrategien, in denen Arbeitskräfte möglichst produktiv, günstig und flexibel sein sollen. Wirkliche Mitbestimmung und Tarifpolitik erscheinen einem Teil des UnternehmerInnenlagers als ein Hindernis, für einen anderen ist beides nur dann akzeptabel, wenn sie wettbewerbskonform sind, Betriebsräte und GewerkschafterInnen sich also für »marktkonforme Mitbestimmungs- und Tarifpolitik« entscheiden. Im Hintergrund dieser Haltungen stehen tiefgreifende sozialökonomische Veränderungen, die sich seit den 1970er Jahren vollzogen haben und im Zuge eines längeren Prozesses zu einer kontinuierlichen Ausweitung von Kapitalmacht geführt haben (Kap. 5).

Diese Diagnose sollte allerdings nicht dazu verführen ein vereinfachtes und die Wirklichkeit entstellendes Bild der Klassenbeziehungen in Deutschland zu zeichnen. Sicherlich gibt es auch heute noch Unternehmen und Wirtschaftssektoren mit hohen gewerkschaftlichen Organisationsgraden, stabilen Betriebs- und Personalräten und kooperativen Arbeitsbeziehungen zwischen Geschäftsführungen und Beschäftigten. In diesen Bereichen ist auch die sog. »institutionelle Lohnabhängigenmacht«, die auf der Anerkennung von Beschäftigteninteressen durch die Kapitalseite beruht und sich in erfolgreichen Verhandlungen innerhalb dafür vorgesehener Einrichtungen wie Betriebsräten oder Tarifkommissionen ausdrückt, weit verbreitet. Da kapitalistische Gesellschaften aus ökonomisch ungleich entwickelten Sektoren bestehen (etwa hinsichtlich der Profitabilität von Investitionen oder der Produktivität), die kombiniert werden (Mandel 1970, 503), sind weder unternehmerische Wettbewerbsstrategien überall identisch, noch stehen alle Unternehmen unter dem gleichen Wettbewerbsdruck. Dementsprechend unterscheiden sich die Verteilungsspielräume, die ihre interessenpolitische Beweglichkeit gegenüber ihren Belegschaften mitbestimmen, zuweilen beträchtlich. Am größten scheinen sie in Unternehmen zu sein, die über eine starke Weltmarktposition verfügen, geringer dagegen in den abhängigen Zulieferbetrieben, in vielen Dienstleistungssektoren, in der Logistik, der Schlacht- und Nahrungsmittelindustrie sowie der klassischen Bauwirtschaft. Neben den gewerkschaftlich und mitbestimmungspolitisch stabileren Sektoren existieren insofern Bereiche, in denen Beschäftigteninteressen kaum mehr oder nur unter erheblichem Druck sich organisierender Belegschaften durch das Management beachtet werden. Gewerkschaftliche Erfolge setzen hier eine grundlegende Gegenmachtfähigkeit voraus – in den Worten eines Mitglieds des Landesbezirksvorstandes ver.di NRW: »Wenn es die dann nicht gibt, zieht die Kapitalseite einfach durch.«

Die Defensive der Gewerkschaften ist allerdings nicht umfassend. Es gibt auch positive Gegentrends, die Anlass zu Hoffnung geben. Mit der Einführung des Mindestlohnes und der Rente mit 63 gelang den Gewerkschaften immerhin ein erfolgreiches politisches Agenda Setting, so begrenzt diese Reformen aufgrund vielfältiger Ausnahmeregeln auch sein mögen. Das ist längst nicht selbstverständlich, bedenkt man die weitreichende Entfremdung zwischen weiten Teilen der DGB-Gewerkschaften und der politischen Elite in der Bundesrepublik insbesondere im Nachgang zur Agenda-Politik, die von SPD und Grünen in ihrer gemeinsamen Regierungszeit (1998–2005) durchgesetzt wurde.

Aber auch in der eigentlichen gewerkschaftlichen Kärrnerarbeit gibt es ermutigende Gegenbewegungen, worauf nicht nur die Bereitschaft der Beschäftigten in den Sozial- und Erziehungsdiensten, bei der Post oder bei der Bahn hinweist, für die eigenen Interessen auch zu streiken. Möglicherweise werden wir Zeugen eines Gezeitenwechsels: Seit den 1980ern wurden in erster Linie defensive Streikkämpfe geführt, die auf die Angriffe der Beschäftiger antworteten. Noch in den 1990ern bis 2005 gab es eine nur sehr niedrige Streikrate, seit 2010 steigt aber auch diese wieder an und erreichte in der ersten Hälfte 2015 einen neuen Höchststand (Deppe 2015b, 103). Auf rund 1,1 Millionen Streikende entfielen etwa 2 Millionen Arbeitskampfta-ge. Mehr Streiktage und Streikende hatte es seit über einem Jahrzehnt nicht mehr gegeben. Sicherlich, eine Arbeitskampfdichte wie in der Vergangenheit ergab sich (bisher) bei weitem nicht. Die Unterschiede sind immer noch beträchtlich. In den Jahren 2005 – 2013 entfielen auf 1000 Beschäftigte im Jahresdurchschnitt rund 16 Streiktage. Zwischen 1950 und 1954 waren es 75, zwischen 1970 und 1974 waren es 55 und im Zeitraum von 1980 bis 1984 waren es 48 Streiktage. Dennoch könnten wir vor einer Trendumkehr stehen. Darauf deutet zumindest der in jüngster Vergangenheit zu beobachtende Anstieg von Tarifkon-flikten hin, in denen Streiks notwendig wurden. 2007 gab es davon 82, 2014 waren es 214. Bemerkenswert ist in diesem Zusammenhang, dass 80 % dieser Streiks und 90 % der Streiktage im Dienstleistungssektor stattfanden (Dörre u. a. 2016). Wichtig ist dabei aber auch die Qualität der Streiks, zum Teil haben sie wieder einen offensiven Charakter, wie etwa die Tarifkämpfe der Gewerkschaft Deutscher Lokomotivführer (GDL) oder die in den Sozial- und Erziehungsdiensten zeigten, die ver.di führte.

Zuweilen lassen sich, etwa bei der IG Metall und der NGG in Ost-deutschland, auch Organisierungsbewegungen beobachten, die aus den Betrieben selbst kommen (Goes u. a. 2015). Und auch im Kreis der hauptamtlichen Gewerkschaftsfunktionäre setzten in der jüngeren Vergangenheit Lernbewegungen ein, die z. B. in Experimenten mit neuen Formen der Organisierung (»Organizing«) oder Mitgliederbe-teiligung (»bedingungsgebundene Tarifpolitik«) mündeten. Hoffnung können auch Befunde der jüngeren Forschung zum Lohnabhängigen-bewusstsein machen, die auf ein gewachsenes Maß an betriebs- und gesellschaftsbezogener Kritik in den befragten Belegschaften verwei-sen (Dörre 2012, 499; 2015b). Diese Legitimationsprobleme finden sich sowohl in Industriebereichen wie in Dienstleistungssektoren, wenngleich ihre Verarbeitungsweisen kompliziert sind: Ansatzpunkte für gewerkschaftliche Organisierung sind oft mit Orientierungen kombiniert, die interessenpolitisches Aktivwerden blockieren können (Kap. 6). Ob sich aus diesen Gegentendenzen zur Krise der Gewerkschaften also ein neuer Aufschwung gewerkschaftlicher Organisierung und Durchsetzungsstärke entwickelt, bleibt abzuwarten. Nicht zuletzt dürfte es davon abhängen, ob und wie bereits gewerkschaftlich Aktive und Gewerkschaftsfunktionäre diese Hoffnungsschimmer nutzen. Insofern geht es um strategische Grundsatzfragen.

Gründe für die lang anhaltende Defensive der Gewerkschaften finden sich, so die hier vertretene Grundannahme, im Festhalten vieler Aktiver und Hauptamtlicher am Modell sozialpartnerschaftliche Gewerkschaftspolitik, deren wirtschaftlich-soziale und politische Grundlagen in vielen Branchen nach und nach weggebrochen sind. Dabei sind drei Handlungsebenen einer langen neoliberalen Transformation des europäischen Nachkriegskapitalismus (Streeck 2014, 19) zu unterscheiden, auf denen sich Veränderungen in einem ungleichen Tempo vollzogen haben. Auf der Unternehmens- und Betriebsebene wurde mit neuen Formen der Unternehmenssteuerung, der Arbeitsorganisation und der Intensivierung von Arbeit experimentiert. Innerhalb der Arbeitsbeziehungen setzten eine interessenpolitische Dezentralisierung und eine Erosion der gewerkschaftlichen Mitgliederbasis ein. Auf der gesamtgesellschaftlichen und staatlichen Ebene bildete sich ein neoliberaler Machtblock heraus. In den USA und England entstand so ein aggressiver Neoliberalismus, in Deutschland setzte eine zunächst schleichende, dann ab Ende der 1990er Jahre unter Rot-Grün eine zügige Neoliberalisierung ein.

Sozialpartnerschaftliche Handlungsstrategien sind in den vergangenen Jahren nicht grundsätzlich erfolglos gewesen. Aber das stimmt lediglich für einen kleineren Teil der abhängig Beschäftigten – und das selbst nicht mehr ungebrochen in Branchen wie der Autoindustrie, die als Hochburgen der Gewerkschaften gelten können. Auch hier wirken sich unternehmerische Flexibilisierungsstrategien drückend auf Betriebsräte und Gewerkschaften aus. Permanente Flexibilitäts- und Rationalisierungszwänge, die sich in Form von gestiegenen Arbeitsbelastungen auswirken, sind auch dort verbreitet (Detje

u. a. 2011a). Ins Auge springt das, wenn man nicht lediglich die Endhersteller (z. B. VW) in den Blick nimmt. Drückender sind die Flexibilitätszumutungen sowie die Lohn- und Arbeitsbedingungen in
der Zulieferkette der Branche. Sicher, zu dieser Kette gehören auch
Unternehmen wie Bosch, die selbst Global Player und deren Belegschaften gut gewerkschaftlich organisiert sind. In anderen Bereichen
der Wertschöpfungskette gelten diese Tarif- und Mitbestimmungsstan-
dards aber keineswegs, je kleiner das Unternehmen und je tiefer dessen Stellung innerhalb der Kette, desto schlechter sind die Lohn- und
Arbeitsbedingungen für die Beschäftigten (Haipeter 2013). Aber auch
bei den Endherstellern ist nicht alles eitel Sonnenschein. Grundsätzlich werden auch die Löhne, die Arbeitsleistungen und die Arbeitsbedingungen der in Deutschland produzierenden Konzerne zunehmend
in ein globales Konkurrenzverhältnis gesetzt. Das hat erhebliche ne-
gative Konsequenzen für die ArbeiterInnen und Angestellten, wie im
Rückblick auf die letzten dreißig Jahre erkennbar wird. Seit Anfang
der 1980er sind Rationalisierungspolitiken ins Werk gesetzt worden,
die auf Kostensenkung, Flexibilisierung der Arbeitszeit, optimale Ausbeutung der Arbeitskraft, maximale Auslastung der Produktionsap-
parate und die Steigerung der Arbeitsproduktivität setzten (Kap. 5)
(Muster/Richter 1990).

Gerade gegenüber der neoliberalen Transformation blieb sozialpartnerschaftliche Gewerkschaftspolitik hilflos. Tendenzen zur
Belegschaftsspaltung und zur vertiefenden Klassenfragmentierung
einerseits, zur Schwächung von Lohnabhängigenmacht und gewerkschaftlicher Mobilisierungsfähigkeit andererseits konnte und kann
sozialpartnerschaftliche Politik nicht erfolgreich entgegenwirken.
Das hat nicht zuletzt mit den Grundprinzipien dieses Modells zu tun,
das sich als Ergebnis verlorener antikapitalistischer Kämpfe um eine
wirtschaftsdemokratische Umgestaltung (Pirker 1960a, 147 ff.) nach
1949 herausgebildet hat. Entstanden war es auf dem Rücken der eingangs erwähnten langen Welle ökonomischer Prosperität, die bis in
die 1970er Jahre reichte. Im Rahmen des »Golden Age« des westdeutschen Kapitalismus stabilisierten sich Gewerkschaften, die auf
kooperativen Austauschbeziehungen mit Unternehmen aufbauen. In

ihnen wurden die kapitalistischen Verwertungsgesichtspunkte akzeptiert, sie agierten als sog. »intermediäre Organisationen«, die politische Fortschritte im Rahmen eines informellen Bündnisses mit der SPD durchsetzten (Upchurch u. a. 2009, 4). Nach der Etablierung des Systems der dualen Interessenvertretung, also der Betriebsräte in den Unternehmen und der Gewerkschaften als Tarifakteure außerhalb der Unternehmen, nutzten deutsche Gewerkschaften nicht nur, aber vor allen Dingen ihre »institutionelle Macht«, um Beschäftigteninteressen zu vertreten. Streikauseinandersetzungen waren und sind im Vergleich zu anderen europäischen Staaten eher selten. Die Erfolge waren dennoch zuweilen beträchtlich. In den 1970er Jahren etwa gab es, auch in Folge neuer Arbeitskämpfe, Lohnsteigerungen von z. B. 11 % im Öffentlichen Dienst (1974) oder 7,8 % in der chemischen Industrie (1971). Diese kooperativen Arbeitsbeziehungen waren ein Teil der sog. Gesellschaftlichen Struktur der Akkumulation (Kap. 4), in deren Rahmen die Nachkriegsprosperität sich entwickeln konnte.

Wirklich verständlich wird die Defensive dieses Gewerkschaftsmodells deshalb erst, wenn als tiefere Ursachen weitreichende Veränderungen im deutschen Kapitalismusmodell betrachtet werden. Eine herausragende Rolle spielten die in den 1970er Jahren nachlassende Profitabilität und verlangsamtes Wirtschaftswachstum, auf die Unternehmen mit Lohnzurückhaltung, neuen Formen der Unternehmens- und Arbeitsorganisation sowie der Staat mit wettbewerbsstaatlicher Wirtschafts- und Sozialpolitik reagierten – weniger Steuerbelastungen für Unternehmen und mehr Druck auf Erwerbslose, der indirekt disziplinierend auf die Belegschaften zurückwirkte. Im Kern handelte es sich dabei um ein Erstarken von Kapitalmacht (Bowles u. a. 1986), das zur weiteren sozialen Fragmentierung der Belegschaften und der Lohnabhängigenklasse führte. Mit anderen Worten: Die ab Mitte / Ende der 1970er Jahre einsetzenden staatlichen und unternehmerischen Suchstrategien, die eine neue Prosperitätskonstellation ins Werk zu setzen suchten, ließen die sozialökonomischen und klassenpolitischen Grundlagen sozialpartnerschaftlicher Arbeitsbeziehungen langsam erodieren: »In allen westlichen Demokratien begann um 1979, dem Jahr der ›zweiten Ölkrise‹, eine mehr oder weniger aggressive Zurückdrängung der Gewerkschaften. Parallel dazu kamen weltweit meist graduelle, deshalb aber nicht weniger einschneidende Reformen der Arbeitsmärkte und der sozialen Sicherungssysteme in Gang (…). Hierzu gehörten der Abbau von Rechten auf Kündigungsschutz, die Aufspaltung von Arbeitsmärkten in Kern- und Randbereiche mit unterschiedlichen Schutzrechten, die Zulassung und Förderung von Niedriglohnbeschäftigung, die Hinnahme einer hohen Sockelarbeitslosigkeit, die Privatisierung öffentlicher Dienstleistungen bei Abbau öffentlicher Beschäftigung sowie die Dezentralisierung und, wo möglich, Entgewerkschaftung der Lohnfindung.« (Streeck 2014, 56 f.)

3.
Gewerkschaften: Sammelpunkte gegen die Übergriffe des Kapitals

Was sind eigentlich Gewerkschaften? Der englische Liedermacher Billy Bragg hat das in seinem Stück »There is Power in a Union«, einer Hymne der US-amerikanischen ArbeiterInnenbewegung, so formuliert: »Es gibt Macht in der Fabrik / es gibt Macht im Land / es gibt Macht in den Händen der ArbeiterInnen / Aber all das nützt uns nichts / wenn wir nicht zusammenstehen / Macht gibt es in einer Gewerkschaft.« Sicher, Gewerkschaften setzen sich für die Verbesserung von Löhnen, Arbeitszeiten und Arbeitsbedingungen ein. Wie und unter welchen Bedingungen sie es tun, unterscheidet sich von Land zu Land. Es eint sie aber, dass sie innerhalb eines Ausbeutungsverhältnisses, in dem das Kapital zum Zweck der maximalen Gewinnsteigerung eine möglichst große Arbeitsleistung zum möglichst niedrigen Lohn aus der Arbeitskraft herausholen möchte, kapitalistischen Verwertungsbedürfnissen Grenzen setzen. Im Kern geht es beim Aufbau von Gewerkschaften deshalb um Macht. Der Macht des Kapitals steht die organisierte Macht der Vielen gegenüber, mit der sie ihre Interessen durchsetzen können. Geben sich die Vielen Macht, indem sie sich in einer Gewerkschaft zusammenschließen, nehmen sie den Profitabhängigen und Besitzenden ein Stück Macht über sich weg. Die Machtverteilung bzw. das Kräfteverhältnis zwischen Kapital und den organisierten Vielen entscheidet letztlich über Löhne, Arbeitsintensität, Arbeitsbedingungen und damit auch über die Gewinnraten der

Unternehmen. Deshalb sind Gewerkschaften grundsätzlich nicht nur Garanten für bessere Arbeits- und Lebensbedingungen, sondern zugleich auch Akteure von Befreiung und Demokratie.

Vor etwas mehr als hundert Jahren gab die große Sozialdemokratin Rosa Luxemburg auf die Frage nach dem Wesen der Gewerkschaften eine ähnliche Antwort. Für sie waren Gewerkschaften die organisierte Gegenmacht von Lohnabhängigen gegenüber den Übergriffen des Kapitals, sie agieren als die »Defensive der Arbeitskraft gegen die Angriffe des Profits, (...) die Abwehr der Arbeiterklasse gegen die herabdrückende Tendenz der kapitalistischen Wirtschaft.« (Luxemburg 1966, 103 f.) Für die Beschäftigten sind sie ein Mittel, um für ihre Arbeitskraft den günstigsten Preis zu den besten Bedingungen (Arbeits- und Vertragsbedingungen, etwa Dauerhaftigkeit der Anstellung) zu erzielen (ebd., 69). Deshalb sind sie genuine Produkte der kapitalistischen Gesellschaft, wenngleich sie in der Handwerks- und Gesellenbewegung der frühen Neuzeit wurzeln. In Deutschland entstanden erste derartige Berufsvereinigungen in und nach der revolutionären 1848er-Bewegung. Zur Entwicklung richtiger Gewerkschaften kam es allerdings erst auf Initiative der damaligen Sozialdemokratie ab den 1860er Jahren.

In gewissem Sinne sind Gewerkschaften ein Teil des Selbstschutzes, mit dem die Gesellschaft sich in Form von Gegenbewegungen vor ihren eigenen kapitalistischen Bewegungsgesetzen schützt, die schöpferisch-zerstörend und sozial-destruktiv in ihr wirken (Polanyi 1978, 182 ff.). Und weil ihre Notwendigkeit in einem strukturellen Ausbeutungsverhältnis begründet liegt, tauchen Impulse zur gewerkschaftlichen Organisierung in mehr oder weniger spontaner Form und in größerer oder kleinerer Zahl immer wieder auf.

Die kapitalistische Produktionsweise fordert allerdings nicht nur Gegenwehr der Lohnabhängigen heraus, sondern nährt auch die Neigung von abhängig Beschäftigten, sich an den Status Quo anzupassen. Die Ursache dafür liegt in ihrer existenziellen Abhängigkeit vom Gelingen der privaten Kapitalakkumulation: »Kapital tätigt die Investitionen, organisiert die Produktion, besorgt die Anwendung von Wissenschaft und Technologie, schafft die Arbeitsplätze und erzeugt

das Wachstum und die Steuereinnahmen für Sozialprogramme und
öffentliche Beschäftigung. Die verständliche Neigung von Lohnabhängigen, die nur ihre Arbeitskraft zu verkaufen haben, besteht darin,
sich dieser naturalisierten Realität anzupassen, und dies drückt sich in
der Form von Gewerkschaften aus, die ein Instrument sind, um ihre
Bedürfnisse zu befriedigen.« (Gindin 2013, 26)

Die Politische Ökonomie der Profit- und Lohnabhängigen
Das Besondere an kapitalistischen Gesellschaften, das Gewerkschaften zur Handlungsbedingung wird, sind ihre »Bewegungsgesetze«,
die in privaten Eigentumsverhältnissen und entsprechenden sozialen
Beziehungen zwischen Kapitalbesitzenden und abhängigen Arbeitskräften wurzeln. Besonders wichtig sind der Imperativ zur Konkurrenz und Profitmaximierung, der Zwang wirtschaftliche Mehrpro-
dukte bzw. Gewinne zu reinvestieren, der unaufhörliche Druck, die
Arbeitsproduktivität zu erhöhen und die Produktivkräfte weiterzu-
entwickeln (Meiksins Wood 2002, 36 f.). Kapitalistisch ist eine Gesellschaft, wenn sie durch die »theoretisch endlose Kapitalakkumulation« dominiert wird (Wallerstein 2007, 24). Als Organisationen mit
einer Massenmitgliedshaft entstanden Gewerkschaften erst, als mit
der Durchsetzung der kapitalistischen Produktionsweise menschliche
Arbeitskraft massenhaft in eine Ware verwandelt wurde, die auf sog.
›freien‹ Arbeitsmärkten ver- und gekauft werden konnte[6]. Eine der
Voraussetzungen für diese Ausbreitung war die Trennung der Menschen von Produktionsmitteln, deren Besitz und Kontrolle ihnen vorher erlaubte, als einfache Warenproduzenten (als kleine Handwerker
oder Bauern) und Selbstversorger zu leben. In Europa ging das mit

---

6   Durch ›freiwillig‹ geschlossene Arbeitsverträge organisierte Lohnarbeit ist
     nur eine Form, in der Arbeitskraft ausgebeutet wird. Neben der unbezahlten
     Reproduktionsarbeit kennen wir auch die Sklavenarbeit (historisch z. B. auf
     den Plantagen der US-Südstaaten oder in deutschen Fabriken während des
     Faschismus) und die informelle Beschäftigung, die nicht durch formalen Ver-
     tragsabschluss organisiert wird. Gewinnerwirtschaftung ist im Kapitalismus
     also nicht zwingend davon abhängig, dass freie Arbeitsmärkte und vertrag-
     lich organisierte Lohnarbeit existieren, wenngleich dies zumindest in den
     kapitalistischen Zentren die vorherrschenden Formen sind.

der sog. »ursprünglichen Akkumulation« des Kapitals einher. Mit Hilfe ökonomischer und politischer Mittel wurden aus Bauern und kleinen Handwerkern »doppelt freie LohnarbeiterInnen« gemacht. Innerhalb der kapitalistischen Gesellschaften existieren seither zwei unterschiedliche Handlungslogiken, die »Politische Ökonomie der Profitabhängigen« und die »Politische Ökonomie der Lohnabhängigen«.

Profitabhängige KapitalbesitzerInnen folgen der Maxime der endlosen Akkumulation, des Investierens, um mehr Gewinn zu erwirtschaften, aus dem investiert wird, um mehr Gewinn zu erwirtschaften. Diese Handlungslogik entspringt nicht persönlichen Eigenschaften oder Neigungen, sondern einer Position innerhalb der sozialen Beziehungen (Sweezy 1959, 60), einer besonderen Klassenposition. Lohnabhängige leben dagegen gebrauchswert- und reproduktionsorientiert: Gearbeitet wird, um einen möglichst hohen Lohn zu erwirtschaften, um davon Konsumgüter zu kaufen (Gebrauchswertorientierung) und sich selbst nebst Angehörigen sozial und kulturell angemessen leben zu lassen (Reproduktionsorientierung) (ebd., 108). Diese Zusammenhänge sind relevant, insofern nicht selten (auch von Gewerkschaftsmitgliedern) behauptet wird, das Interesse von Lohnabhängigen an hohen Löhnen und das Interesse von Besitzenden an Gewinnen sei wesensgleich. Dem ist nicht so: »Es ist daher völlig irrig, sich den Arbeiter als durch das Profitmotiv beherrscht vorzustellen oder zu denken, daß er die Leidenschaft des Kapitalisten teilt, sich immer mehr und mehr ›abstrakten Reichtum‹ anzueignen. Die Motivierungen des Arbeiters liegen in dem Wunsch nach Gebrauchswerten, und was auf Seiten des Arbeiters als ›Akkumulation‹ erscheint (durch Sparkassen, Versicherungsgesellschaften usw.), hat mit der Akkumulation des Kapitalisten wenig gemeinsam. Es kommt eher aus der Notwendigkeit, unter der der Arbeiter steht, für sich selbst und seine Familie einen Strom von Gebrauchswerten zu sichern, für eine Zeit, in der seine Arbeitskraft nicht mehr verkäuflich sein wird.« (ebd., 108)

Die Politische Ökonomie der Profit- sowie der Lohnabhängigen koexistieren in unserer Gesellschaft. Gewerkschaften sind dabei Organisationszentren der »Politischen Ökonomie der Lohnabhängigenklasse«. Gewerkschaftliche Kämpfe tragen dazu bei, die Ansprüche und Bedürfnisse der abhängig Beschäftigten zu erhöhen. An die Stelle eines physischen Existenzminimums lassen sie ein kulturelles und gesellschaftliches Anspruchsniveau treten, das zum entscheidenden Bezugspunkt wird, wenn es darum geht zu erklären, was als normale Löhne, Arbeits- und Lebensbedingungen gilt. Hinter die einmal erkämpften und legitimierten Errungenschaften kann es kein Zurück mehr geben, ohne zumindest in größeren Teilen der Klasse Ungerechtigkeitsgefühle entstehen zu lassen (Luxemburg 1990, 763).

Patriarchat

Der dialektische Widerspruch zwischen Lohnarbeit und Kapital ist in eine weitere Arbeitsteilung eingebettet, die zwischen den Geschlechtern. Die Entwicklung der kapitalistischen Produktionsweise vollzog sich bis heute in patriarchalen Verhältnissen, neben der Lohnarbeit existierte immer auch die nicht bezahlte und gesellschaftlich geringer wertgeschätzte Reproduktionsarbeit (Dörre 2012, 494), die sowohl für den sozialen Zusammenhalt wie für die Reproduktion der Ware Arbeitskraft herausragende Bedeutung hat (Hausarbeit, Erziehungs- und Sorgearbeit). Weitestgehend war dies die Sache der Frauen. Das gilt bis heute, wenngleich mittlerweile ein viel größerer Teil der Frauen zusätzlich lohnabhängig arbeitet als noch vor rund 30 Jahren. Neben der Macht des Kapitals über die Lohnarbeit steht deshalb die Macht des Mannes über die Frau und die strukturelle Ausbeutung der Frauen durch die Männer. Sofern Frauen zusätzlich zur Bewältigung von Reproduktionslasten auch erwerbstätig waren, so bis vor wenigen Jahrzehnten in erster Linie in Bereichen »mit einer Unmenge von verschiedenen Produktionsverhältnissen und -typen, von Teilzeitstellen bis zu nicht-freier Vertragsarbeit, sogenannter Selbstbeschäftigung (...) oder anderen Formen der Heimarbeit bis zur eigentlichen Hausarbeit und jeder anderen bezahlten oder unbezahlten oder unterbezahlten Lohnarbeit (...)« (Mies 1990, 27), die nicht nur geringe soziale Sicherheit und niedrigste Löhne boten, sondern die von Gewerkschaften auch weithin lange Zeit links liegen gelassen wurden.

3.1
Sphären der Kapitalherrschaft

Gewerkschaften bildeten sich nicht zufällig. Sie wurden zu einem notwendigen Mittel, ohne das es Lohnabhängigen kaum möglich ist, ihre Interessen nachhaltig gegenüber ›Arbeitgebern‹ durchzusetzen. Denn die Erzeugung der Ware Arbeitskraft war und ist gleichbedeutend mit der Entfaltung von Kapitalmacht. »Der Prozeß, der das Kapitalverhältnis schafft, kann also nichts andres sein als der Scheidungsprozeß des Arbeiters vom Eigentum an seinen Arbeitsbedingungen, ein Prozeß, der einerseits die gesellschaftlichen Lebens- und Produktionsmittel in Kapital verwandelt, andrerseits die unmittelbaren Produzenten in Lohnarbeiter.« (Marx 1986, 742) Dabei handelt es sich zugleich um einen Emanzipationsprozess und eine Entwicklung, die zu einer neuen Form der Klassenherrschaft führte. Befreiend war diese Entwicklung, weil die Lohnabhängigen nunmehr frei von direkten Knechtschaftsverhältnissen und Bevormundungen (wie sie etwa im Feudalismus gängig waren) waren. Damit wurde aber gleichzeitig ein neues Herrschaftsverhältnis ins Werk gesetzt. Die so Befreiten mussten fortan ihre Arbeitskraft auf mehr oder weniger freien Arbeitsmärkten verkaufen, »nachdem ihnen alle ihre Produktionsmittel und alle durch die alten feudalen Einrichtungen gebotnen Garantien ihrer Existenz geraubt sind. Und die Geschichte dieser ihrer Expropriation ist in die Annalen der Menschheit eingeschrieben mit Zügen von Blut und Feuer.« (ebd., 743) Die nun Nichtbesitzenden gehen Lohnarbeitsverhältnisse ein – schließen also de jure freiwillig Arbeitsverträge ab –, weil sie das Risiko, sich und ihre Angehörigen ansonsten möglicherweise nicht mit den nötigen Mitteln für ein sozial anerkanntes Leben versorgen zu können, dazu zwingt. Dieser Zwang wirkt auch dann, wenn die Erziehung (in Familien, in der Schule und der Kulturindustrie) ihnen Erwerbsarbeit als einzig mögliche Lebensform erscheinen lässt (Weber 2005, 79). Lohnarbeit geht daher immer mit der indirekten (marktvermittelten) und direkten (betrieblich vermittelten) Herrschaft des Kapitals über die lebendige Arbeit einher. Kapitalmacht entfaltet sich gesellschaftlich, im Verhältnis zur Arbeitskraft aber insbesondere als Marktmacht und Direktionsmacht in Betrieben/Unternehmen. Da Unternehmen Arbeitskraft auf Märkten kaufen müssen, um sie unter ihrer eigenen Ägide in Betrieben ausbeuten zu können, verfügen Lohnabhängige allerdings zugleich über strukturelle Machtressourcen (Kap. 3.2).

Anpassende Handlungsstrategien und Klassenhandeln
Grundsätzlich können Lohnabhängige in der Auseinandersetzung mit Marktzwängen und betrieblichen Autoritäten auf anpassende bzw. »restriktive Handlungsstrategien« zurückgreifen oder mit Klassenhandeln reagieren, mit dem sie versuchen, im Betrieb, auf den Märkten und in der Gesellschaft Errungenschaften (z. B. Arbeitsstandards, sozialen Status oder soziale, politische und kulturelle Teilhabe) durchzusetzen bzw. zu verteidigen (Therborn 1987, 143 ff.). Anpassendes Handeln geht Konflikten aus dem Weg, versucht vielmehr unter gegebenen Bedingungen das Beste herauszuholen. Klassenhandeln verändert dementgegen die drückenden Verhältnisse, entweder individuell oder kollektiv, spontan oder organisiert. Dabei lässt sich ein »elementares Klassenhandeln« vom »verallgemeinernden Klassenhandeln« unterscheiden. »Elementares Klassenhandeln« verbessert die Verhältnisse direkt am Arbeitsplatz oder im Unternehmen, »verallgemeinerndes Klassenhandeln« reicht über den Arbeitsplatz oder das Unternehmen hinaus und zielt darauf ab, überbetriebliche und gesellschaftliche Bedingungen zu verändern (Goes 2015, 35 f.). Gewerkschaften, die als Zusammenschlüsse von Beschäftigten originäre Klassenorganisationen sind, handeln sowohl elementar als auch verallgemeinernd. Dabei stehen Interessen an der Reproduktion der eigenen Arbeitskraft und an Arbeitsinhalten im Mittelpunkt. Die Reproduktion der Arbeitskraft ist aus individueller Perspektive identisch mit dem Versuch, ausreichend Lohn und ausreichend gute Arbeitsbedingungen zu erhalten, um weiter arbeiten zu können. Das Interesse an möglichst hohen Einkommen und möglichst gesundheitsfreundlichen Arbeitsbedingungen können dabei durchaus in Widerspruch zueinander geraten (etwa wenn zum Zwecke eines möglichst hohen Einkommens viele Überstunden geleistet werden). Alle abhängig

Beschäftigten müssen je für sich ein Arrangement ihrer verschiedenen Interessen finden. Vorausgesetzt ist dabei immer, dass »man Arbeit findet«, der Verkauf der Ware Arbeitskraft also glückt. Das ist natürlich alles andere als sicher. Daraus folgt eine grundlegende Existenzangst, die Lohnabhängige teilen – mal mehr, mal weniger: Dieses »allen Lohnarbeitern gemeinsame Reproduktionsrisiko setzt sich als gesellschaftliche Topik im individuellen Bewusstsein durch, auch wenn eigene Erfahrungen von Arbeitslosigkeit nicht vorliegen.« (Geissler u. a. 1984, 21)

Marktherrschaft
Auf den Arbeitsmärkten tritt das Kapital LohnarbeiterInnen als freier Käufer gegenüber. Allgemein gilt in bürgerlichen Gesellschaften auf Märkten, sowohl für Konsumgüter wie für Arbeitskraft, gleiches Recht und gleiche Freiheit. »Die Sphäre der Zirkulation oder des Warentausches, innerhalb deren Schranken Kauf und Verkauf der Arbeitskraft sich bewegt, war in der Tat ein wahres Eden der angebornen Menschenrechte. Was allein hier herrscht ist Freiheit, Gleichheit, Eigentum und Bentham. Freiheit! Denn Käufer und Verkäufer einer Ware, z. B. der Arbeitskraft, sind nur durch ihren freien Willen bestimmt. Sie kontrahieren als freie, rechtlich ebenbürtige Personen. (…). Gleichheit! Denn sie beziehen sich nur als Warenbesitzer aufeinander und tauschen Äquivalent für Äquivalent. Eigentum! Denn jeder verfügt über das Seine. Bentham! Denn jedem von beiden ist es nur um sich zu tun. Die einzige Macht, die sie zusammen und in ein Verhältnis bringt, ist die ihres Eigennutzes (…), ihres Privatinteresses.« (Marx 1986, 189-190) Dabei ist das Kapital auch auf den Arbeitsmärkten in aller Regel in einer überlegenen Position, weil Lohnabhängige nur so lange kulturell angemessen leben können, wie sie durch den Verkauf ihrer Arbeitskraft ein entsprechendes materielles Existenzminimum erwirtschaften[7]. Aufgrund dieser Überlegenheit der UnternehmerInnen ist es angebracht, von einer »primären Machtungleichheit« zwi-

---

7 Sozialstaatliche Regelungen, die Erwerbslosen materielle Unterstützung zubilligen, federn diesen Marktdruck ab, heben ihn allerdings nicht auf.

schen Kapital und Arbeit zu sprechen, die noch verstärkt wird durch
die strukturell gegebene Konkurrenz der Arbeitskräfte um Arbeit,
gute Löhne und gute Arbeitsbedingungen. »Die Konkurrenz ist der
vollkommenste Ausdruck des in der modernen bürgerlichen Gesellschaft herrschenden Kriegs Aller gegen Alle. Dieser Krieg (…) besteht
nicht nur zwischen den verschiedenen Klassen der Gesellschaft, sondern auch zwischen den einzelnen Mitgliedern dieser Klassen; jeder
ist dem andern im Wege, und jeder sucht daher auch alle, die ihm
im Wege sind, zu verdrängen und sich an ihre Stelle zu setzen. Die
Arbeiter konkurrieren unter sich, wie die Bourgeoisie unter sich konkurrieren. (…). Diese Konkurrenz der Arbeiter gegeneinander ist aber
die schlimmste Seite der jetzigen Verhältnisse für den Arbeiter, die
schärfste Waffe gegen das Proletariat in den Händen der Bourgeoisie.«
(Engels 1990, 306 f.) Gewerkschaften wirken deshalb auf Arbeitsmärkten als Gegenmacht, indem sie versuchen die Konkurrenz zwischen
den Arbeitenden aufzuheben und die gemeinsamen Verhandlungen
darüber zu stärken, unter welchen Bedingungen (Dauer und Art der
Arbeitsverträge, Löhne und Gehälter) Arbeitskraft verkauft werden
muss . Ihr Erfolg dabei entscheidet nicht nur über das Einkommen
und damit über die materiellen Teilhabemöglichkeiten der Beschäftigten in der Gesellschaft. Je größer die Marktmacht der Gewerkschaft
und je mehr Schutzmechanismen innerhalb des Marktes durchgesetzt
werden können (etwa Kündigungsschutz oder Verbote von wiederhol-
ter befristeter Beschäftigung), desto größer ist die soziale Absicherung
der Beschäftigten. Je weniger Erfolg die Gewerkschaften dabei haben,
desto prekärer ist die Lage der Lohnabhängigen.

Betriebliche Herrschaft
Scheint es auf den Märkten Freiheit zu geben, so ist das Unterneh-
men ein reiner Herrschaftsverband, in dem die Beschäftigten den
Anweisungen des Managements folgen müssen. Hier wird die ge-
kaufte Arbeitskraft unter der Direktionsmacht der Kapitalbesitzen-
den gebraucht, sie wird konsumiert, indem versucht wird maximale
Arbeitsleistung in möglichst kurzer Zeit und zu möglichst geringen
Kosten aus hier herauszuholen (Marx 1986, 189-191). Betriebliche

Herrschaftsregime umfassen eine jeweils besondere Art und Weise, wie Arbeitsprozesse organisiert und kontrolliert werden; wie Arbeitskräfte auf die unterschiedlichen Arbeitsplätze gelangen und wie dabei das Konkurrenzverhältnis zwischen ihnen geregelt ist (wie also der betriebliche Arbeitsmarkt aussieht); ob und welche Art betrieblicher Institutionen vorhanden sind, um Konfliktpotenziale und Konflikte zu bearbeiten und ggf. zu kanalisieren und zu befrieden (Burawoy 1985). Mit der Entwicklung des Kapitalismus verändern sich diese Herrschaftsregime. Entsprechend unterscheidet sich etwa die Art und Weise, wie heute Arbeitsprozesse und Unternehmen bzw. Betriebe organisiert werden, in welcher Art Beschäftigte kontrolliert und motiviert werden und auf welche Mittel zurückgegriffen wird, um Konflikte zu regulieren, in beträchtlichem Maße von den Formen zu Beginn des 20. Jahrhunderts (Gordon u. a. 2004).

Gewerkschaften wirken innerhalb der Betriebe direkt als Gegenmacht, indem sie versuchen der Verfügungsgewalt des Kapitals Grenzen zu setzen und die Art und Weise, wie die Ausbeutung der Ware Arbeitskraft organisiert wird, zu beeinflussen. Die jeweiligen Herrschaftsregime bieten dabei zugleich besondere Ansatzpunkte als auch jeweils ganz besondere Schwierigkeiten, die das Terrain des betrieblichen Stellungskrieges (Gramsci) bestimmen: In Industrien etwa, in denen standardisierte Arbeitsprozesse von einer großen Zahl von Beschäftigten an einem Ort durchgeführt werden, erleichtern die räumliche Nähe und die Ähnlichkeit der Arbeitssituation Organisierungsprozesse – monotone und harte Arbeit nährten zudem möglicherweise Frustrationen und Unzufriedenheiten unter den Arbeitenden, an denen sich Organisierung entzünden kann. Gleichzeitig schränkt die hohe Ersetzbarkeit der Beschäftigten (da die benötigten Qualifikationen für die Arbeit relativ schnell erlernt werden können), die Macht und Konfliktfähigkeit der Beschäftigten auch ein. Ohne genaue Kenntnis dieser Möglichkeiten und Schranken ist es kaum möglich, erfolgreich zu organisieren. Ein eigenständiger Einflussfaktor ist dabei schließlich die Kontroll- und Konfliktverarbeitungsstrategie des Managements. Insbesondere die Versuche der Arbeitgeber, Konflikte bzw. deren offenes Ausbrechen zu vermeiden, stecken das Terrain für gewerkschaftliche Politik ab. Gehen Geschäftsführungen offen repressiv gegen Aktivengruppen vor und versuchen sie so relevante Belegschaftsteile einzuschüchtern? Versuchen sie durch die Etablierung von runden Tischen oder Gesprächsrunden eine Pseudobeteiligung der Beschäftigten zu organisieren, die zwar zu keinerlei Rechten führt, dafür aber Unmut zu kanalisieren erlaubt? Welche Rolle spielen unternehmerische Betriebspolitiken, die versuchen, eine positive ideologische Vergemeinschaftung der Belegschaft zu schaffen, an deren Ende ein »Betriebs-Wir« steht (Kap. 7)?

In dieser betrieblichen Mikropolitik der Gewerkschaften geht es etwa um die Verbesserung der Arbeitsbedingungen und des Gesundheitsschutzes, um die Arbeitszeitgestaltung oder um Mitspracherechte in den Unternehmen. Damit agieren Gewerkschaften direkt im Zentrum des kapitalistischen Verwertungsprozesses, in dem die Ausbeutungsrate der Arbeitskraft umkämpft ist: Wie viel Arbeitsleistung muss in welcher Zeit und zu welchem Preis verausgabt werden? Der Einfluss der Beschäftigten und ihrer Gewerkschaften reicht jedoch weiter. Nicht nur die betriebliche Herrschaft allgemein ist abhängig von der Gegenmacht der Beschäftigten, diese bestimmt auch mit, wie Arbeitsprozesse organisiert werden, welche Konzepte der Produktion und Dienstleistungsarbeit durchgesetzt werden können. Das Profit- und Verwertungsinteresse des Kapitals setzt sich nicht linear und bruchlos durch. Wenn auch aus einer Position der Benachteiligung heraus, können Lohnabhängige hier doch Einfluss nehmen. In dieser Hinsicht können Gewerkschaften auch als Akteure der sog. Betriebs- und Arbeitspolitik auftreten.

Staatliche Sicherung der Arbeitskraftzufuhr

Die Erzeugung einer ausreichend großen und ausreichend qualifizierten Zahl von Lohnabhängigen, die ihre Arbeitskraft für das Kapital möglichst preiswert anbieten und im Arbeitsprozess möglichst produktiv anwenden (also motiviert arbeiten), ist eine permanent zu bewältigende Aufgabe für den Staat und die Unternehmen. Mit Blick auf den Staat sind in dieser Hinsicht die Sozial-, Bildungs- und Migrationspolitik besonders wichtige Politikfelder. Durch die *Sozialpolitik* wurden in den Wohlfahrtsstaaten Europas Mittel zur Verfügung gestellt, mit deren Hilfe Erwerbslose überleben und in einem politisch definierten Maße sozial teilhaben können. Damit wird zugleich der Zwang für die Arbeitsuchenden gemildert, schnell ein beliebiges Lohnarbeitsverhältnis einzugehen. Der Marktdruck wird abgeschwächt. Einerseits werden so Verelendungstendenzen abgefangen und die für das Gesamtkapital wichtige Reproduktion der Ware Arbeitskraft gesichert; andererseits stellt diese sog. De-Kommodifizierung der Ware Arbeitskraft zugleich immer auch eine Quelle der Gegenmacht für Erwerbslose und Beschäftigte dar. Wenn Lohnabhängige ihre Arbeitskraft eben nicht um jeden Preis und unter allen Bedingungen verkaufen müssen, dann sind ihre Verhandlungspositionen sowohl auf dem Arbeitsmarkt als auch im Betrieb besser. Staatlichen Eliten geht es daher i. d. R. darum, Sozialpolitik so zu gestalten, dass die Reproduktion der Arbeitskraft gesichert, die Verfügungsgewalt des Kapitals über die Arbeit aber nicht in Frage gestellt wird. Eine der Hauptwirkungen etwa der Arbeitsmarktreformen, die unter dem Namen Agenda 2010 Karriere machten, war die disziplinierende Mobilisierung Erwerbsloser.

Im Feld der *Bildungspolitik* muss es dem Staat gelingen, ausreichend qualifizierte Arbeitskräfte auszubilden, die dem Stand der Produktions- und Arbeitsprozesse genügen. In diesem Sinne muss Bildungspolitik mit der Entwicklung des Kapitalismus Schritt halten, was allerdings nicht automatisch so ist. Ein Gutteil der Schulreformen (Abitur nach 12 Jahren) und Hochschulreformen (Bachelorisierung des Studiums) lassen sich auf diese Herausforderung zurückführen. Was die Sozial- und Bildungspolitik gemeinsam haben, ist die – nicht einfach zu bewältigende – Aufgabe Arbeitskräfte auszubilden, die so sozialisiert sind (durch einen Autoritäts- und Leistungssinn, durch Motivation und Selbstdisziplin), dass sie den Anforderungen des kapitalistischen Erwerbs- und Alltagslebens genügen können.

Auf dem Feld der *Migrationspolitik* besorgen und regulieren staatliche Eliten die Zufuhr der Arbeitskraft (und ihrer Qualifikation) für nationale und regionale Arbeitsmärkte. Das Kapital hat i. d. R. ein großes Interesse an Wanderbewegungen, sofern ihm diese preiswerte und meist motivierte Arbeitskräfte bieten, die zumindest unmittelbar die Verhandlungsposition der einheimischen Arbeitskräfte verschlechtern – das gilt jedenfalls dann, wenn die Konkurrenz gestärkt wird. Es ist kein Zufall, dass KapitalvertreterInnen immer dann, wenn sinkende Erwerbslosenzahlen die Verhandlungspositionen der Beschäftigten und noch Erwerbslosen verbessern, Forderungen nach Arbeitseinwanderung erheben.

Dies sind einige Beispiele, wie Politik das Leben und die Interessen von Lohnabhängigen beeinflusst. Daher agieren Gewerkschaften in aller Regel nicht nur als Gegenmächte auf den Arbeitsmärkten und in den Betrieben, sondern versuchen allgemeinpolitische Forderungen etwa in den Bereichen Wirtschafts-, Sozial-, Arbeitsmarkt-, Bildungs- und Migrationspolitik zu erheben und – oft in Bündnissen mit Parteien – durchzusetzen. Denn natürlich ist die konkrete Wirtschafts- und Sozialpolitik, ist die (Aus-) Bildungs- und Migrationspolitik nicht schlicht vom Willen staatlicher Eliten und der UnternehmerInnen abhängig, sondern vom Verhältnis verschiedener politischer Kräfte zueinander, die das gesellschaftliche Klima beeinflussen, die sich im Staat ›verdichten‹ und in Politik ausdrücken. Eine dieser Kräfte sind die Gewerkschaften, die zumindest im 20. Jahrhundert oft Bündnisse mit sozialdemokratischen oder kommunistischen Parteien schlossen.

3.2
Machtressourcen von Lohnabhängigen

Lohnabhängige sind allerdings weder wehr-, noch machtlos. Wäre dem so, dann würde in Deutschland nicht nur ein gutes Viertel der Erwerbstätigen für Niedriglöhne arbeiten (siehe unten), sondern es wäre die große Mehrheit. Arbeits- und Kündigungsschutz, zumindest geringe Mitbestimmungsrechte im Unternehmen und die Lohnfortzahlung im Krankheitsfall, sind nur einige der Errungenschaften, die die Gewerkschaften erstritten haben. Worauf aber stützt sich die Macht der Gewerkschaften?

Das Ausmaß ihrer Macht ist von der *Organisationsfähigkeit* und der *Konfliktfähigkeit* der Interessen (Offe 2006, 33), die Lohnabhängige haben, abhängig. *Organisationsfähig* sind deren Interessen, wenn die (sich bildende) Organisation – also etwa eine Gewerkschaft – in der Lage ist, Ressourcen (Zeit, Mitarbeit, Geld) derjenigen zu mobilisieren, die sich organisieren sollen. Das aber ist abhängig davon, ob die Gewerkschaft ein wirkliches Bedürfnis der umworbenen UnterstützerInnen befriedigt und ob diese daran glauben, durch die gewerkschaftliche Organisierung ihre Bedürfnisse befriedigen zu können. Mit anderen Worten: Lassen Lohnabhängige sich dazu motivieren Gewerkschaftsmitglieder zu werden und einen Mitgliedsbeitrag zu zahlen? Sind sie bereit, Zeit und Energie zu verausgaben, um ihre eigenen Ziele mit Hilfe der Organisation durchzusetzen? Halten sie das überhaupt für möglich? Insofern ist die Organisationsfähigkeit letztlich auch davon abhängig, wie Lohnabhängige Erfahrungen mit Herrschaft und Arbeit verarbeiten (Kap. 6). *Konfliktfähig* sind Interessen dann, wenn in einer sozialen Beziehung Ressourcen oder Leistungen verweigert werden können, die für das Gegenüber notwendig sind, um die eigenen Ziele oder Zwecke zu erreichen bzw. erfüllen zu können (ebd., 34). Bei Lohnabhängigen kann dies in Abstufungen von der Verweigerung bestimmter Kenntnisse und Fertigkeiten (z. B. Arbeit nach Vorschrift) bis hin zur ganzen Arbeitskraft reichen (Streik). Je abhängiger eine Seite von den Leistungen bzw. Ressourcen der anderen ist, desto unterlegener ist sie.

Lohnabhängige verfügen aufgrund ihrer Stellung innerhalb des kapitalistischen Verwertungsprozesses, ihrer je besonderen Lage auf den Arbeitsmärkten, ihrer organisationspolitischen Errungenschaften und der Rechte, die sie sich erstritten haben, über verschiedene Machtquellen und – mittel, auf die sie in der Auseinandersetzung mit einzelnen Unternehmen, mit VerbandsvertreterInnen des Kapitals und mit staatlichen Eliten zurückgreifen können: Die Produktionsmacht, die Marktmacht, die Deutungsmacht, die Organisationsmacht und die sog. institutionelle Macht[8]. Aber nicht alle Lohnabhängigen verfügen

---

8   Diese Unterscheidung zwischen unterschiedlichen Quellen der Arbeitermacht wird in Deutschland als Machtressourcenansatz bezeichnet, der insbesondere in einer Forschergruppe um Klaus Dörre in Jena entwickelt (AK SU 2013; Schmalz/Dörre 2013) und im dort angesiedelten AK Strategic Unionism weiter ausgearbeitet wurde. Die weitere Darstellung bezieht sich auf diese Arbeit.

über dieselben Machtarten, und nicht alle über ein gleiches Maß an Macht. Neben Milieus mit hoher Produktions- und Arbeitsmarktmacht, deren Qualifikationen für die Aufrechterhaltung von Arbeitsprozessen zentral (z. B. FacharbeiterInnen), nicht leicht ersetzbar und auf den Arbeitsmärkten nicht im Überfluss zu finden sind, finden sich solche mit geringer Macht. Neben Gruppen der abhängig Beschäftigten mit langen Organisationstraditionen finden sich solche mit sehr geringer Organisationsmacht. Jede dieser Machtarten ist gleichwohl eine Ressource und ein eventuelles Mittel von Gegenmachtpolitik.

3.2.1 Strukturelle Macht

Strukturelle Macht haben Lohnabhängige aufgrund ihrer Stellung innerhalb der Produktions- und Arbeitsprozesse (Produktionsmacht) und aufgrund ihrer Positionen auf den Arbeitsmärkten (Arbeitsmarktmacht). Sie heißt strukturell, weil sie aufgrund einer objektiven Stellung oder Lage der Lohnabhängigen dem Kapital gegenüber gegeben ist. Sie muss nicht erst aufgebaut werden. Je höher die Produktions- und Arbeitsmarktmacht ist, desto größer ist auch die Konfliktfähigkeit der jeweiligen Interessen der Beschäftigten. Verfügen sie über eine hohe Produktionsmacht, dann können sie die Unternehmen ökonomisch schädigen, indem sie ihre Arbeitsleistung verweigern (langsam arbeiten, Sabotage, Streik). Haben Beschäftigte eine hohe Arbeitsmarktmacht, dann sind sie davon unabhängig bei einem bestimmten Unternehmen beschäftigt zu werden. Sie können zwischen einer Vielzahl von Käufern ihrer Arbeitskraft wählen. Diese Unabhängigkeit stärkt ihre Fähigkeit zum Konflikt. Die Macht der Unternehmen ist auch gesamtgesellschaftlich am größten, wenn die Massenarbeitslosigkeit grassiert.

Produktionsmacht

Die Produktionsmacht verleiht Lohnabhängigengruppen die Fähigkeit den Verwertungsprozess des Kapitals innerhalb der Betriebe empfindlich zu stören und zu unterbrechen (Silver 2005, 31). Das kann unterschiedliche Gründe haben, im historischen Rückblick sind drei besonders wichtig:

Erstens: Beschäftigte verfügen über ein besonders hohes »Produzentenwissen«, das infolge von Arbeitsteilung und Kontrolle nicht ersetzt werden kann. Darum sind diese Beschäftigtengruppen dazu in der Lage, Arbeitsprozesse zu kontrollieren. Da das Erlernen der entsprechenden Fähigkeiten Zeit kostet, sind sie in der Regel auch nicht leicht zu ersetzen. Beispiele sind etwa Handwerker und traditionelle Facharbeiter in der industriellen Produktion.

Zweitens: Beschäftigte haben eine hohe Produktionsmacht, wenn sie an neuralgischen Punkten der Wertschöpfung tätig sind. Ein Beispiel sind auch geringer qualifizierte Beschäftigte in Zulieferketten. Angesichts kostenträchtiger Just-in-Time-Produktion sind Arbeitsausfälle in diesen Bereichen besonders bedrohlich für die liefernden Unternehmen, da diese i.d.R. zu Ausfall- bzw. Schadensersatzforderungen des Kunden-Unternehmens führen.

Drittens: Die räumliche Konzentration einer großen Zahl von Beschäftigten (etwa in großen Fabriken) erleichtert die Entdeckung gemeinsamer Interessen. Dies war historisch z. B. die Macht der großen Zahl, die Fabrikarbeiter zu tragenden Kräften der Gewerkschaftsbewegung werden ließ.

Arbeitsmarktmacht

Eine andere Form der strukturellen Macht ist die Arbeitsmarktmacht. Ein Blick in die westdeutsche Nachkriegsgeschichte verdeutlicht, welche Rolle sie bei der Verbesserung der Lebens- und Arbeitsverhältnisse haben kann. Infolge eines bis in die frühen 1970er anhaltenden Wirtschaftsbooms (Kap. 4) leerten sich in den 1960er Jahren die Arbeitsmärkte. Geeignetes Personal wurde knapp. Als Reaktion darauf ging die Bundesrepublik dazu über, sog. »Gastarbeiter« anzuwerben. 1955 wurde das erste Anwerbeabkommen mit Italien geschlossen, zwischen 1960 und 1968 folgten weitere mit Jugoslawien, Italien, der Türkei, Südkorea, Marokko, Tunesien, Griechenland und Spanien. In dieser Zeit der Vollbeschäftigung konnten Beschäftigte relativ unbesorgt zwischen Arbeitsangeboten wählen. Ihre Fähigkeit und ihre Bereitschaft zum Konflikt wuchsen dementsprechend. Die gewerkschaftliche Durchsetzungsfähigkeit stieg. Aber auch heute noch haben bestimmte

Beschäftigtengruppen trotz Massenarbeitslosigkeit und Prekarisierung die Möglichkeit nicht nur zwischen verschiedenen Arbeitsangeboten zu wählen, sondern auch überdurchschnittliche Lohn- und Arbeitsbedingungen für ihre Arbeitskraft zu verlangen. Entscheidend ist lediglich das Verhältnis zwischen der Größe der Nachfrage nach einer bestimmten Fähigkeit/Qualifikation und der Größe ihres Angebots auf dem Markt (AK SU 2013, 349). Je größer entsprechende Engpässe sind, desto größer können das Selbstvertrauen und die Fähigkeit der Lohnabhängigen werden, sich in Konflikten durchzusetzen.

3.2.2 Organisationsmacht und Bürokratie

Während Lohnabhängige Produktions- und Marktmacht aufgrund ihrer Stellung in den Produktions- und Arbeitsprozessen bzw. ihrer Lage auf den Arbeitsmärkten haben, ist die Organisationsmacht eine Folge ihrer bewussten Anstrengung, sich zu vernetzen (Silver 2005, 30), durch Beitragszahlungen ein Organisationsvermögen zu bilden und aus diesem die nötigen Mittel zu kaufen, um die eigenen Interessen durchzusetzen.

In diesem Zusammenhang ist es sinnvoll, zwischen den »Gewerkschaften-als-Institutionen« und den »Gewerkschaften-als-Bewegung« zu unterscheiden (Cohen 2006, 4). Während die Institution Gewerkschaft aus dem Hauptamtlichenkörper, seiner bürokratischen Organisation, den Finanzen und Verfahrensregeln (z. B. Regeln zur Entscheidungsfindung) besteht, ist die Bewegung Gewerkschaft der lebendige Kern, eine bewegliche Mischung von Interessen und Forderungen, Formen des Widerstandes gegen und der Kooperation mit den Unternehmen, der Mitglieder(de-)mobilisierung und von Basisstrukturen, die sich deutlich von der »Gewerkschaft-als-Institution« unterscheiden können (ebd., 149). Wenngleich es, gerade an der Schnittstelle von ›Belegschaften betreuenden‹ GewerkschaftssekretärInnen »in der Fläche« und Aktiven in den Betrieben Überschneidungen gibt, sind es doch zwei Welten der Gewerkschaftsbewegung, die keineswegs zwingend harmonieren müssen. Diese Unterscheidung ist zunächst rein analytisch gemeint. Bei Lichte betrachtet, begründen die organisatorischen Errungenschaften der Gewerkschaftsbewegung einen Teil ihrer

Macht, sie konstituieren ihre Organisationsmacht, die dafür eingesetzt
werden kann (nicht: automatisch muss), die Gewerkschaft als Bewegung zu stärken und zu fördern – Beschäftigte zu interessenpolitischer
Selbsttätigkeit zu befähigen, die »interessenpolitische Produktivkraft
der Aktiven« zu erhöhen.

Eine wichtige Auswirkung bzw. Funktion der Organisationsbil-
dung besteht darin, Netzwerke zwischen den Beschäftigten zu knüpfen. Nach Innen entstehen so Solidarbeziehungen zu anderen Mitgliedern (interne Solidarität). Darüber hinaus sind Gewerkschaften häufig
nach Außen in weitere Netzwerke eingebunden, die gegenseitige
Unterstützung ermöglichen (z. B. mit Parteien, kirchlichen Einrichtungen oder sozialen Bewegungen). Auch diese »äußere« Verankerung in
Netzwerken beeinflusst die Durchsetzungsfähigkeit und damit auch
die Macht der Organisation. Denn verlässliche Kooperations- und
Solidarbeziehungen (externe Solidarität) ermöglichen es der Gewerkschaft, im Zweifelsfall auch breitere gesellschaftliche Unterstützung für
die eigenen Anliegen zu mobilisieren (Levesque/Murray 2013, 45 f.).
Solche Netzwerke müssen in der Regel allerdings über einen längeren
Zeitraum wachsen, Vertrauen muss gebildet und das Gemeinsame er-
und gefunden werden. (AK SU 2013, 360).

Organisationsmacht stärkt die Lohnabhängigen also. Denn ob z. B.
bereits Organisierte ihre noch unorganisierten KollegInnen für die
Gewerkschaft gewinnen oder wie sie politisch arbeiten können, hängt
u. a. von den Mitteln ab (Geld, Infrastruktur, Lernräume und Kontakt-
netze), die ihnen zur Verfügung stehen. Je stärker die Organisation,
desto besser ist ihre Ausgangslage. Das gilt sowohl für die Organisierung der Unorganisierten, für die Mobilisierung der Mitglieder wie
auch für die Durchsetzungsfähigkeit in Betrieben, auf dem Arbeitsmarkt und in der Gesellschaft. Insofern ist die Organisationsmacht un-
zweifelhaft eine große Errungenschaft für Lohnabhängige.

Von herausragender Bedeutung ist es in diesem Zusammenhang,
wenn es gelingt, einem Teil der sich Organisierenden die bezahlte
Arbeit als »Hauptamtliche« bzw. »Gewerkschaftssekretäre« zu ermöglichen, die alle, die weiter im betrieblichen Alltag eingebunden
sind, in ihrer interessenpolitischen Arbeit unterstützen können. Die

gewerkschaftliche Organisationsmacht ist deshalb umso größer: Je mehr Lohnabhängige Mitglieder werden bzw. je höher der Organisationsgrad ist (Anteil der Gewerkschaftsmitglieder an den Beschäftigten); je größer die Infrastrukturressourcen (materielle und personelle Mittel), die aus Mitgliederbeiträgen finanziert werden; je effizienter diese Mittel eingesetzt werden, um die Interessen der Organisierten zu vertreten; je größer die Mitgliederbeteiligung an der Politik der Organisation ist; je stärker sich die Solidarität zwischen den Mitglieder ausprägt (ebd., 351-354). Sowohl die Fähigkeit der Mitglieder, sich an der Politik selbständig zu beteiligen, als auch ihre Neigung zu solidarischem Handeln hängen davon ab, ob die »Organisierung der Unorganisierten« durch eine »Organisierung der Organisierten« ergänzt wird. Kurz: Ob die Organisation Räume öffnet und Ressourcen freimacht, um möglichst viele ihrer Mitglieder zu gewerkschaftlichen Organisierern auszubilden. Ressourcen für Bildungsarbeit, die genau das leisten kann und will, sind insofern ein wichtiger Teil der gewerkschaftlichen Organisationsmacht.

Bürokratische Beziehungen und Handlungsweisen

Organisationsmacht stärkt also die Lohnabhängigen. Das ist allerdings nicht alles. Um verstehen und beurteilen zu können, wie gewerkschaftliche Kämpfe geführt, wie das Verhältnis zwischen der »Gewerkschaft-als-Institution« und der »Gewerkschaft-als-Bewegung« aussieht und wie (in-)flexibel Gewerkschaften agieren können, ist es ratsam, den sozialen Doppelcharakter der Organisationsmacht (Draper 1971) genauer zu analysieren: Einerseits stärkt ein eigenständiger Apparat hauptamtlicher GewerkschafterInnen, der auf der Grundlage eines Sets an Verfahrensregeln mit ehrenamtlichen Funktionären und einfachen Mitgliedern zusammenarbeitet, die Lohnabhängigen. Über die alltägliche Unterstützung der bereits Organisierten und der Aktiven hinaus können Gewerkschaftssekretäre z. B. die finanziellen Rücklagen und infrastrukturellen Ressourcen (Bildungszentren, Räumlichkeiten etc.) der Organisation nutzen, um die noch Unorganisierten zu organisieren. Andererseits bilden diese Organisationsmacht und dieser Apparat hauptamtlicher GewerkschafterInnen zugleich aber eine in sich

widersprüchliche Bürokratie aus, die Politik auf eine besondere Art beeinflussen, formen und lenken kann. Mir geht es an dieser Stelle nicht
darum, eine vereinfachte Kritik ›der Bürokratie‹ oder ›der Bürokraten‹
zu wiederholen, wie sie zuweilen innerhalb gewerkschaftlicher Arbeits-
zusammenhänge anzutreffen ist. Einer schlechten Bürokratie wird in
dieser Version eine imaginierte fortschrittliche Basis gegenübergestellt.
Hat man erst einmal so vereinfacht, dann marschiert auf der einen Seite eine üble Bürokratie (halb im Bunde mit dem Kapital), auf der anderen Seite eine ›eigentlich‹ kämpferische Basis, die aber von der falschen Führung doch irgendwie vom Kampf abgehalten oder – ebenso
schlimm – nicht dazu aufgerufen wird[9]. Mir geht es dementgegen um
problematische bürokratische Beziehungen, Handlungsweisen und
Machtungleichheiten (Camfield 2013), die in der Gewerkschaftsbewegung existieren und zu Schranken der Gegenmacht werden können.
Diese wurzeln m. E. zum einen in der gesellschaftlichen Arbeitsteilung,
zum anderen im fließenden und wechselhaften Verhältnis zwischen
der interessenpolitischen Selbsttätigkeit von Lohnabhängigen in Konflikten (und ihren Möglichkeiten dazu) und der (zum Teil rechtlich er-
zwungen oder doch zumindest rechtlich beförderten) Delegation der
Aufgaben an StellvertreterInnen bzw. RepräsentantInnen.

Drei Punkte sind besonders wichtig. Erstens bilden Hauptamtliche
eine besondere soziale Schicht, deren Arbeitsrealitäten und soziale
Lage sich von denen der Kapitalbesitzenden und denen der abhängig
Beschäftigten unterscheiden (Darlington/Upchurch 2001, 81). Zweitens
entstehen innerhalb gewerkschaftlicher Organisationen Handlungsrou-
tinen, die ganz selbstverständlich werden und deshalb neue Strategien,
Handlungs- und Arbeitsweisen als unrealistisch erscheinen lassen können. Diese Tendenz wird dadurch verstärkt, dass in den kapitalistischen
Zentren gewerkschaftliche Interessenpolitik professionalisiert wurde

---

9   Dieser schematischen Bürokratiekritik wird von anderen Kreisen mit einer
    nicht weniger verkürzten ›Basiskritik‹ begegnet. Diese wird wahlweise als zu
    bequem, egoistisch oder schlicht unfähig und unvernünftig charakterisiert,
    um sich aktiv an der gewerkschaftlichen Arbeit zu beteiligen. Und weil dem
    so ist, muss man stellvertretend für sie handeln oder kann sich auf Konflikte
    mit der Kapitalseite nicht oder nur bedingt einlassen.

und durch die Vertretungsstrukturen auch eine Scheidung zwischen Experten und Laien befördert wird. Drittens wirkt innerhalb der Gewerkschaftsbewegung allgemein und innerhalb des Hauptamtlichenkörpers insbesondere eine eigensinnige Dialektik der Teilerrungenschaften, die organisationspolitisch vorsichtige politische Haltungen fördert.

Hauptamtliche als besondere soziale Schicht
Die Herausbildung eines Apparates von hauptberuflichen GewerkschafterInnen hat mehre Vorteile, die angedeutet wurden. Sie reproduziert aber auch die gesamtgesellschaftliche Arbeitsteilung innerhalb der ArbeiterInnenbewegung. Wollen Lohnabhängige gegenüber dem Kapital durchsetzungsfähig sein, müssen sie Einzelne aus ihren Reihen von der Last der alltäglichen Erwerbsarbeit befreien, damit diese ganztägig Gewerkschaftsarbeit leisten können (Mandel 2000, 63). Allerdings bringt dieser Fortschritt auch Gefahren mit sich: »Mit der Schaffung eines Apparates von Berufsfunktionären, deren Fachwissen nötig ist (…), entsteht das Risiko, daß es in Arbeiterorganisationen eine Aufspaltung zwischen Schichten mit unterschiedlichen Funktionen gibt. Spezialisierung kann in ein wachsendes Monopol an Wissen, an zentralisierter Information münden. Wissen ist Macht, und ein Monopol an Wissen führt zur Macht über Menschen.« (ebd., 64)

Die Alltagserfahrungen hauptamtlicher GewerkschaftssekretärInnen sind darüber hinaus i.d.R. davon geprägt, Beschäftigte zur betrieblichen Gegenwehr ermutigen zu müssen – selbst in gut organisierten Betrieben sind Gewerkschaftsmitglieder nicht die ganze Zeit und auch nicht immer im gleichen Maße aktiv. Die Eigeninitiative und politische Selbsttätigkeit der Gewerkschaftsmitglieder sind häufig über lange Zeiträume keineswegs die Regel (Post 2003, 125). Das liegt nicht zuletzt an Arbeitsbelastungen, langen Arbeitszeiten und knapper Familien- und Freizeit. Diese kollektive Erfahrung nährt zumindest die Neigung bei Berufsgewerkschaftern, stellvertretend für die abhängig Beschäftigten handeln zu wollen.

Gleichzeitig und umgekehrt sind Hauptamtliche weder den Belastungen, noch den gemeinsamen Erfahrungen der fremdbestimmten Arbeit im Betrieb ausgesetzt. In diesem ganz speziellen Sinne sind sie sogar sozial isoliert, da sie mit denen, die sie repräsentieren und die sie unterstützen, nicht über längere Zeiträume hinweg arbeiten und leben (Darlington/Upchurch 2011, 81). Zwischen Repräsentierten und ihren Repräsentanten besteht also ein Bruch (Bourdieu 2001, 42).

Mehr noch, Gewerkschaftssekretäre sind eine eigene soziale Schicht, deren Einkommen, Karrieren und Lebensentwürfe von der Gewerkschaftsorganisation selbst abhängen. Berufsfunktionäre »sind daher nicht mehr darauf angewiesen, anders als die meisten Gewerkschaftsmitglieder, durch gefährliche Konfrontationen mit dem Arbeitgeber ihre Arbeitsbedingungen und Entgelte zu verteidigen. Da das Wohlergehen des Hauptamtlichen vielmehr davon abhängt, das Wachstum und die Gesundheit der Gewerkschaft zu sichern, gibt es bei ihm eine übergeordnete Tendenz die Verteidigung der Organisation mit der Verteidigung der Gewerkschaftsmitglieder zu verwechseln.« (Brenner 2010, 41) Die sozialen Interessen von einfachen Gewerkschaftsmitgliedern und die Interessen von Gewerkschaftssekretären sind insofern nicht deckungsgleich, es kann durchaus zu Widersprüchen zwischen beiden Teilen der Bewegung kommen. In aller Regel versuchen hauptamtliche Funktionäre so zu handeln, dass sie die Interessen der einfachen Mitglieder verfolgen, ohne dabei den Bestand der Organisation selbst zu gefährden (ebd., 42).

Delegationskultur: Experten und Laien
Bürokratische Beziehungen und Handlungsweisen werden allerdings nicht nur durch die Organisation ermöglicht. Im Falle der Gewerkschaften spielen auch äußerer Einflussfaktoren wie die Institutionen und die Regeln der Arbeitsbeziehungen eine Rolle. Auch sie beeinflussen die innere Funktions- und Arbeitsweise der Gewerkschaften. Von besonderer Bedeutung ist m.E., dass die Interessenpolitik zu einem eigenen Feld wird, in dem – im Rahmen staatlich fixierter Regeln – in einem Mindestmaß professionalisiert gearbeitet wird. Wie in anderen politischen Arbeitsfeldern auch wird in der betrieblichen und überbetrieblichen Gewerkschaftspolitik so eine (in einem Mindestmaß kaum zu vermeidende) Trennung zwischen Eingeweihten bzw. Befähigten und ›Laien‹ vollzogen. Je weiter entfernt vom Be-

triebsalltag das Geschehen stattfindet, desto größer ist diese Trennung. Die Konfliktarenen, in denen Kapital und Arbeit miteinander streiten und kooperieren, lassen sich daher als eine Art eigener Mikrokosmos verstehen (Bourdieu 2001, 42). Je mehr sich die Interessenrepräsentation ablöst von den direkten Interessen am Arbeitsplatz und je mehr sie sich professionalisiert, desto eher entwickelt sie auch ihre eigene Logik und »desto größer wird der Bruch mit den Laien.« (ebd., 47) Repräsentation heißt deshalb beides, Vertretung und Bruch: Interessenvertreter vertreten ihre KollegInnen, aber nicht auf eine direkte Art und Weise. Stärker als in anderen politischen Bereichen sind dem Bruch zwischen haupt- und ehrenamtlichen Repräsentanten auf der einen und Vertretenen auf der anderen Seite innerhalb der Gewerkschaftsbewegung aber Grenzen gesetzt. Denn Repräsentanten müssen vor ihrer Basis Rechenschaft ablegen und sich Unterstützung sichern. Gelingt das nicht, ist auch die interessenpolitische Durchsetzungsfähigkeit gefährdet.

Vor dem Hintergrund dieser grundsätzlichen Trennung und des Hineinwachsens der ehren- und hauptamtlich Aktiven in die gewohnten Formen der Interessenvertretung können konservative Handlungsorientierungen entstehen. In gewissem Sinne kann man hier von »politischer Doxa« sprechen, also »vorgefaßten Ideen, die eine Angelegenheit des Glaubens sind.« (ebd., 32). Neben inhaltlichen Glaubensaspekten spielt dabei eine entscheidende Rolle, von welchen Mitteln geglaubt wird, dass sie eingesetzt werden können, und welche Wege als gangbar gelten, um die eigenen Ziele zu verfolgen. Um kein Missverständnis aufkommen zu lassen: Innerhalb der Gewerkschaften sind diese Orientierungen durchaus umkämpft. Dennoch gibt es vorherrschende Orientierungen, die oft kaum mehr hinterfragt werden.

Strukturell bergen die Vertretungs- und Repräsentationsstrukturen, die mit einer Professionalisierung der gewerkschaftlich Aktiven einhergehen, darüber hinaus die Gefahr, dass sich bei Hauptamtlichen, Betriebsräten und gewerkschaftlich Aktiven skeptische Haltungen gegenüber den normalen Gewerkschaftsmitgliedern einschleichen – den Laien, die i. d. R. weder im Betrieb aktiv sind, noch am gewerkschaftlichen Organisationsleben teilnehmen. Hauptberufliche (lange Zeit freigestellte Betriebsräte und Gewerkschaftssekretäre) oder lang-jährig basisaktive Interessenvertreter neigen dann zu einer durch Miss-trauen und Skepsis geprägten Haltung neuen Aktiven oder normalen Mitgliedern gegenüber, sollten diese sich plötzlich doch beteiligen wollen. ›Können die das eigentlich?‹ – ›Wissen sie, wovon sie reden?‹ – ›Können sie die Folgen ihrer Vorschläge eigentlich abschätzen?‹ Mit der Monopolisierung der Interessenpolitik wachsen auch der Glaube der Hauptamtlichen an ihre eigene Kompetenz und die Gefahr, pater-nalistisch den Laien ihre Kompetenz abzusprechen (ebd., 44 f.).

Eigensinnige Interessenlagen: Die Dialektik der Teilerrungenschaften
Abschließend möchte ich auf zwei weitere wichtige Widersprüchlich-keiten gewerkschaftlicher Organisationsmacht eingehen, die sich aus der besonderen sozialen Lage hauptamtlicher Gewerkschaftssekretäre ergeben. Der erste Widerspruch ist mit der besonderen Interessenlage von Hauptamtlichen verbunden. So lange die Gewerkschaftsorgani-sation stabil ist, haben Gewerkschaftssekretäre kein genuin eigenes soziales Interesse daran, sich stark in Konflikten für die Interessen der Belegschaften einzusetzen – letztlich hängen Ausmaß und Art ihres Engagements von ihren eigenen politischen Überzeugungen bzw. von positiven oder negativen Anreizen ab, die ihnen von Vorgesetzten gegeben werden (etwa Benchmarks hinsichtlich der Zahl neuer Mit-glieder, die in einem bestimmten Zeitraum zu gewinnen sind). Dies ändert sich freilich, wenn durch rückläufige Mitgliederzahlen auch die Mitgliedsbeiträge sinken und die Gewerkschaftsorganisation selbst in ihrem Bestand gefährdet wird. Hier mag der einzelne Hauptamt-liche immer noch nicht persönlich betroffen sein, organisationsintern dürften allerdings Reformprozesse angestoßen werden, um diese Be-standsgefährdung zu bekämpfen. Eine der zentralen Fragen lautet dann: Wie können erneut mehr Menschen für die Mitgliedschaft ge-wonnen werden.

Der zweite Widerspruch führt zu einer eher vorsichtigen Haltung bei Hauptamtlichen gegenüber plötzlich wachsenden Mitgliederaktivi-täten. Sowohl aufgrund der eigenen Abhängigkeit vom Wohlergehen der Organisation als auch aufgrund der eigenen Alltagserfahrung, in der Beschäftigte eben nicht fortwährend treibende Kräfte der gewerkschaftlichen Gegenwehr sind, neigen Hauptamtliche dazu, der Eigeninitiative bzw. den tatsächlichen Kämpfen von Belegschaften gegenüber, sobald diese dann doch aufkommen, moderierend zu begegnen. Mit »moderierend« meine ich nicht, dass grundsätzlich Mitgliederaktivitäten verhindert werden. Damit soll eher eine Tendenz benannt werden. Hauptamtliche neigen dazu – ausgehend von den eigenen Vorstellungen darüber, wie richtiges Handeln aussehen müsste bzw. welche Organisationsinteressen es gibt – Aktionen zu verhindern, die in der eigenen Wahrnehmung zu schlechten Ergebnissen führen oder die Organisationsinteressen schädigen würden. Dabei muss in solchen Fällen keineswegs die gesamte Organisation bedroht sein. Es reicht möglicherweise, dass Errungenschaften in bestimmten Betrieben oder auch Verhandlungsmöglichkeiten mit dem Interessengegner (die durch unüberlegtes Handeln nicht gefährdet werden sollen) als gefährdet betrachtet werden. Rationaler Kern dieser Vorsicht ist die »Dialektik der Teilerrungenschaften«, die nicht nur bei Berufsfunktionären wirkt: »Der berühmte Satz des Kommunistischen Manifests, die Arbeiter hätten nicht zu verlieren als ihre Ketten, gilt unmittelbar nur für die armen, unorganisierten Arbeiter der Mitte des 19. Jahrhunderts. Obwohl er historisch gültig bleibt, hat das heutige organisierte Proletariat (...) durchaus etwas zu verlieren – die wirtschaftlichen, gesellschaftlichen und politischen Errungenschaften, die es der Bourgeoisie in langem Kampf abgerungen hat (...). Das Für und Wider eines jeden Kampfes muß jetzt sorgfältig (...) abgewogen werden (...). Denn statt etwas Neues zu erreichen, ist es immer möglich, am Ende bereits Erreichtes wieder zu verlieren.« (Mandel 2000, 71)

3.2.3 Institutionelle Macht

Als institutionelle Macht wird der häufig durch Gesetze abgesicherte Einfluss bezeichnet, den Lohnabhängige innerhalb dafür vorgesehener Einrichtungen geltend machen können (AK SU 2013, 356-357). Beispiele dafür sind etwa Betriebs- und Personalräte und der Tarifvertrag. In zweifacher Weise handelt es sich dabei um Ergebnisse

von Klassenkompromissen. Zum einen, weil diese Einrichtungen
eine ihrer Ursachen in Forderungen von ›unten‹ haben, wenn ihre
letztendliche Gestalt auch nicht den ursprünglichen Forderungen entsprechen muss. Zum anderen ist das, was an Verhaltensweisen und
Regelungen innerhalb dieser Institutionen als normal gilt, ebenfalls
abhängig von früheren Klassenkompromissen.

Aus diesem Grund wird die institutionelle Macht auch als ›abgelei-
tete‹ Macht bezeichnet. Das kann dazu führen, dass auch dann noch
Einfluss ausgeübt werden kann, wenn dieser im Konfliktfall vielleicht
gar nicht mehr durchgesetzt werden könnte, weil Mobilisierungsfähigkeit und Organisationsmacht fehlen. Die institutionelle Macht ist insofern eine Verdichtung und Gerinnung von Kräfteverhältnissen. Diese
Institutionen ermöglichen nicht nur Einfluss, sondern beschränken
und lenken das Handeln auch. Das Betriebsverfassungsgesetz etwa
ermöglicht zwar nach erfolgter Betriebsratsgründung die Mitbestimmung in sozialen Belangen und Arbeitszeitfragen. Alle wirtschaftlichen Fragen obliegen allerdings allein den Unternehmensleitungen.
Insofern sichert es die ökonomische Verfügungsgewalt des Kapitals.
Auch die Wahl der Mittel in Auseinandersetzungen steht Betriebsräten nicht frei. Zu Arbeitskämpfen etwa dürfen sie nicht aufrufen,
insgesamt sind sie dazu verpflichtet, im Sinne des Unternehmens zu
wirken.

Staatlicher Einfluss als institutionelle Macht

Gewerkschaften vertreten Interessen nicht nur gegenüber Unternehmen bzw. Verbänden der Besitzenden, sondern auch gegenüber
dem Staat. In der deutschen Gewerkschaftsbewegung wird daher traditionell ein gesellschaftspolitisches Mandat beansprucht. Aber auch
Gewerkschaften, die ›nur ökonomisch‹ ausgerichtet sind, versuchen
durch Lobbypolitik auf staatliche Politik Einfluss zu nehmen. Man-
chen Beobachtern gelten bleibende oder gar in Gremien verankerte
Möglichkeiten der Gewerkschaften (etwa korporatistische Bündnisse,
wie sie in den 1970er Jahren entstanden sind), auf Regierungspolitik Einfluss zu nehmen, daher als eine eigene Art der institutionellen
Macht.

Eine weit verbreitete Vorstellung lautet dabei, dass es sich bei parlamentarischen Demokratien um pluralistische Gemeinwesen handelt, in denen sich im freien Meinungsstreit unterschiedliche Interessen durchsetzen können und staatliches Handeln dem Allgemeinwohl dient. Richtig ist zwar, dass es einen Meinungsstreit gibt und verschiedene konkurrierende Kräfte auf das politische Agenda-Setting Einfluss nehmen wollen. In diesem Sinne ›verdichten‹ sich im Staat bzw. in staatlicher Politik Kräfteverhältnisse zwischen unterschiedlichen sozialen und politischen Gruppen und Akteuren. Der Staat ist nicht schlicht ein Instrument oder eine Beute dieser oder jener Kraft – in ihm kristallisieren sich vielmehr Klassenbeziehungen und -kräfte (Buci-Glucksmann/Therborn 1982, 13).

Von Chancengleichheit kann dabei aber dennoch keinesfalls die Rede sein, denn tatsächlich befinden sich Lohnabhängige auf dieser Ebene des Spiels der Kräfte im Hintertreffen[10]. In der Regel gelingt es ihnen nur durch massives Konflikthandeln und/oder den Aufbau von durchsetzungsfähiger Organisationsmacht (traditionell Arbeiterparteien und Gewerkschaften), ihrer Stimme politisches Gehör zu verschaffen. Aber selbst dann, wenn solche Organisationen entstanden sind, sind sie den Organisationen des Status Quo nicht ebenbürtig. Hinter diesen Parteien steht wirtschaftliche Macht, die etwa die Form von finanzieller Unterstützung annehmen kann. Eine andere Art der Unterstützung politischer Projekte durch Konzerne ist der Aufbau zivilgesellschaftlicher Einrichtungen, die die eigene politische Agenda vertreten (z. B. die Stiftung Neue Soziale Marktwirtschaft). Im Zweifelsfall ist es für Konzerne aber auch möglich, direkt wirtschaftlich einzugreifen (z. B. Investitionsbremsung), um den eigenen Willen durchzusetzen.

Aber auch jenseits dieses Kräftemessens ist der demokratische Staat ein per se kapitalistischer Staat und kein neutraler Mittler widerstreitender Interessen, in dem – Waffengleichheit auf der gerade

---

10 Die folgenden Überlegungen basieren auf Claus Offes »Strukturprobleme des kapitalistischen Staates« (Offe 1972, 2006) und auf Nicos Poulantzas »Staatstheorie« (Poulantzas 2002).

behandelten Ebene vorausgesetzt – Gewerkschaften und UnternehmerInnen in gleichem Maße ihre Interessen durchsetzen könnten.
Die Machtungleichheit zwischen Kapital und Arbeit ist auch in dieser
Hinsicht grundlegend – und erneut zu Ungunsten der abhängigen
Arbeit. Dabei ist der Staat nicht schlicht Beute des Kapitals, staatliche Politik wird nicht einfach von mächtigen Interessengruppen gelenkt, wenngleich es diese »Einflussagenten in den Staatsapparaten«
(Streeck 2013, 81) gibt. Es ist zwar völlig richtig, dass es für Besitzende
leichter ist sich politisch Gehör zu verschaffen. Die Abhängigkeit des
Staates von den Unternehmen ist aber strukturell bedingt. Denn je
wichtiger die jeweiligen Ressourcen sind, die Akteure für das Funktionieren des Systems mit sich bringen, desto eher finden ihre Interessen bei politischen Entscheidungsträgern auch Gehör.

Warum also hat der demokratische Staat grundsätzlich einen
Klassencharakter, warum ist er per se ein kapitalistischer Staat (Offe
1977, 65 f.)? Die Antwort ist relativ einfach: In kapitalistischen Gesellschaften sind die Profitabilität von unternehmerischen Investitionen und das Wirtschaftswachstum gleichzeitig die Voraussetzung
dafür, dass Arbeitsplätze und Einkommen entstehen und staatliche
Politik steuerlich gegenfinanziert werden kann. Investieren Unternehmen nicht, stellen sie keine Arbeitskräfte ein, die sie ausbeuten
können. Zahlen sie keine Löhne und keine Steuern, dann wird es
demokratischen Regierungen unmöglich – so lange sie nicht mit
den Regeln der Privatwirtschaft brechen und Formen nachhaltigen
Wirtschaftens entwickeln –, Arbeitsplätze und Einkommen und so
Lebenschancen zu gewähren. Genau das ist der Grund dafür, weshalb sich Regierungen fast aller Schattierungen darum bemühen,
die Investitions- und Wirtschaftsbedingungen für Unternehmen zu
verbessern. Um das Dilemma zu vervollständigen: Gelingt es den
Regierungen nicht – und sind Alternativen zur privatkapitalistischen
Wirtschaftsweise weder in der Diskussion, weder strategische Möglichkeit noch im Ansatz durchsetzbar –, folgen aus misslingender
Wirtschaftspolitik, die Erwerbslosigkeit und soziale Probleme nach
sich zieht, Legitimationsprobleme, die politische Mehrheiten kosten
können.

3.2.4 Handlungs- und Deutungsmacht

Ob die strukturelle bzw. die institutionelle Macht genutzt werden kann, hängt letztlich davon ab, ob Beschäftigte sich mobilisieren und gewerkschaftliche Forderungen unterstützen. Diese Handlungsmacht entsteht, wenn Beschäftigte bereit und fähig sind, sich zusammenzuschließen und einvernehmlich zu handeln. Durch die formale Mitgliedschaft in einer Organisation ist das noch keineswegs sichergestellt. Letztlich sind es das Alltagsbewusstsein der Beschäftigten (Goes 2015, 18 f.) und die Deutungsmacht der Gewerkschaften, von denen es abhängt, ob Mobilisierungsprozesses gelingen.

Deutungsmacht setzt die Fähigkeit voraus, in Auseinandersetzungen überhaupt mit eigenen Interpretationsangeboten einzugreifen, was sowohl geeignete Mittel als auch Know-how voraussetzt. Sie besteht aber erst dann, wenn die angebotenen Interpretationsfolien an Stimmungen und Deutungsmustern erfolgreich anknüpfen können, die sich im Alltagsbewusstsein der Menschen verdichten. Gelingt das nicht, bleiben sie Geräusche. Denn die Mobilisierung von Menschen für gemeinsames (interessen-) politisches Handeln, so ein Befund der Sozialbewegungsforschung, ist davon abhängig, ob es Aktiven gelingt, Deutungsangebote zu entwickeln, die Ungerechtigkeiten aufzeigen, Verantwortliche und Schuldige für diese Probleme ausweisen und ein Gefühl der Veränderbarkeit dieser Ungerechtigkeiten einerseits, der eigenen Durchsetzungsfähigkeit andererseits zu vermitteln.

Das gilt auch für gewerkschaftliche Auseinandersetzungen (Levesque/Murray 2013, 47). Grundsätzlich werden in Konfliktsituationen von allen Kontrahenten Deutungsangebote entwickelt, um entweder UnterstützerInnen zu gewinnen und zu mobilisieren, oder sie (bei den Gegnern) zu verschrecken und zu demobilisieren (Goes 2015, 45-47). Die Bedeutung solcher Deutungskämpfe lässt sich an einem einfachen Beispiel zeigen: In einem Unternehmen werden 15 Beschäftigte entlassen. Die Geschäftsleitung argumentiert, dies sei der schlechten Auftragslage geschuldet, um die restlichen Arbeitsplätze zu sichern, seien die Entlassungen notwendig. Die drohende Alternative sei es, die Wettbewerbsfähigkeit des Unternehmens und damit alle Arbeitsplätze zu gefährden. Kurz: Eine *wirkliche* Alternative gebe es nicht. Eine Gruppe von Gewerkschaftsaktiven verteilt daraufhin ein Flugblatt, das eine eigene Geschichte erzählt. Die 15 KollegInnen mussten gehen, weil sie aufgrund ihres Alters nicht mehr leistungs-fähig genug waren. Mithin wären Auftragslage und Arbeitsbelastun-gen so, dass die Geschäftsleitung plane, Zeitarbeitskräfte einzusetzen. Während das Deutungsangebot der Geschäftsführung versucht, eine Alternativlosigkeit zu behaupten (Markt- und Auftragslage) und eine Betriebsgemeinschaft (Sicherheit der Restbelegschaft) zu schmieden, charakterisiert die Deutungsfolie der Gewerkschaftsaktivisten die Kündigungen als Unrecht – nicht zuletzt, weil nach wie vor genügend Arbeit vorhanden ist. Welches Deutungsangebot wird in der Beleg-schaft aufgegriffen?

Was für die betriebliche Arena gilt, gilt ebenso für Branchen-konflikte oder gesellschaftliche Auseinandersetzungen. Dass eine solche Deutungsmacht bei betrieblichen GewerkschaftsaktivistInnen oder bei Gewerkschaftssekretären vorhanden ist, ist gleichwohl nicht selbstverständlich. Sowohl im Kleinen als auch im Großen muss die entsprechende Fähigkeit experimentell gelernt werden (AK SU 2013, 361-362). Ohne Deutungsmacht jedenfalls, ohne die Fähigkeit also, erfolgreich an das Alltagsbewusstsein anzuknüpfen, dürfte es Aktiven kaum gelingen, sich innerhalb des betrieblichen Stellungskrieges zu behaupten.

3.4
Antagonistische Vergesellschaftung, Gegenmacht und Ordnungsfaktor

Alle genannten Machtquellen ermöglichen es Gewerkschaften, nicht nur Sammelpunkte der Lohnabhängigen gegenüber dem Kapital, sondern auch eine wirkungsvolle Gegenmacht in den verschiedenen Sphären der Kapitalherrschaft zu sein. Gleichzeitig geht die antago-nistische Vergesellschaftung der Arbeit, die Konflikte gebiert und Gegenmacht notwendig macht, mit tiefer Abhängigkeit der Lohn-arbeit gegenüber dem Kapital und einer tendenziellen Dezentralisie-rung des Klassenkonfliktes einher. Darüber hinaus können Gewerkschaften – das sagt zumindest die bisherige historische Erfahrung – nur dann als Gegenmacht wirken, wenn sie in einem Mindestmaß eine ordnungspolitische Funktion für das Kapital übernehmen können. Die *tiefe Abhängigkeit der Lohnarbeit* vom Gelingen der kapitalistischen Akkumulation wurde bereits einleitend erörtert (Kap. 3.1). Insofern Arbeitsplätze – solange keine alternativen Produktionsweisen durchgesetzt werden können – von der Wirtschaftlichkeit der Unternehmen abhängen, entstehen fast naturwüchsig auch Orientierungen innerhalb der Belegschaften, die die Wettbewerbsfähigkeit des Unternehmens zu steigern, zu sichern oder wenigstens nicht zu beschädigen suchen. Die *Dezentralisierung des Klassenkonfliktes* findet ihre Ursache in der Aufspaltung des Kapitals in viele einzelne konkurrierende Kapitale. Die Konflikte zwischen Kapital und Arbeit werden in der Regel in den einzelnen Unternehmen er- und gelebt (Meiksins Wood 1997), Beschäftigte entwickeln ein Betriebsbewusstsein und zuweilen auch ein positives betriebliches Selbstverständnis (›Wir sind VW‹). Dieser Dezentralisierung wirken andere Faktoren entgegen, u. a. gewerkschaftliche Organisierung und aus ihr folgende branchenweite Tarifverhandlungen und Arbeitskämpfe, die eine gemeinsame Perspektive eröffnen. Dennoch ist es ein Wechselverhältnis, die strukturelle Dezentralisierung des Klassenkonfliktes bleibt und erfordert es, das überbetriebliche »Band der Solidarität« immer wieder neu zu knüpfen.

Um als Gegenmacht zu wirken, agieren Gewerkschaften immer in einem Mindestmaß als Ordnungsfaktoren. Sie strukturieren die Konfliktbeziehungen zwischen den Lohnabhängigen und den Unternehmen, lenken sie in bestimmte Bahnen. In einem ganz grundlegenden Sinn ordnen sie die Lohnabhängigen, indem sie organisieren, »sie kanalisieren ihre Wut, ihre Revolte und ihre Ohnmacht. Ordnungsfaktor und Gegenmacht – das ist keine Alternative gewerkschaftlicher Existenz, denn Gewerkschaften sind immer beides.« (Zoll 1976, 7) Mehr noch, um von Unternehmen überhaupt als Verhandlungspartner akzeptiert zu werden, müssen sie glaubhaft versichern können, dass ausgehandelte Kompromisse von den eigenen Mitgliedern auch eingehalten werden. Das ist die Kehrseite der oben beschrieben »institutionellen Macht« der Gewerkschaften: Damit auch Unternehmer einen Sinn in der Aufrechterhaltung von Kompromissbildungen haben, müssen diese für sie einen praktischen Nutzen haben. Der besteht in erster Linie darin, dass Konflikte reguliert und moderiert ausgetragen, spontane oder organisierte Kämpfe also vermieden werden können. Sind die Belegschaftsrepräsentanten, die in diesen Institutionen agieren, jedoch nicht in der Lage, die von ihnen Vertretenen auf Verhandlungsergebnisse zu verpflichten (Behruzi 2015, 46), fehlen auch die Anreize für die Unternehmen. Gewerkschaften, die Gegenmacht ausüben wollen, wirken daher immer mehr oder weniger stark als Ordnungsfaktoren, die ggf. spontan ausbrechende Arbeitskämpfe mit weitreichenden Forderungen (oder Forderungen, die innerhalb des bestehenden Rechtssystems unzulässig sind) auch beizulegen oder zu verhindern suchen. Als Ordnungsmächte allerdings können Gewerkschaften gleichzeitig nur wirken, wenn sie sich gegenüber der Unternehmensseite auch durchsetzen können. Für den politischen Charakter einer Gewerkschaft ist entscheidend, welches Moment dieses dialektischen Widerspruchs führend ist: Ob eine Gewerkschaft in einer politischen Konjunktur also in erster Linie als Ordnungsmacht wirkt, dabei aber gegenmachtfähig auftreten muss; oder ob eine Gewerkschaft in erster Linie als Gegenmacht agiert, die zu diesem Zweck auch ordnend und befriedend wirkt.

4.
Auf der langen Welle

Das sozialpartnerschaftliche Gewerkschaftsmodell

Das sozialpartnerschaftliche Gewerkschaftsmodell, das bis heute innerhalb der deutschen Gewerkschaften vorherrscht, ist das Ergebnis einer Reihe von ökonomischen und politischen Kämpfen, die in den späten 1940er und 1950er Jahren stattfanden. Diese Auseinandersetzungen entwickelten sich vor dem Erfahrungshintergrund der späten Weimarer Republik und der faschistischen Diktatur, der wichtige Akteure in den Gewerkschaften prägte. In den 50er Jahren waren sie in einen überraschenden und lange anhaltenden wirtschaftlichen Aufschwung eingebettet, der in der deutschen Erinnerungskultur als Wirtschaftswunder gilt. Für viele Linke kam dies überraschend. Nicht nur revolutionäre und linkssozialistische Minderheitenströmungen der ArbeiterInnenbewegung[11] erwarteten eine tiefe und ernste Krise

---

11 Angehörige dieser Minderheiten spielten in der Nachkriegslinken eine wichtige Rolle. Aus der Kommunistischen Partei Opposition kam etwa der spätere Marburger Hochschullehrer Wolfgang Abendroth, der für linke Strömungen innerhalb der Gewerkschaften eine wichtige Rolle spielte. Mit Otto Brenner sollte 1956 schließlich ein ehemaliges Mitglied der linkssozialistischen Sozialistischen Arbeiterpartei (SAP) zum Vorsitzenden der IG Metall aufsteigen. Weitere Beispiele sind Willi Bleicher, der ehemalige Kommunist und spätere Leiter des IGM-Bezirks Nordwürttemberg-Nordbaden, oder Jakob Moneta, der zeitgleich führendes Mitglied der deutschen Sektion der Vierten Internationale und akzentesetzender Chefredakteur der IGM-Zeitung »metall« war.

des Kapitalismus. Krisenerwartungen waren innerhalb der deutschen Nachkriegssozialdemokratie durchaus weit verbreitet. Tatsächlich war das sog. Wirtschaftswunder Teil einer langen expansiven Konjunkturwelle, die auch in den anderen Ländern des kapitalistischen Zentrums wie den USA, England, Frankreich und Italien die soziale und politische Entwicklung prägte.

Im Zuge des Nachkriegsbooms setzte in den späten 1950er Jahren eine einzigartige Aufstiegsgeschichte ein. Die sozialen Ungleichheiten verschwanden zwar nicht, die gesamte Klassengesellschaft fuhr aber – wie es der Soziologe Ulrich Beck in einem Bonmot ausdrückte – eine Etage höher. In Folge von Wirtschaftswachstum und erfolgreicher gewerkschaftlicher Tarifpolitik stiegen die Löhne massiv an. Erstmalig setzte ein wirklicher Massenkonsum ein. Zwischen 1950 und 1973 vervierfachten sich die Reallöhne. Auch Erfolge um die Verkürzung der Wochenarbeitszeit konnten gefeiert werden. Laut Hans-Ulrich Wehler setzte ein beispielloser Kontinuitätsbruch innerhalb der deutschen Arbeitergeschichte ein (Wehler 2008, 154): »Die exklusive Einkommenssteigerung, die dynamische Rente, die Gleichstellung bei Lohnfortzahlung im Krankheitsfall, (…) – sie haben ein bis dahin unbekanntes Maß an sozialer Sicherheit geschaffen. Die Arbeitsbedingungen wurden durch die verringerte Arbeitszeit und die sinkende Anzahl der Unfälle, durch das Arbeitsrecht und die Tarifverträge, die Betriebsverfassung und die Mitbestimmung grundlegend verbessert. Die Wohnverhältnisse und die Größe des Eigenheims oder des Mietquartiers, ihre Ausstattung und ihre Lage im Wohnviertel veränderten sich Schritt für Schritt zum Positiven. Das Ausmaß der Freizeit wuchs auch im internationalen Vergleich an, bis die deutschen Arbeiter eine Spitzenposition erreicht hatten (…).« (ebd., 156). Gewerkschaften wurden später – angesichts erster wirtschaftlicher Krisenerscheinungen – kooperativ in die politische Steuerung einbezogen (Schmalz/Weinmann 2013, 82 ff.). Sie hatten ihren festen Platz in der Bonner Republik, Gewerkschaftsführer gehörten zu den Eliten Westdeutschlands – wenn auch als eine Art der Gegenelite. Das hatte nicht nur wirtschaftliche, sondern auch politische Gründe. Dass mit der DDR eine post-kapitalistische Gesellschaft existierte, die eine gemeinwohlorientierte Alternative zur Profitwirtschaft bot, wirkte als Stachel im Fleisch der westdeutschen Eliten.

Dieser Status war allerdings kein Geschenk des ökonomisch-politischen Machtblocks. In den ersten Jahren nach der Gründung der Bundesrepublik gab es noch harte Auseinandersetzungen zwischen DGB, Bundesregierung und UnternehmerInnen, zunächst um die Mitbestimmung, dann aber auch in der Tarifpolitik. Nicht umsonst ist die erste Hälfte der 1950er Jahre mit 75 Streiktagen (auf 1.000 Beschäftigte gerechnet) die streikintensivste in der Geschichte der Republik. Im Spätsommer 1951 führte z. B. die IG Metall in der Hessischen Metallindustrie den ersten großen Lohnstreik der Nachkriegsgeschichte. Rund 80.000 ArbeiterInnen nahmen daran teil. Gemessen an den damaligen gewerkschaftlichen Zielen endeten diese Auseinandersetzungen allerdings in Misserfolgen.

Derartige Niederlagen waren eine Ursache unter anderen für gewerkschaftliche Neuausrichtungen, die im Laufe der späten 1950er in einer sozialpartnerschaftlichen Umorientierung innerhalb der sich festigenden marktwirtschaftliche Ordnung mündeten (Pirker 1960a, 200 ff.). Nach dem Zweiten Weltkrieg waren die Gewerkschaften für eine weitreichende Neuordnung von Staat und Wirtschaft eingetreten. In einem gesellschaftspolitischen Klima, in dem die alten kapitalistischen Machteliten diskreditiert waren, formulierten sie mit dem Gründungsdokument des DGB auf ihrem Münchener Kongress 1949 ein offen antikapitalistisches Programm, dessen Herzstück die Forderung nach Wirtschaftsdemokratie war. Zwar scheiterten GewerkschafterInnen, die sich unmittelbar nach dem Krieg im Sinne einer Überwindung der Spaltung in Branchengewerkschaften für eine Einheitsgewerkschaft DBG stark gemacht hatten, insbesondere am Widerstand der Besatzungsmächte; zwar kehrten die alten Inhaber und Besitzenden nach und nach in ihre alten Positionen zurück. Dennoch hatte der DGB als antikapitalistische Kraft zu Beginn der 1950er Jahre noch Rückenwind. Dies änderte sich in dem Maße, in dem unter der Führung der CDU alle planwirtschaftlichen Vorstellungen aus der Regierungspolitik verschwanden und durch liberale Grundsätze einer staatlich regulierten Marktwirtschaft ersetzt wurden; in dem im Zuge dieser Entwicklung die alten kapitalistischen Eliten sich nicht nur wieder etablierten, sondern auch peu à peu erneut an politischem Selbstbewusstsein gewinnen konnten; in dem der viele ZeitgenossInnen überraschende Nachkriegsboom begann, die soziale Lage der Arbeitenden spürbar zu verbessern.

Hatte sich das politische Terrain sichtlich verändert, so folgten nun politische Niederlagen der Gewerkschaften, die nicht nur das Machtgefüge der Bundesrepublik festigten, sondern schließlich auch dazu führen sollten, dass die Gewerkschaften ihre antikapitalistische Stoßrichtung aufgaben. Von herausragender Bedeutung war dabei das Scheitern wirtschaftsdemokratischer Neuordnungsvorstellungen, das aus einer schmerzlichen Niederlage der Gewerkschaften in der Auseinandersetzung um das Betriebsverfassungsgesetz folgte. Was vielen heute als Ausweis der institutionellen Macht und des Einflusses der Gewerkschaften und der Beschäftigten gilt, war für die ZeitgenossInnen vor allem eins: Das Scheitern von Ordnungsvorstellungen, die nicht nur einen starken institutionellen Einfluss der Gewerkschaften in den Unternehmen verankern wollten, sondern deren Leitung demokratisieren und mit einer demokratischen Rahmenplanung der Wirtschaft verbinden wollten. Am Ende dieser Auseinandersetzung stand die Beschränkung – gänzlich beschnitten auf Keime – wirtschaftsdemokratischer Elemente auf die Montanindustrie. Die Verabschiedung des Betriebsverfassungsgesetzes 1952 sicherte Beschäftigten zwar Rechte und gab ihnen insofern institutionelle Macht; gemessen an den damaligen Forderungen des DGB handelte es sich gleichwohl um eine antigewerkschaftliche Gesetzgebung, die eine zentrale Rolle bei der Wiederherstellung und Sicherung der Kapitalmacht in der Bundesrepublik spielen sollte. Wirtschaftsdemokratie lebte nunmehr im DGB als abstraktes Ziel und als Ideologie fort, nicht aber als politischer Ansatz, der weiterhin praktisch verfolgt worden wäre.

Nach diesen politischen Weichenstellungen fand sich der wirtschaftliche Hintergrund der Entwicklung sozialpartnerschaftlicher Gewerkschaften in dem eingangs erwähnten rund 20 bis 25 Jahre langen Aufschwung, der etwa Ende der 1940er Jahre einsetzte und bis Anfang der 1970er Jahren dauerte. Erst dann setzten wirtschaftliche

Krisenerscheinungen ein und eine längere eher stagnative und krisenhaftere Phase des Kapitalismus begann. Hatte sich auf dem Rücken der expansiven Phase dieser langen Welle zunächst ein »sozialpartnerschaftliches Gewerkschaftsmodell« herausgebildet, setzten nun in der stagnativen Wellenphase lang andauernde Suchprozesse bei den wirtschaftlichen Eliten und innerhalb der Parteien ein, die darauf zielten die ökonomischen Krisenerscheinungen zu überwinden (Kap. 5). UnternehmerInnen und politische Eliten durchliefen Lernprozesse, die zwar nicht sofort, im Laufe der Zeit allerdings deutlich zu konfrontativeren Politiken den Belegschaften und Gewerkschaften gegenüber führten.

4.1
Das sozialpartnerschaftliche Gewerkschaftsmodell

Wie ist das in die Defensive geratene politische Modell der deutschen Gewerkschaften zu charakterisieren? Die sozialpartnerschaftliche Gewerkschaftsidentität setzt die wechselseitige Anerkennung der Interessenorganisationen von Kapital und Arbeit voraus. Die Beziehungen zwischen den Gewerkschaften und den unternehmerischen Interessenverbänden können dabei harmonisch sein, aber auch heftiges Konflikthandeln kann Teil eines sozialpartnerschaftlichen Gewerkschaftsmodells sein (Haipeter 2013, 117). Nach dem Zweiten Weltkrieg wurde diese wechselseitige Anerkennung durch das duale System der Interessenvertretung etabliert, in Ostdeutschland wurde es nach 1990 übernommen. Gewerkschaften agieren darin auf überbetrieblicher Ebene als Tarifakteure. Die betriebliche Arena bleibt den formal gewerkschaftsunabhängigen Betriebsräten überlassen, wenngleich es den Gewerkschaften im Laufe der Zeit gelungen ist, einen Großteil der Betriebsratsmitglieder zu organisieren. Konflikte um Lohn und Leistungen werden – idealtypisch – in diesem Modell von der betrieblichen Ebene auf die Ebene der Tarifpolitik verlagert, wo sie im Zuge hochgradig verregelter Aushandlungsverfahren ausgetragen werden (Esser 1982, 18 f.). Streik, ohnehin illegalisiert, soweit es sich nicht um Konflikte handelt, die nicht im Rahmen von Tarifbewegungen verhandelt werden können, ist dabei das allerletzte Mittel, um die eigenen Interessen durchzusetzen. Scheitern Verhandlungen, folgen häufig Schlichtungsversuche und erst dann Urabstimmungen der Gewerkschaftsmitglieder über einen etwaigen Streik. Dieses Modell befriedet den Klassenkonflikt (Deutschmann 2002, 162) und dürfte interessenpolitische Orientierungen in den Belegschaften stärken, in denen StellvertreterInnendenken dominierten – aktiv werden die Beschäftigten allenfalls in der Masse dann, wenn Tarifverhandlungen und Schlichtungsverfahren gescheitert sind. Das Interesse von UnternehmerInnen an sozialpartnerschaftlichen Arbeitsbeziehungen begründet sich im Wunsch nach einer berechenbaren und aus ihrer Sicht verantwortungsvollen Tarifpolitik, die zugleich Arbeitskämpfe und damit Unterbrechungen des Verwertungsprozesses des Kapitals möglichst ausschließen soll (Kap. 3.4). Aus Sicht solcher UnternehmerInnen ist die Sozialpartnerschaft durchaus ein Standortvorteil Deutschlands (Deppe 2015b, 97).

Sozialpartnerschaftliche Gewerkschaftspolitik basiert insbesondere auf Aushandlungen in den dafür vorgesehenen Institutionen und greift in starkem Maße auf institutionelle Macht zurück (Dörre 2011, 271). Sie setzten darauf, dass Einrichtungen die partielle Durchsetzung von Lohnabhängigeninteressen gewährleisten. Charakteristisch für dieses Modell ist eine starke Zentralisierung der Politik, mit der eine delegative Arbeitsteilung innerhalb der Gewerkschaft einhergeht: Die Zentralisierung, etwa im Feld der Tarifpolitik, erschwerte die Beteiligung der Mitglieder bzw. ließ eine besondere Art von Mitgliederbeteiligung entstehen. Das lässt sich anhand der Tarifpolitik der IG Metall verdeutlichen. »In der ersten Phase der Forderungsentwicklung, in der es um die grundsätzliche Weichenstellung in der Tarifpolitik ging, beschränkte sich die Beteiligung auf einen eng umgrenzten Kreis von haupt- und ehrenamtlichen Funktionären. Sie bildeten den strategischen und machtpolitischen Kern der Organisation. Nachdem diese Kerngruppe sich auf Eckpunkte verständigt hatte, wurde die Diskussion für einen erweiterten Funktionärskreis auf der Basis einer von dem Expertenkreis bzw. der Führung verfaßten Vorlage sukzessive geöffnet. Nach einer mehr oder weniger intensiven Diskussion wurde die

Beschlußvorlage übernommen oder auch modifiziert. In der nächsten
Etappe galt es nun, die Forderungen bei den betrieblichen Multiplika-
toren, also den betrieblichen Funktionären vor Ort zu verankern und
diese ›auf Linie‹ zu bringen. Erst in einem letzten Schritt, nachdem die
haupt- und ehrenamtlichen Funktionäre die Zielsetzung akzeptierten
und argumentativ ausgerüstet waren, wurde die Diskussion mit den
Mitgliedern forciert. Die Forderungen mußten nun (…) ›tragfähig‹ gemacht werden. Die Welt des gewerkschaftlichen Apparats wurde mit
der Welt der Mitglieder wieder verbunden, die Forderungen mit Bo-
denhaftung versehen. Dies war die Zeit der betrieblichen Funktionäre.
Ihre Hauptaufgabe bestand in dieser Phase (…) darin, die Distanz zwischen der Organisation und den Mitgliedern zumindest soweit zu reduzieren, daß bei einer Zuspitzung der Tarifauseinandersetzung jene
›passive Folgebereitschaft‹ der Mitglieder sichergestellt werden konnte, mit der die Organisation ggf. auch kampfweise ihre Forderungen
durchsetzen konnte.« (Bahnmüller 1998, 15)

Dezentralisierung hingegen, etwa in Form betriebsnaher Tarifpolitik, wie sie in den 1960er und 1970er Jahren von eher linken GewerkschafterInnen gefordert wurde, öffnet zwar neue Möglichkeiten
der Beteiligung, setzt zugleich jedoch neue Herausforderungen auf die
Tagesordnung. Denn je dezentralisierter die Forderungsentwicklung
und die tatsächliche Gewerkschaftspolitik, desto vielfältiger und aufwendiger sind nicht nur die Anforderungen an die Arbeit der Hauptamtlichen. Wichtiger und aufwendiger wird auch die Sicherung eines
»gemeinsamen Bandes der Solidarität« zwischen den Belegschaften.
Dezentralisierung birgt zumindest die Gefahr der Fragmentierung.

Sozialpartnerschaftliche Gewerkschaften vertreten nicht nur die
Interessen ihrer Mitglieder, sondern sind zugleich darum bemüht die
Spielregeln des kapitalistischen Systems einzuhalten. Als sog. »intermediäre Gewerkschaften« vermitteln sie derart zwischen Mitglieder-
und Systeminteressen, dass Wirtschaftswachstum und infolgedessen
unterstellte Teilhabe und Beschäftigungschancen der Lohnabhängigen
nicht beeinträchtigt werden. Im Prinzip gilt dies auch für die Betriebsräte. Intermediär sind beide Interessenvertretungen dann, wenn sie
nicht nur Mitglieder- und Belegschaftsinteressen vertreten, sondern

dabei Unternehmens- oder Kapitalinteressen direkt berücksichtigen (Bergmann u. a. 1975, 18; Haipeter 2011, 9). Auf die betriebliche als auch auf die überbetriebliche Ebene bezogen, bedeutet dies: Intermediäre Interessenvertreter reflektieren die Konsequenzen des eigenen Handelns für die Wettbewerbsfähigkeit der Unternehmen und insofern für die Kapitalverwertung auf eine Art, die »unwirtschaftliche« und »wettbewerbsschädigende« Forderungen unwahrscheinlich macht, wenn nicht ausschließt. Intermediär können Gewerkschaften auf eine konfliktorientierte und eine harmonisierende Weise agieren. Aber auch in der harmonisierenden Variante ist die sozialpartnerschaftliche Gewerkschaft nicht mit der Praxis des Co-Managements (Kap. 7.1) gleichzusetzen.

Eingebettet war die Entstehung der intermediären Gewerkschaften und des dualen Systems der Interessenvertretung in die bereits erwähnte Boomphase des Kapitalismus. Sie war verbunden mit einer politischen Hegemoniekonstellation, in der es gelang, einen Konsens zwischen Kapital, Lohnarbeit und Staat zu etablieren. Ein »spätkapitalistischer Klassenkompromiss« wurde geschmiedet. Die Einbindung der Lohnabhängigen basierte nicht zuletzt auf der teilweisen Anerkennung von Lohnabhängigeninteressen, und das sowohl in den Betrieben, auf überbetrieblicher Ebene als auch in der »Zivilgesellschaft« und im Staat (Dörre 2011, 271). Gewerkschaften, die zugleich als Gegenmacht und als konfliktmildernde Gestaltungs- sowie Ordnungsmächte agierten, wurden zu wichtigen Akteuren für den (interessen-) politischen Austausch und die politische Steuerung des zeitgenössischen Kapitalismus (Röttger 2008, 94-95). Das beschriebene Gewerkschaftsmodell und die Arbeitsbeziehungen, die es möglich machten, waren insofern nicht nur Ergebnis einer besonderen geschichtlichen Entwicklung nach dem Weltkrieg, sie wurden vielmehr selbst zu einem zentralen Bestandteil der »Gesellschaftlichen Struktur der Akkumulation« (siehe unten), die die Nachkriegsprosperität ermöglichte.

Vor dem Hintergrund einer Wachstumskonstellation, die bis in die 1970er Jahre anhielt, wurde so ein politisches Arrangement entwickelt, das profitable Kapitalverwertung mit Verbesserungen in den Lebens-

und Arbeitsbedingungen der Mehrheit der Lohnabhängigen kombinierte. Aber nicht nur die Löhne wuchsen, auch die Massenarbeitslosigkeit verschwand. Außerdem wurden bis in die späten 1970er Jahre hinein sozialstaatliche Leistungen ausgebaut (Schmidt 1998, 78). Diese Entwicklungen bildeten den materiellen Rahmen, in dem kapitalismuskritische oder gar klassenkämpferische Kräfte innerhalb der Gewerkschaften marginalisiert wurden (Doering-Manteuffel/Raphael 2010, 34-36). Wohlgemerkt, diese Kompromisse standen der kapitalistischen Expansion keineswegs entgegen, sie waren selbst Teil eines konflikthaften Tauschgeschäfts, bei dem das Kapital nicht leer ausging. Sie gingen zunächst einher mit größeren Absatzmärkten und mit Produktivitäts-, Profit- und Wachstumssteigerungen. Paradoxerweise erodierten die Rahmenbedingungen, die sozialpartnerschaftliche Orientierungen materiell erfolgreich sein ließen, bereits seit Mitte der 1970er Jahre wieder. Die Sozialpartnerschaft hingegen ist bis heute die Leitideologie in den politischen Mehrheitsströmungen der Gewerkschaften: »Heute (…) scheint es nichts mehr zu geben, was die breite Masse der Bevölkerung dem Kapital zu dessen und ihrem eigenen Nutzen anbieten bzw. abringen könnte. Alles, was dieses von ihr noch will, ist die Rückgabe ihrer historisch erkämpften sozialen Bürgerrechte an den Markt (…). Das Einzige, was es von der Politik noch erwartet, ist ihre Kapitulation vor dem Markt durch Ausschaltung der sozialen Demokratie als wirtschaftlicher Macht.« (Streeck 2014, 218).

4.2
»Lange Wellen« im Kapitalismus und Gewerkschaften

Mitte der 1970er Jahre ging die expansive Phase einer langen ökonomischen Welle in eine Periode mit eher stagnativem Grundton über (Bowles u. a. 1986; Gordon u. a. 2004; Mandel 1987). Solche Umbrüche sind keineswegs neu. Vielmehr bewegt sich die wirtschaftliche Entwicklung (etwa das Wachstum der Wirtschaft und der Profite), die die Konfliktbeziehungen zwischen Kapital und Arbeit beeinflusst, in langen Zyklen. Gleichgewichtige sowie stetige Wachstums- und Gewinnrate oder kontinuierlich verlaufenden technischen Fortschritt

Tabelle 1

	Expansive Phase	Stagnative Phase	Gesamtdauer
Lange Welle 1	1840er – 1860er	1870er – 1890er	1840er – 1890er
Lange Welle 2	1890er – 1910er	1910er – 1940er	1890er – 1940er
Lange Welle 3	1940er – 1960er	1970er – 1980er	1940er – 1980er
Lange Welle 4	Seit 1980er: Phase der neoliberalen Expansion mit relativ niedrigen Wachstumsraten in den kapitalistischen Zentren, stabilisierten Profitraten, anhaltender Massenerwerbslosigkeit und hohen Wachstumsraten in der kapitalistischen Peripherie.		

gibt es nicht (Senftleben 1985, 4). Vielmehr wechselten sich im historischen Rückblick bis dato etwa 20 bis 30 Jahre andauernde Boomphasen mit etwa ebenso langen Phasen langsamen Wachstums oder der Stagnation ab (Mandel 1987, 18). Zusammen bilden die expansive und die eher stagnative Phase eine lange Welle der ökonomischen Entwicklung. Bei der Datierung der einzelnen Entwicklungsphasen scheiden sich die Geister. Gleichwohl lassen sich, vergleicht man verschiedene Untersuchungen, vier Phasen unterschieden (vgl. Tabelle 1)

Jede Welle wird von einer »Gesellschaftlichen Struktur der Akkumulation« (GSA) durchformt. Sie ist das Ergebnis von Konflikten sowie (interessen-)politischen Aushandlungsprozessen und bildet die institutionelle Umwelt, in der die kapitalistische Akkumulation (verstanden als Kreislauf aus Investition, Produktion, Absatz und erweiterter Reinvestition) stattfindet. Zu diesen Institutionen gehören beispielsweise das Banken- und Finanzsystem, das Leihkapital für größere Investitionen bereitstellt, oder die Arbeitsmärkte, die den Zugang zu Arbeitskräften sicherstellen. Andere Teile der GSA sind Einrichtungen, die die Beziehungen zwischen Kapital und Arbeit oder die Konkurrenz zwischen den Unternehmen regeln. Eine GSA sichert günstige Investitions- und Absatzbedingungen, in den expansiven Phasen einer langen Welle ermöglicht sie hohe Profite und im Lichte entsprechend günstiger Profiterwartungen hohe Investitions- und damit Wachstumsraten. In den stagnativen Phasen sind demgegenüber rückläufige bzw. niedrige Gewinnraten und infolgedessen auch geringere Wachstumsraten typisch.

Lange krisenhafte Phasen sind dem Kapitalismus ebenso eigen, wie sie von neuen länger andauernden Zeiten der Prosperität abgelöst werden können. Ob auf Stagnations- und Krisenphasen allerdings tatsächlich erneut Wachstumskonstellationen folgen, ist in erster Linie davon abhängig, ob es UnternehmerInnen und politischen Eliten gelingt, neue Bedingungen für wachsende Profite, damit Anreize zu höheren Investitionen und infolgedessen beschleunigtes Wirtschaftswachstum durchzusetzen. Schritte auf diesem Weg können z. B. produktivitätssteigernde Innovationen in der Arbeitsorganisation, die Erschließung billigerer Arbeitskräfte, die Veränderung der Arbeitsbeziehungen oder die Senkung bestehender Lohnkosten sein. Dabei handelt es sich gleichwohl nicht um einen rein ökonomischen, sondern um einen per se sozialen und politischen Vorgang, denn eine neue GSA muss erstritten werden (Gordon u. a. 2004, 27-32).

Dass dies gelingt, ist keineswegs selbstverständlich. In diesem einfachen Sinne sind stagnative Phasen ergebnisoffen. Wirtschaftliche Krisenprozesse allein (etwa die Vernichtung konkurrenzunfähigen Kapitals durch wirtschaftliche Krisen selbst) bewirken dies kaum – notwendig sind voraussetzungsvolle Strategien von politischen Koalitionen in der Wirtschaft, der »Zivilgesellschaft« und im Staat, die diese Umbrüche durchsetzen. Die Schwächung von Lohnabhängigenmacht spielt bei der Herausbildung einer neuen Expansionsphase eine ganz zentrale Rolle, da die Macht der Beschäftigten sowohl beeinflusst wie hoch die Löhne sein können, als auch bestimmt, wie hoch die abverlangte Arbeitsleistung und damit die Arbeitsproduktivität sein kann. Auf diese Weise beeinflusst die Lohnabhängigenmacht auch die Profitabilität von Investitionen.

Für die wirtschaftliche Wellenbewegung gibt es auch für die Bundesrepublik einige statistische Indikatoren, die hier lediglich zur Verdeutlichung des Grundgedankens dargestellt werden sollen. Mir geht es an dieser Stelle nicht darum, den Wellenansatz zu überprüfen und damit zu belegen. Zu diesem Zweck wäre ein längerer Betrachtungszeitraum (ab den 1830er Jahren) und wären weitere Daten (etwa Wachstum des Welthandels) notwendig. Neben der Illustration des Grundgedankens möchte ich hier vielmehr die besonderen wirtschaftlichen Rahmen-

Tabelle 2

Jahr	1950	'60	'65	'70	'75	'80	'85	'90	'95	'00	'05	'10	'13
Mehrwert-rate in %	166	161	135	133	118	118	145	147	152	166	171	148	147

(Krüger 2015, 124)

bedingungen andeuten, unter denen Gewerkschaften bis in die 1970er sowie seit den frühen 1980er Jahren bis heute handelten.

Die Arbeitsproduktivität wuchs von Ende der 1940er Jahre bis etwa Mitte der 1970er Jahre sehr stark an, danach flachte das Wachstum deutlich ab (Krüger 2015, 51). Die Mehrwertrate, die das Verhältnis zwischen realisiertem Mehrprodukt (hier verstanden als Gewinne) und zur Erwirtschaftung dieser Gewinne verausgabten Arbeitskraft (ausgedrückt im Lohn) anzeigt (Sweezy 1959, 48 f.), erreichte in der Boomphase der 1950er und 1960er Jahre sehr hohe Werte, um dann bis Mitte der 1970er eine Talfahrt zu erleben. Erst ab Anfang / Mitte der 1980er Jahre konnte sie wieder gesteigert werden (Krüger 2015, 124), was auf effizientere Methoden der Arbeitsorganisation bzw. die Wirkung stagnierender oder nur langsam steigender Reallöhne hinweist (vgl. Tabelle 2).

Die durchschnittliche Profitrate, in der sich das Verhältnis zwischen dem insgesamt (hier: gesamtgesellschaftlich) ausgegebenen Kapital (in Maschinen, Gebäuden, Rohstoffen usw. und in Form der Löhne) und den erwirtschafteten Gewinnen – und somit letztlich die Profitabilität von Investitionen – ausdrückt, erreichte zunächst in den 1950er und frühen 1960er Jahren sehr hohe Werte. Danach fiel sie bis Anfang der 1980er Jahre kontinuierlich. Seither wuchs die Profitabilität der Investitionen zwar wieder, dies allerdings nur langsam – trotz der erneuten Steigerung der Mehrwertrate seit Anfang der 1980er Jahre. Zwar ist auf dieser Datengrundlage nicht von einem tendenziellen Anstieg der Profitabilität auszugehen, von der etwa Michel Husson spricht (Husson 2009, 9), seit Mitte der 1980er Jahren kann allerdings von einer stagnativen Tendenz der Profitrate auf hohem Niveau gesprochen werden (Krüger 2015, 126 ff., vgl. Tabelle 3)[12].

---

12 Die Werte der Profitraten werden jeweils auf- und abgerundet.

Tabelle 3

Jahr	1950	'60	'65	'70	'75	'80	'85	'90	'95	'00	'05	'10	'13
Profitrate in %	31	28	20	19	12	10	14	13	12	13	13	11	12

(Krüger 2015, 126ff.)

Neben der langfristigen Abflachung der Profitabilität von Kapital-investitionen nahm – nach hohen Raten in den 1950er und, bereits geringer, 1960er Jahren – auch das wirtschaftliche Wachstum in der Bundesrepublik ab. So wuchs das Bruttoinlandsprodukt preisbereinigt in den Jahren 1950 bis 1960 jährlich noch im Jahresdurchschnitt um 8,2 %. In den Jahren 1960 bis 1970 waren es 4,4 %, 1970 bis 1980 noch 2,9 %, 1980 bis 1991 2,6 %, in den Jahren 1991 bis 2000 noch 1,6 % und schließlich im Zeitraum von 2000 bis 2010 0,9 % (Statistisches Bundesamt 2015a).

Als Ergebnis dieser Veränderungen wuchs die Massenerwerbslo-sigkeit – etwas zeitversetzt zur abnehmenden Profitabilität der Kapital-investitionen und des geringeren Wirtschaftswachstums – nach einer rasanten Abnahme in den 1950er und 1960er Jahren seit Anfang/Mitte der 1970er Jahre langsam aber nachhaltig an (Bundesagentur für Arbeit 2014, vgl. Tabelle 4).

In der allerjüngsten Vergangenheit nahm die Erwerbslosigkeit sta-tistisch wieder deutlicher ab, eine Entwicklung, die gelegentlich als positive Folge der neoliberalen Politik betrachtet wird, die unter dem Namen Agenda 2010 durchgesetzt wurde. Einer nüchternen Betrach-tung hält eine solche Schlussfolgerung allerdings nicht stand. An die-ser Stelle sollen zwei kurze Hinweise genügen, um vor allzu großer

Tabelle 4

Jahr	1950	'55	'60	'65	'70	'75	'80
Quote	11,0	5,6	1,3	0,7	0,9	4,7	3,8

Jahr	1985	'90	'95	'00	'05	'10	'15
Quote	9,3	7,2	9,4	9,6	11,7	7,7	6,6

(Bundesagentur für Arbeit 2014)

Euphorie zu warnen. Erstens besteht ein beträchtlicher Teil der neuen Beschäftigungsverhältnisse aus prekären Arbeitsverhältnissen, in besonderem Maße aus Minijobs, von denen seit 2003 rund 2 Millionen entstanden sind. Die prekäre Qualität dieser Entwicklung zeigt sich nicht zuletzt, wenn die Zahl der jährlich geleisteten Arbeitsstunden betrachtet wird. Diese ist rückläufig. Zwischen 1991 und 2013 stieg die Zahl der Erwerbstätigen um etwa 3 Millionen an. Die geleisteten Arbeitsstunden sanken (in Millionen) von 60.082 (1991) auf 58.052 Stunden (2013) ab (Dörre 2014, 42). Eine größer werdende Zahl von Beschäftigten teilt sich also ein geringeres Arbeitsstundenvolumen.

4.3
Wachstums- und Stagnationsphasen als Bedingungen gewerkschaftlichen Handelns

Die beschriebenen Wellenbewegungen formen langfristig das Terrain, auf dem Gewerkschaften handeln. Beispielsweise beeinflussen sie die Verhandlungs- und Verteilungsspielräume der Unternehmen. Gegen Ende von Aufschwungphasen beginnen, wie in den späten 1960er / Mitte der 1970er Jahren, die Gewinnraten der Konzerne zu fallen, worauf sie vermutlich mit Maßnahmen reagieren, die direkt den Lebensstandard der ArbeiterInnen betreffen (Kelly 1998, 98). Das kann sich etwa in der Arbeitsorganisation, in der Personalführung und in Arbeitsanforderungen an die Beschäftigten ausdrücken. Durch Innovationen und Rationalisierungsprozesse in diesen Bereichen versuchen Unternehmen die Produktivität der Arbeit zu erhöhen, ihre Kosten zu senken und so die Höhe des Mehrwerts zu steigern, wovon – wenn auch nicht ausschließlich – die Gewinnrate des Unternehmens abhängt. Solche Experimente mit neuen Formen der Unternehmens- und Arbeitsorganisation sowie neuen Verteilungsstrukturen können intensivierte Konflikte zwischen Kapital und Arbeit nach sich ziehen (ebd., 86).

Darüber hinaus verändert sich innerhalb der langen Entwicklungswellen die Arbeitsmarktmacht der Beschäftigten. Der Blick zurück zeigt das beispielhaft. In den Jahren der Vollbeschäftigung bis Anfang der 1970er Jahre war die Marktmacht der Beschäftigten vergleichsweise hoch, während sie in den Jahren hoher Massenerwerbslosigkeit abgenommen hat. Auch die Sozialstruktur der Lohnabhängigenklassen wird in Folge neuer Investitionsstrategien und auf Krisenlösung ausgerichteter Experimente mit neuen Geschäftsmodellen, Managementstrategien und Formen der Produktions- und Arbeitsorganisation verändert. Alte Beschäftigtengruppen (etwa Drucker) verlieren im Zuge dieser »technischen Neuzusammensetzung« der Lohnabhängigenklasse an Bedeutung, während neue die Bühne betreten (etwa IT-Techniker). Nimmt die Arbeitsmarktmacht ab, wird ihre Durchsetzungsfähigkeit auch in traditionell gut organisierten Sektoren in Frage gestellt. Die technische Neuzusammensetzung der Lohnabhängigenklasse lässt darüber hinaus nicht nur Beschäftigtengruppen entstehen, die keine tradierten gewerkschaftlichen Organisierungserfahrungen haben; möglicherweise wünschen sich diese auch ganz neue Formen der Interessenpolitik, die zunächst nicht im Arsenal der Gewerkschaften zu finden sind.

Konflikt- und Handlungskonstellationen

Die langen Auf- und Abschwungphasen bieten Beschäftigten und Gewerkschaften insgesamt sehr unterschiedliche Konflikt- und Handlungskonstellationen:

Zu Beginn von Aufschwungphasen sind abhängig Beschäftigte noch geschwächt durch die Bedingungen der vorhergehenden Abschwungphasen, die oft mit Entbehrungen und Niederlagen für Beschäftigte verbunden sind. Deshalb bestehen auf den Arbeitsmärkten noch günstige Kauf- und in der Arbeitssphäre noch günstige Ausbeutungsbedingungen für die Unternehmen. Erst im Laufe längerer Aufschwünge erholen sich die Beschäftigten (Mandel 1987, 30), die spartanische interessenpolitische Zurückhaltung beginnt rissig zu werden.

Mit der anhaltenden Dauer des Aufschwungs leeren sich die Arbeitsmärkte, die disziplinierende Wirkung der Massenarbeitslosigkeit lässt nach, die Arbeitsmarktmacht der Beschäftigten steigt. Teilweise setzen nun Migrationsbewegungen in die regionalen Zentren des Wachstums ein. Allerdings ermöglichen höhere Profite, wie etwa in den 1960er Jahren, auch höhere lohnpolitische Zugeständnisse an die Beschäftigten.

In den Boomphasen sind hohe Zugeständnisse der Unternehmen aufgrund der hohen Profitabilität ihrer Investitionen möglich. Abhängig Beschäftigte verfügen in diesen Phasen oftmals über eine hohe Arbeitsmarktmacht. Interessenpolitisch wirkt sich dies unter anderem so aus, dass Unternehmer Konflikte zu vermeiden suchen, um die profitable Verwertung des Kapitals nicht zu behindern. Ein Beispiel findet sich in den Septemberstreiks von 1969, auf die Unternehmen relativ schnell konzessionsbereit reagierten.

In der ersten Abschwungphase steigt die Arbeitslosigkeit, und die Profiterwartungen der UnternehmerInnen sinken, wie etwa ab Anfang / Mitte der 1970er Jahre. Auf Seite der einzelnen Unternehmen setzen nun Strategien der Lohnzurückhaltung, der Flexibilisierung und der Steigerung der Arbeitsproduktivität ein, um im Wettbewerb zu bestehen. Antigewerkschaftliche Strategien werden nun wahrscheinlicher, ohne dass diese durch Unternehmensverbände orchestriert werden müssten. Im Gegenteil, auch die Konkurrenz zwischen den Unternehmen wächst. Sinkende Profiterwartungen führen zu geringeren Investitionen. Eine Abwärtsspirale setzt ein, die höhere Erwerbslosigkeit nach sich zieht.

Relative Autonomie der Klassenkonflikte

Diese Klassenkonflikte sind relativ autonom. Die erreichte Organisationsmacht der Lohnabhängigen verschwindet nicht mit dem Einsetzen von Abschwungphasen, die Arbeitsmarktmacht verschlechtert sich zuweilen nur schleichend. Ansprüche, die aus den Jahren des Aufschwungs sich nähren, werden weithin aufrecht gehalten. Die Gewerkschaft und die Lohnabhängigen treten mit abnehmendem, aber dennoch spürbarem Rückenwind in die Abschwungphase ein, und es bedarf ökonomischer und politischer Kämpfe, um diese Stärke und die in ihr wurzelnden Anspruchshaltungen zu brechen. Ein nicht einfaches Unterfangen, zumal die soziale Basis der Gewerkschaften manchmal eigenständige Formen der Arbeitskämpfe wählt, die von den Gewerkschaftsapparaten – als Ansprechpartner von Kapital und Staat – in diesen Phasen nicht immer geleitet und kontrolliert werden können. Frank Deppe charakterisiert die 1970er Jahre deshalb auch zutreffend »als außergewöhnliche Periode der (…) Zuspitzung der Klassenauseinandersetzungen, der Veränderung der Kräfteverhältnisse zwischen Kapital und Arbeit, aber auch – seit Mitte der 1970er Jahre – der ›Gegenrevolution der Bourgeoisie‹, die den Weg zur neoliberalen Wende und Hegemonie seit den frühen 80er Jahren öffnete.« (Deppe 2015b, 99) Einen automatischen Gleichklang zwischen einsetzenden ökonomischen Abschwungphasen und abnehmender Konflikt- und Mobilisierungsbereitschaft gibt es also nicht.

Organische Krisen und lange Transformationsphasen
Wellenbewegungen beeinflussen die Klassenauseinandersetzungen auch auf der politischen Ebene. In Abschwungphasen versuchen UnternehmerInnen und Staat Wachstum zu stärken und Profite zu stimulieren, indem sie die Wettbewerbsfähigkeit zu steigern sowie die Lohnkosten zu senken suchen. Wellenphasen mit eher stagnativem Grundton, in denen die bestehenden Institutionen nicht mehr in der Lage zu sein scheinen, ökonomische und soziale Krisen zu lösen, tragen daher Züge einer »organischen Krise«. Verschiedene soziale und politische Kräfte versuchen nicht nur Bündnisse zu schmieden, um ihre Interessen durchzusetzen; sie versuchen auch (konkurrierende) Lösungsstrategien für die Krise zu entwickeln. Deshalb handelt es sich um eine ergebnisoffene Transformationsphase.

Der Druck auf die Arbeitsbedingungen und Löhne, auf soziale Sicherungsstrukturen und auf Gewerkschaften wächst in diesen Phasen. In der Steuerpolitik ist es wahrscheinlich, dass politische Koalitionen darauf drängen Steuerbelastungen zu senken. Politische Eliten handeln so, weil sie die Erwartung hegen, dass höhere Nettoprofite (also nach Steuern) die Investitionen von morgen sind und die Beschäftigungsmöglichkeiten für übermorgen sichern. Ob es allerdings gelingt, durch entsprechende Experimente, die mit der Gegenwehr betroffener Bevölkerungsteile rechnen müssen, eine neue Wachstumsphase zu stimulieren, ist offen. Es hängt von ökonomischen und politischen

Entscheidungen, verfügbaren Technologien bzw. Innovationen sowie politisch-ökonomischen Kämpfen ab (Schmidt 2012, 339). Neue ökonomische Wachstumsphasen sind deshalb eine geschichtliche Fundsache (Mandel 1987, 49 f.).

Nur wenn neue Gesellschaftliche Strukturen der Akkumulation durchgesetzt werden können, kann eine neue wirtschaftliche Wachstumskonstellation entstehen. Sie sind das Ergebnis ökonomischer und politischer Klassenauseinandersetzungen, bilden nach ihrer Etablierung aber zugleich einen festen Handlungsrahmen. In ihm bewegen sich gewerkschaftliche Auseinandersetzungen, vor seinem Hintergrund müssen Strategien gebildet werden. Jede neu durchgesetzte GSA prägt eine eigenständige Entwicklungsphase des Kapitalismus, die mit Umbrüchen in den Kapital-Arbeit-Beziehungen einhergehen (Kelly 1998, 86). Gewerkschaften werden so vor neue Herausforderungen gestellt, ihnen bieten sich aber auch neue Handlungsmöglichkeiten. Diese Phasen, in denen mit neuen Elementen einer solchen GSA experimentiert wird – teils wild, teils koordiniert in interessenpolitischen Bündnissen –, lassen sich als »Transformationsphasen« verstehen, an deren Ende möglicherweise eine neue Wachstumskonstellation steht.

Soziale Vermittlungen, gesellschaftliche Blöcke und Verteilungskoalitionen
Jede GSA umfasst »soziale Vermittlungen«, die Kompromisse zwischen den widerstreitenden gesellschaftlichen Kräften ausdrücken und organisieren (Aglietta 2000, 27-30). Solche Vermittlungen können Gesetze oder Institutionen sein (etwa das Arbeitsrecht oder das Betriebsverfassungsgesetz). Sie ermöglichen eine stabile gesellschaftliche Ordnung, in der Konflikte einen geordneten Ausdruck finden.

Durch diese sozialen Vermittlungen entsteht ein »gesellschaftlicher Block«: indem sie zum einen die Konkurrenzbeziehungen zwischen den verschiedenen Kapitalgruppen moderieren und die Basis für »Verteilungskoalitionen« schaffen; indem sie zum anderen die Beziehungen zwischen Kapital und Arbeit, Männern und Frauen etc. regeln. Sie beruhen auf Mischungen aus Konsens und Zwang, deren Mengenverhältnisse aber historisch jeweils konkret bestimmt werden müssen. Rückblickend betrachtet sind solche Vermittlungen unerlässlich, damit soziale und politische Krisen ausbleiben. GSA können mehr Konsensmomente umfassen, also soziale Kompromisse, die die Hegemonie der Herrschenden sichern. Sie können aber auch vorwiegend aus autoritären Vermittlungen bestehen, also aus Einrichtungen, Gesetzen und Regelungen, die durch Zwang und Gewalt Stabilität zu sichern suchen.

Die Durchsetzung einer neuen GSA hängt von handlungsfähigen politischen Bündnissen ab. Diese werden unterfüttert durch eine soziale Blockbildung über Klassen- und Schichtgrenzen hinweg, durch die Verteilungskoalitionen entstehen. Sie umfassen jeweils Fraktionen der herrschenden Klasse, der Mittelklassen und Teile der abhängig Beschäftigten, die in besonderem Maße materiell, sozial und politisch von der jeweiligen neuen Wachstumskoalition profitieren. Gewerkschaften können einerseits ein Instrument sein, durch das sich Beschäftigtengruppen in entsprechende soziale Blöcke – auch durch Konflikte – einbinden lassen. Gleichzeitig können entsprechende Einbindungen die Gewerkschaftsbewegung insgesamt vor Hürden stellen, da sie interessenpolitische Solidarität mit anderen Beschäftigtengruppen untergraben können. Interessenpolitische Spaltungen sind die Folge, die Klassensolidarität erschweren.

Die Konfliktaustragung und die Bündnisbildungen finden in komplexen Handlungskonstellationen statt. Sogar in Transformationsphasen, in denen Druck auf Löhne ausgeübt wird, die Arbeitsproduktivität gesteigert und die Flexibilitätsanforderungen an Arbeitskräfte erhöht werden, können sehr unterschiedliche Kooperationsmöglichkeiten für Gewerkschaften geschaffen werden (Jacobi 1985, 645). Es gibt gute Gründe anzunehmen, dass Kapitalverbände und politische Eliten nicht zuletzt im Rahmen von Krisenmanagements versuchen, Gewerkschaftsapparate und Teile der Lohnabhängigen in selektive Formen von Korporatismus einzubinden (Esser 1982, 252). Kurz, selbst in konfliktreicheren Phasen der kapitalistischen Entwicklung ist eine ungleiche und ungleichzeitige Betroffenheit der Beschäftigten wahrscheinlich, die Gewerkschaften zugleich kooperative und konflikthafte Strategien ermöglicht.

Wie Gewerkschaften auf veränderte Handlungsbedingungen reagieren, ist offen. Bisherige Erfahrungen legen eine ausgeprägte Beharrungskraft der Organisationskulturen und politischen Strategien
nahe. Das gilt auch dann, wenn die Bedingungen, vor deren Hintergrund sie einst entstanden sind, längst im weitreichenden Umbruch
sind. Zum einen prägen die gewohnten Institutionen der Arbeitsbeziehungen und die darin gängigen Handlungsweisen die Akteure. Sie
werden tradiert. Diese Beharrungskraft des Bewährten wurzelt zum
Teil auch in der unter 3.2.2 skizzierten Dialektik der Teilerrungenschaften: Neue Wege oder gar riskante Politikansätze können das
Erreichte gefährden (Mandel 2000, 71). Zum anderen sind Gewerkschaften als Mitgliederorganisationen in der Lage, sich selbst und
die Mitgliederinteressen an sich verändernde Umstände anzupassen,
ohne sich selbst von Grund auf zu verändern (Brandt 1990, 219 ff.).

Ein mechanisches bzw. lineares Wechselverhältnis zwischen um-
brechenden sozialökonomischen Rahmenbedingungen und Veränderungen des Gewerkschaftsmodells gibt es daher nicht. Vielmehr werden in solchen Phasen auf allen Ebenen der Gewerkschaften Weichen
gestellt, wird innerhalb des politischen Kräftefeldes Gewerkschaft um
umstrittene und sogar umkämpfte strategische Entscheidungen gerun-
gen.

5.
Ausweitung der Kapitalmacht

Gewerkschaften unter Druck

Die Transformationsphase, die Ende der 1970er Jahre begann und in den späten 1980er Jahren an Geschwindigkeit gewann, wird im Rückblick als eine Periode der Schwächung und Niederlagen der Lohnabhängigen erkennbar. Gewerkschaften büßten an Stärke ein, die Arbeitslosigkeit stieg rasant an, soziale Leistungen wurden gekürzt, öffentliche Dienstleistungen privatisiert und Teile der Daseinsvorsorge vermarktlicht (Streeck 2014, 76 f.). Direkt und indirekt wurde die Kapitalmacht ausgeweitet. Insofern kristallisierte sich eine »neoliberale Gesellschaftliche Struktur der Akkumulation« heraus, wenngleich dies nicht bedeutete, dass Institutionen, die während der langen Phase der Nachkriegsexpansion entstanden sind, verschwanden. Vielmehr veränderten sie ihre Qualität.

Verschiedene politische Reformen, punktuell bereits in den späten 1970er Jahren, deutlich in den 1980er und offensiv in den 1990er Jahren, zielten darauf ab, im normativen Horizont der liberalen Angebotstheorie die Profitabilitätsbedingungen und die Flexibilitätsspielräume der Unternehmen zu verbessern bzw. zu erhöhen. Parallel dazu bewirkten einzelne dieser Trends eine tiefere soziale Spaltung der Lohnabhängigenklasse. Kapitalmacht entfaltet sich in drei Feldern. In den Unternehmen und Betrieben als Möglichkeit, durch die Kontrolle der Arbeitsprozesse und des Arbeitstempos möglichst hohe Arbeitsleistungen zu sichern; auf den Arbeitsmärkten durch die Fähig-

keit, maximal günstig einzukaufen und geringe Verpflichtungen den
Arbeitskräften gegenüber eingehen zu müssen; im Verhältnis zum
Staat, insofern Sozialpolitik nun stärker strafend und aktivierend zur
Erwerbsarbeit drängt und Steuern für Unternehmen und Kapitalbe-
sitzende gesenkt werden.

Diese Ende der 1970er Jahre einsetzende Transformation lässt sich
als langgezogene Wende des Nachkriegskapitalismus zum Neoliberalismus, als »Rebellion des Kapitals gegen die ›mixed economy‹« be-
greifen (ebd., 19, 26), die sich gleichwohl ungleichzeitig vollzogen hat.
Während etwa Experimente mit neuen Formen der Unternehmenssteuerung und Arbeitsorganisation in den 1980er Jahren begannen
und sich in den 1990er Jahren verallgemeinerten, setzten sich tiefere
»neoliberale Brüche« in der Arbeitsmarkt- und Sozialpolitik nach der
deutschen Wiedervereinigung und dem Kollaps der autoritären Plan-
wirtschaften Osteuropas durch. Ergebnis dieser Transformationspro-
zesse ist bis dato eine »prekäre Arbeitsgesellschaft«, die durch große
soziale Unsicherheit, große Ungleichheit und eine Schwächung der
Lohnabhängigenmacht charakterisiert werden kann.

5.1
Nach dem Korporatismus:
Die lange Wende zum Neoliberalismus

Die ersten Zeichen einer wirtschaftlichen Rezession setzten Ende der
1960er Jahre ein, schienen aber schnell wieder verflogen. Erst Mitte
der 1970er Jahre machten sich anhaltende Wachstumsschwierigkeiten
bemerkbar. Sie wurden zum Auslöser politischer Suchbewegungen,
die zunächst darauf zielten die sich häufenden Probleme zu lösen,
ohne einen tiefen Bruch mit der sozialdemokratischen Reformagen-
da der sozialliberalen Koalition vollziehen zu müssen, die seit 1969
im Amt war. Tatsächlich waren die Kriseninstrumente zunächst eher
keynesianisch inspiriert. Unter dem damaligen Wirtschaftsminister
Karl Schiller wurden insbesondere korporatistische Gremien geschaffen, um zwischen Kapital und Arbeit unter Federführung des
Staates zu einer wachstumsförderlichen Tarif-, Investitions- und Wirt-

schaftspolitik zu gelangen. Zunächst wurden sozialpolitische Errungenschaften keineswegs zurückgenommen, im Gegenteil. Bis in die späten 1970er Jahre hielt der sozialpolitische Ausbau an. Die korporatistischen Bündnisversuche scheiterten dennoch an den unterschiedlichen Interessen. Ohne benennbare Gegenleistung wurde von den Gewerkschaften z. B. verlangt, Lohnleitlinien zu akzeptieren, die einer sehr zurückhaltenden Lohnpolitik gleichgekommen wären. Ende der 1960er Jahre gingen DGB-Gewerkschaften dementgegen zu einer offensiveren Tarifpolitik über, 1970/71 konnten schließlich die höchsten Reallohnsteigerungen in der Nachkriegsgeschichte durchgesetzt werden (Kannankulam 2008, 166), im Öffentlichen Dienst konnte die ÖTV 1974 sogar eine 11 prozentige Erhöhung erstreiken (ebd., 172). Kurz gesagt: Der Versuch, in den 1970ern ein Reformbündnis zu etablieren, das verbesserte Verwertungsbedingungen für die Unternehmen mit dem Erhalt des erreichten Niveaus sozialer Wohlfahrt hätte verbinden können, scheiterte.

Ab Sommer 1975 setzte eine Neuorientierung innerhalb der Bundesregierung unter Helmut Schmidt ein, die zu ersten (moderaten) Einschnitten bei den Sozialausgaben führte und zudem der keynesianisch inspirierten Wirtschaftspolitik ein Ende bereitete (ebd., 175-176). Langsam vollzog sich außerdem ein Paradigmenwechsel in der Arbeitsmarktpolitik, durch den der höheren Arbeitslosigkeit durch die Verbesserung der Arbeitskräftemobilität beigekommen werden sollte – ein Prinzip, das durch die späteren Politiken der Regierungen Kohl (1982–1998) und Schröder (1998–2005) fortgesetzt werden sollte: Einerseits durch Förderung, die etwa die räumliche Mobilität der Erwerbslosen durch finanzielle Beihilfen erhöhen sollte, andererseits durch veränderte Zumutbarkeitsgrenzen, durch die Erwerbssuchende dazu angehalten wurden, früher und unter verschlechterten Bedingungen Arbeit anzunehmen (ebd., 177 f.).

Ende der 1970er setzten innerhalb der Bonner Republik schließlich Umgruppierungsprozesse ein, die mit der Aufkündigung der sozialliberalen Koalition durch die FDP endeten und eine 16 Jahre andauernde Koalition von CDU/CSU und FDP in den Sattel hieven sollten. Hatte die Regierung Schmidt bereits erste Schritte in Richtung angebotsorientierter Politik unternommen, entwickelte die Regierung Kohl/Genscher daraus einen politischen Richtungswechsel. CDU, CSU und FDP argumentierten mit Blick auf die entstandenen wirtschaftlichen Schwierigkeiten der damals jüngsten Vergangenheit, »die Krise sei entstanden, weil die Unternehmer durch die stetige Ausdehnung des Interventions- und Wohlfahrtsstaates in den 1970er Jahren zu stark in ihrer Handlungsfreiheit und in ihren Gewinnmöglichkeiten eingeschränkt worden seien. Lohnkosten und staatliche Sozialausgaben seien zu hoch und hätten das Anspruchsdenken gefördert; dagegen seien die Unternehmensgewinne und die Investitionen zu gering, so dass die Bundesrepublik technologisch und wirtschaftlich im internationalen Wettbewerb zurückfalle.« (ebd., 300)

Mit Angebotsorientierung zu größerer Ungleichheit und Ausbeutung
Insofern hat sich im Laufe der Zeit das politisch-ideologische Kräfteverhältnis grundlegend verändert. Keynesianisch oder zumindest nachfrageorientierte politische Kräfte, die die Steigerung der Massenkaufkraft und damit die Bekämpfung von Tendenzen zu Unterkonsumtionskrisen als Voraussetzung für einen stabilen Kapitalismus hielten, verloren an Boden. Zwar wurden auch in der Ära Kohl die sozialen Errungenschaften und politischen Rechte der Lohnabhängigen nicht frontal angegriffen, eine deutlich wahrnehmbare neoliberale Wende setzte gleichwohl ein, die im Zeichen der Standortkonkurrenz und der unternehmerischen Wettbewerbsfähigkeit stand. Anders als in den USA und Großbritannien wurde die Richtung zunächst ohne große Sprünge geändert. Vielmehr wurde eine Politik der kleinen Schritte eingeleitet, die ohne große Schlachten auskam und auf kleine, aber andauernde Verschiebungen des Status Quo setzte. Auch gegenüber der neuen liberalkonservativen Koalition konnten Gewerkschaften aber noch Erfolge feiern, wie etwa die verhältnismäßig erfolgreiche Bewegung von DGB-Gewerkschaften für die Einführung der 35-Stunden-Woche Mitte der 1980er Jahre belegt. Die Richtung, in die die Koalition, wenn auch langsam, so doch bestimmt, marschierte, war aber klar. Mehr Markt, weniger Sozialstaat sowie die zunehmende Entlastung der Vermögenden: Im Mai 1985 wurde z. B.

die Senkung der Einkommensteuern beschlossen, 1984 ein Beschäftigungsförderungsgesetz verabschiedet, das Befristungen und Teilzeitarbeit förderte. Darüber hinaus wurden erste Privatisierungen vorgenommen, etwa durch Verkauf staatseigener Stromkonzerne und die Salzgitter AG oder das sog. Poststrukturgesetz, das im Juli 1989 einen ersten Schritt auf dem Weg zur Liberalisierung des Post- und Telekommunikationssektors darstellte (ebd., 303 f.).

Die in den 1990ern intensivierte Debatte um den »Standort Deutschland« zielte in erster Linie darauf ab, die Attraktivität für deutsche und ausländische Investoren zu vergrößern (Schneider 2000, 425 f.). Für die exportorientierten Industrien ging es um die Senkung der Arbeitskosten (Müller 2006, 10), insgesamt sollte aber auch der flexible Zugriff auf die Arbeitskraft erleichtert werden. Die Gewerkschaften gerieten spätestens in den 1990ern mit ihren stärker nachfrageorientierten Politikvorschlägen in die Defensive (Schneider 2000, 428). Unternehmensverbände und Kohl-Regierung drängten auf die Senkung der Lohnnebenkosten und eine Individualisierung der sozialen Risiken. Das Prinzip Eigenverantwortung sollte gestärkt werden. Gerade die sozialstaatliche Absicherung, die immer auch eine indirekte gewerkschaftliche Machtressource ist (Korpi 1978, 318 f.), wenn sie den Marktzwang zum Verkauf der Arbeitskraft abfedert und so den Konkurrenzdruck zwischen den abhängig Beschäftigten mildert, wurde zum Ziel neoliberaler Politik (Esping-Andersen 1990, 16). Hatten die neoliberalen Umbaumaßnahmen in den 1980er Jahren langsam begonnen, so öffnete die deutsche Wiedervereinigung ein Gelegenheitsfenster für die Regierung, um das Reformtempo zu erhöhen. Die infolge der Vereinigung angewachsenen Staatsschulden nutzte sie als Anlass und als Sachzwang gleichermaßen, um größere haushaltspolitische Sparmaßnahmen in der Öffentlichkeit zu begründen. Gespart wurde bei Arbeitslosengeld und -hilfe, bei der Sozialhilfe und bei den Renten. Gleichzeitig wurden der Leistungsumfang der Krankenversicherung sowie die Bezugsdauer der Arbeitslosenversicherung verringert, die Zugangsvoraussetzungen und die Zumutbarkeitsregeln bei der Arbeitslosenversicherung aber verschärft. Bekamen Lohnabhängigen nun unter erschwerten Bedin-

gungen weniger Transferzahlungen, wurde der Teil der von ihnen zu
zahlenden Sozialversicherungsbeiträge erhöht (Kannankulam 2008,
312-314) – eine verquere Art neoliberaler ausgleichender Gerechtigkeit.

Umverteilung nach oben

Die veränderten Kräfteverhältnisse führten aus gewerkschaftlicher
Sicht schließlich zu ungünstigeren Verteilungsverhältnissen. Im Unternehmerlager verlor man die Lust an lohnpolitischen Zugeständnissen.
Seit Anfang der 1990er sanken die Nettoreallöhne in der Bundesrepublik über lange Jahre dramatisch ab, um 2014 in etwa wieder das
Niveau des Jahres 1991 zu erreichen – in den Werten von 100 (1991)
sanken sie auf einen Tiefstwert von 94,4 im Jahre 2009 und lagen
2014 erneut bei 99,8 %. Demgegenüber wuchs die Arbeitsproduktivität pro Arbeitsstunde, d. h. die tatsächliche Arbeitsleistung, die im
gesellschaftlichen Durchschnitt erbracht wurde, im gleichen Zeitraum
um ein Vielfaches. Sie ist von 100 (1991) auf 137,8 % (2014) gestiegen
(Arbeitsgruppe Alternative Wirtschaftspolitik 2015).

Gewachsene Arbeitsproduktivität und die Strategie der Lohnzurückhaltung drückten sich beispielsweise auch in der sinkenden
Lohnquote aus, einem Verteilungsmaß, das das Verhältnis zwischen
Einkommen aus Gewinnen und Einkommen aus abhängiger Arbeit
anzeigt. Je geringer die Lohnquote, desto geringer der Anteil der Löhne und Gehälter am Volkseinkommen. Die sinkende Lohnquote war
nicht nur in Deutschland, sondern weltweit seit etwa Anfang / Mitte
der 1980er Jahre zu beobachten. Europaweit lag sie in den 1960er
Jahren etwa bei 63 %, stieg bis 1982 auf rund 66 % und sank bis 2005
auf knapp 58 % ab (Husson 2009, 10). In Deutschland selbst nahm der
Anteil des Einkommens aus Unternehmenstätigkeiten am Volksver-
mögen seit Beginn der 1980er beinahe kontinuierlich zu, während die
Anteile des Einkommens aus lohnabhängiger Arbeit zurückblieben.
Lag die Lohnquote um 1980 bei knapp mehr als 70 %, folgte bis 1990
ein Absinken auf 68 %, das sich bis 2005 mit einer Lohnquote von
etwa 66 % fortsetzte, dem niedrigsten Wert in der Geschichte der Bundesrepublik (Bispinck/Schulten 2008, 60). Insgesamt lassen sich diese

Trends als Indizien für die gestiegene Ausbeutung der Arbeitskraft seit Anfang der 1980er Jahre interpretieren (Husson 2009, 9).

Während es in den 1950er und 1970er Jahren eine neutrale und in den 1960er Jahren eine positive Umverteilungsbilanz zu Gunsten der Lohnabhängigen gab, sind die 1980er und insbesondere die 1990er und die Jahre ab 2000 von einer deutlichen Umverteilung des gesellschaftlichen Vermögens von unten nach oben gekennzeichnet (Bispinck/Schulten 2008, 58 ff.). Zugleich wurde die Einkommensungleichheit zwischen den Lohnabhängigen größer, wofür auch das Wachstum des Niedriglohnsektors ein Indiz ist. Die Zahl der Niedriglohnbeschäftigten stieg von 1995 rund 19 % aller Erwerbstätigen auf 21,6 % im Jahr 2000 und schließlich 23,9 % 2011 (Kalina/Weinkopf 2013, 4 f.). Diese Trends zeigen deutlich, dass im Unternehmerlager Kräfte an Bedeutung gewonnen haben, die kaum mehr gewillt sind, die Interessen der Belegschaften von vornherein zu berücksichtigen, wenn sie ihre Politik planen und umsetzen (Haipeter 2011, 15).

Sozialmoralische Umerziehung

So wichtig die Veränderungen im Kräfteverhältnis zwischen Kapital und Arbeit sowie die Umverteilung von unten nach oben für die Herauskristallisierung einer neoliberalen Gesellschaftlichen Struktur der Akkumulation auch waren, so wenig erschöpfen sie sich darin. Insbesondere die Politik der Liberalisierung und die Einführung aktivierendstrafender Sozialpolitik im Rahmen der Agenda 2010 wirkten darüber hinaus als ein sozialpolitisches Erziehungsprogramm (Höpner u. a. 2009, 12 ff.). Angelegt war und ist es auf die Neujustierung sozial- und arbeitsmarktpolitischer Anspruchshaltungen der abhängig Beschäftigten. Eingeübt werden soll ein Leben in größerer Unsicherheit, ohne die Erwartung, vor den Unsicherheiten der Märkte durch staatliche Unterstützung abgesichert zu werden. Bereits der Regierung Kohl war 1997 ein erster grundlegender Wandel in der Arbeitsmarktpolitik gelungen, der eine deutliche normative Neuausrichtung verhieß. Dabei wurden die Zumutbarkeitsregelungen für Erwerbslose verschärft. Diese mussten nunmehr auch dann eine Arbeitsmöglichkeit annehmen, wenn diese der eigenen Qualifikation und den eigenen Ansprüchen

nicht entsprach. Den ideologischen Horizont spannte dabei die ein-
geflochtene Deutung auf, die Versichertengemeinschaft müsse vor
der zu hohen Beanspruchung durch einzelne Versicherte geschützt
werden (Kannankulam 2008, 316). Die Reformen selbst und die sie
begleitenden Kampagnen – erinnert sei an Gerhard Schröders wiederholte Behauptung, es gäbe kein Recht auf Faulheit, mit der er ge-
konnt unterstellte ein erheblicher Teil der Menschen sei erwerbslos,
weil er nicht arbeiten wolle – zielten nicht zuletzt auf die Schmähung
von Anspruchshaltungen und Normalitätsvorstellungen, wie sie sich
um Zuge der kapitalistischen Expansion nach dem Zweiten Weltkrieg
herauskristallisiert hatten (Streeck 2008, 13-14).

5.2
Klassenfragmentierung und Klassenzusammensetzung

Die bisher skizzierten Veränderungen gingen einher mit politischen
und wirtschaftlichen Umbrüchen, die zu einer neuen Zusammensetzung und einer stärkeren Fragmentierung der Lohnabhängigenklasse
führten – Fragmentierungen, die zum Nährboden sozialer und interessenpolitischer Spaltungen sowie von Politiken der exklusiven Solidarität werden können, in denen sich Gruppen der Lohnabhängigen hart
gegeneinander abgrenzen.

Verbetrieblichung und wettbewerbsorientierte Tarifpolitik
Die Aufkündigung des alten Klassenkompromisses hatte Folgen für
die Tarifpolitik und die Arbeitsbeziehungen. Tendenziell wurde die
wettbewerbsbegrenzende zu einer wettbewerbsorientierten Tarifpolitik – ein Trend, der ohne die kompromisshafte Mitwirkung von Gewerkschaften kaum erklärt werden kann: »Tarifpolitische Standards
werden demnach immer weniger als konstante, für alle Unternehmen
gleichermaßen verbindliche Größen angesehen, sondern gelten als
variable betriebswirtschaftliche Parameter zur permanenten Verbesserung der Wettbewerbsfähigkeit.« (Bispinck/Schulten 2005, 466)
    In diesem Zusammenhang ist die Flucht von Unternehmen aus
der Tarifbindung zu erwähnen. Ein Teil der Unternehmen schließt

sich den eigenen Tariforganisationen nicht mehr an. Im UnternehmerInnenlager gelingt es somit in geringerem Maße, tarifpolitische Disziplin herzustellen. Neben der Zahl der Unternehmen, die keinem Tarifverband angehören, wachsen insbesondere die Verbände ohne Tarifbindung (Haipeter 2011, 13). Lange Zeit gängige soziale und politische Standards sind in den betroffenen Branchen und Betrieben deshalb keineswegs mehr normal. Bereits gewöhnliche Mitbestimmungs- und Tarifstandards müssen zum Teil hart erstritten werden. Dies gilt insbesondere für wachsende Branchen der Dienstleistungsindustrie (Uellenberg van Dawen 2013, 403) und in den Sektoren, in denen die Prekarisierung der Lohnarbeit weit vorangeschritten ist (Birke 2013, 16 f.). Nicht nur hier, aber in diesen Branchen insbesondere, finden sich zusehends Formen autoritärer Macht, die erreichte politische und rechtliche Errungenschaften der abhängig Beschäftigten übergehen (Kempe 2010, 16) und rückgängig machen wollen. Die geringere Bereitschaft von Unternehmern sich in tariffähigen Arbeitgeberverbänden zu organisieren erklärt aber nur zum Teil die Erosion der Flächentarifverträge. Denn von sich aus sind Unternehmen eher in Ausnahmefällen dazu bereit, Tarifverträge abzuschließen. Normalerweise muss ihnen Sinn und Zweck eines Tarifabschlusses überhaupt erst von den Belegschaften verdeutlicht werden, indem mit Arbeitskämpfen gedroht bzw. gestreikt wird. Sind Beschäftigte und ihre Gewerkschaften dazu nicht mehr in der Lage, dann fehlen auch die Organisierungsanreize für das Kapital.

Die nachlassende Bindekraft des Flächentarifs ist zum Teil auch auf Öffnungen der Tarifverträge durch betriebliche Vereinbarungen (etwa in der Metall- und Elektroindustrie) zurückzuführen. In diesen Fällen werden Abweichungen von bestehenden Flächentarifverträgen ermöglicht, Gewerkschaften stimmen dem ausdrücklich zu. VertreterInnen dieses Kurses argumentieren meist, dass so gewerkschaftlich kontrolliert stattfindet, was ansonsten ohne den Einfluss der Gewerkschaften so oder so passieren würde (Behruzi 2015, 24 f.). Dieses Argument ist zwar plausibel; es ändert aber nichts daran, dass die Prägekraft überbetrieblicher Tarifnormen auf diese Weise abnimmt. Je häufiger von ihnen nach unten abgewichen wird, desto weniger Geltungskraft

haben die Flächentarife. Eine Verbetrieblichung der Gewerkschaftspolitik ist die Folge, die häufig eher mit lohn- und arbeitspolitischen
Zugeständnissen, denn mit Erfolgen einhergeht. Der Normalfall ist
bisher nicht der offensive Gewinn, sondern materielle Zugeständnisse der Belegschaften, durch die sie hoffen, Arbeitsplätze zu sichern
(Haipeter 2011, 15). Indem sie Unternehmen Flexibilitätsspielräume
einräumten, versuchten Gewerkschaften und Betriebsräte – der Logik
einzelunternehmerischer Flexibilitäts- und damit Wettbewerbsfähigkeit folgend – Arbeitsplätze zu sichern (Kap. 7.1). Ein Ergebnis ist seit
etwa Mitte der 1990er die erheblich nachlassende Bindekraft des Flä-
chentarifvertrages auf der einen und die Normalisierung defensiver
Konzessionsverhandlungen in den Betrieben auf der anderen Seite
(Candeias/Röttger 2009, 886).

Flexible Produktions- und Arbeitsorganisation
In Transformationsphasen, in denen Unternehmen experimentieren,
um neue Prosperitätskonstellationen durchzusetzen, spielen Veränderungen in der Produktions- und Arbeitsorganisation eine zentrale
Rolle. Dies ist auch seit Mitte der 1970er Jahre nicht anders gewesen.
In den Unternehmen wurden neue Produktions- und Arbeitsorgani-
sationsmodelle erprobt, die höhere Flexibilitätszumutungen und auch
Errungenschaften für einen Teil der Beschäftigten bereithielten. Die
1980er waren dabei eine Zeit des Suchens und Experimentierens der
Unternehmen, während die 1990er Jahre sich als Periode verstehen
lassen, in der sich neue Ansätze in der Arbeitsteilung, in der Unternehmensorganisation und in der Flexibilisierung der Arbeit auf breiterer
Stufenleiter durchsetzten (Sauer 2013, 14f.). Bereits Anfang der 1980er
wurden neue Formen des Arbeitskräfteeinsatzes erprobt, die etwa
innerhalb der Automobilindustrie mit einer auf weitere Automatisie-
rung setzenden technologischen Rationalisierungswelle einhergingen
(Kern/Schumann 1990). Die gewonnenen Autonomien in der Arbeit
gingen, wie die Folgejahre zeigen sollten, zugleich einher mit »mehr
Druck durch mehr Freiheit«. Gesamtgesellschaftlich gehört dazu auch
eine Stärkung neoliberaler Ideologien, die in der Deregulierung der
»Märkte«, also der Stärkung von Kapitalmacht das gesellschaftliche

Heil sahen (Sauer 2013, 14 f.). Die Rationalisierungsprozesse machten allerdings bei veränderten Formen der Arbeitskräftenutzung keineswegs halt, sondern erstreckten sich auf den Technikeinsatz, auf die Betriebs- und Unternehmensorganisation, die Produktentwicklung und auch auf eine neue Austarierung des Verhältnisses von Fremd- und Eigenfertigung – weitreichende und ganzheitliche Umbrüche standen an, für die Arbeitssoziologen den Begriff der ›systemischen Rationalisierung‹ prägten (Schumann u. a. 1994, 21).

Die technologische Basis dafür sind die heute nicht mehr ganz so neuen Informationstechnologien – die Computerisierung sowohl der Produktion als auch vieler Dienstleistungsarbeiten ermöglichte es Unternehmen, sich flexibler an Marktschwankungen und neue Nachfragekonstellationen anzupassen (Hirsch/Roth 1986, 106). Insbesondere die industriellen und exportorientierten Kernsektoren der deutschen Wirtschaft versuchten, mit veränderten Produktionskonzepten auf neue Herausforderungen auf den Weltmärkten zu reagieren. Das zeigt auch die zeitgenössische Krisendiagnose zu Beginn der 1990er Jahre: »Konnte eine Industrie in den 70er Jahren, also in der Phase der nachlassenden Attraktivität von billigen standardisierten Massengütern begrenzter Qualität schon dadurch reüssieren, daß sie zur Fertigung technologisch und qualitativ hochwertiger Spezialität überhaupt fähig war und ›differenzierte Qualitätsproduktion‹ anzubieten vermochte (…), so reicht das in den 90er Jahren als Eintrittsbillet der Industrieländer für global players nicht mehr aus. Das können heute bereits viele (…). Also geht es (…) darum: Wer entwickelt am schnellsten ein Angebot nachgefragter Produkte, und wer ist in der Lage, diese Produkte ohne Verzögerung und effektiv, d. h. bei optimierten Kosten zu fertigen? Wer kann Innovationszyklen von Produkt und Produktionsprozessen verkürzen und zugleich die anfallenden Kosten minimieren?« (Schumann u. a. 1994, 15)

Eine praktische Antwort auf diese Fragen bestand und besteht in der organisatorischen Dezentralisierung, durch die Verantwortlichkeiten und Kompetenzen verlagert und die Autonomie und Eigenverantwortlichkeit von einzelnen Organisationseinheiten gestärkt werden. Ergänzt wird dies durch eine Vermarktlichung der Unternehmen.

Durch sie wird eine stärkere Steuerung dieser Einheiten durch den äußeren Markt oder durch simulierte Marktmechanismen ins Werk gesetzt (Sauer 2005, 67): »Der Markt wird in seiner Kontingenz und Dynamik zum Strukturierungsmoment der betrieblichen Organisation. Marktprozesse werden zugleich instrumentalisiert und inszeniert und auf diese Weise auch strategisch genutzt. Vermarktlichung beschreibt eine doppelte Bewegung der Reorganisation: einerseits die Öffnung des Unternehmens in den Markt (...), andererseits die Hereinnahme von Markt- und Konkurrenzmechanismen in das Unternehmen (...).« (Sauer 2013, 17)

Lean Production, Just in Time Produktion, die unternehmensinterne Nutzung von Marktmechanismen (Kostenkonkurrenz zwischen Abteilungen z. B.), aber auch neue Arbeits- und Beschäftigungsformen, die als Subjektivierung und Prekarisierung von Arbeit zusammengefasst werden können, lassen alte Solidaritätskollektive erodieren. Partiell entstehen auch neue Quellen der Produktionsmacht durch die Requalifizierung von Beschäftigtengruppen und die Entstehung neuralgischer Punkte in (globalen) Wertschöpfungsketten. Nicht zuletzt fördern sie Flexibilität und Konkurrenz, »Betriebe und Arbeitskräfte sollen mit der Marktlage ›atmen‹, konjunkturelle Schwankungen und Kriseneinbrüche unter Einsatz eigener Ressourcen abfedern. Entscheidender Hebel zur Erzeugung marktkompatibler Flexibilität ist die Verstetigung der Konkurrenz.« (Dörre 2003, 20) Unsicherheit wird infolgedessen zu einem Normalzustand in den Belegschaften. Mehr noch, Beschäftigte laufen Gefahr, angesichts stärkerer Marktsteuerung, knapper Ressourcen, enger Zeitpläne und anhaltender Angst um den Arbeitsplatz auf die ihnen zustehenden Rechte zu verzichten. KritikerInnen warnen: Vermarktlichung und indirekte Steuerung bringen die Beschäftigten in eine Lage, in der sie vermehrt auf ihnen zustehende Rechte verzichten. Sie sehen sich dazu herausgefordert, um ihren Arbeitsbereich, ihre Unternehmenseinheit, ihren Standort im Wettbewerb zu erhalten. Dies setzt Betriebsräte und Gewerkschaften unter Druck. Betriebliche und gewerkschaftliche Interessenvertreter können in eine doppelte Frontstellung kommen: gegen die Geschäftsführung und gegen die konkreten Handlungen der Beschäftigten (Wagner 2012, 24).

Die Prekarisierung der Arbeitsgesellschaft: Ein neues Disziplinarregime
Ein wichtiges Merkmal der langen Wende zum Neoliberalismus ist
die Prekarisierung der Arbeitsgesellschaft, die Chancen von abhängig
Beschäftigten auf materielle, soziale, kulturelle und politische Teilhabe an der Gesellschaft unsicher macht. Im Kern führt Prekarisierung
zur Ent-Sicherung von Erwerbsarbeit und Lebensführung, da Arbeitskräfte stärker dem ›freien Spiel‹ des Arbeitsmarktes und somit der
Konkurrenz sowie der Verfügungsgewalt der Unternehmen ausgesetzt
werden (Goes 2013, 44ff). Wenngleich Prekarisierung nicht nur diszipliniert und Solidarität verunmöglicht, so schwächt sie doch ohne
Zweifel die Durchsetzungsfähigkeit der Beschäftigten in den Betrieben
und untergräbt die Organisationsmacht der Gewerkschaften (Hirsch/
Roth 1986, 111-113).

Prekär bedeutet unsicher oder auch auf Widerruf. Prekäre Arbeitsverhältnisse zeichnen sich durch einen hohen Grad an Unsicherheit
bzw. Autonomieverlust für die Beschäftigten und eine geringere
Bindung des Kapitals an die Arbeitskraft bzw. einen Autonomiege-
winn für die Unternehmen aus. Insofern wachsen die Flexibilitätsspielräume der Unternehmen und die Flexibilitätszumutungen an
die Arbeitskräfte. Prekär in diesem Sinne sind etwa Zeitarbeitsver-
träge oder auch Werk- und Honorarverträge. Von prekärer Arbeit
wird darüber hinaus gesprochen, wenn sie gegenüber den materiellen
und (interessen-) politischen Errungenschaften, die mit dem sog. Nor-
malarbeitsverhältnis verbunden werden, zum Nachteil der abhängig
Beschäftigten abweichen – wenn etwa Löhne keine sozial gewohnte
Teilhabe zulassen oder die objektive Lage (etwa aufgrund der Macht-
positionen gegenüber den Beschäftigern oder der Art der Einbindung
in die Belegschaften) es erschwert oder unmöglich macht, interessenpolitische Rechte wahrzunehmen. Insofern gelten nicht nur zeitlich
unsichere Arbeitsverhältnisse als prekär, sondern beispielsweise auch
Niedriglohnarbeiten. Ein prekäres Potenzial wohnt in diesem Zusammenhang geringfügigen Beschäftigungsverhältnissen und auch der
sozialversicherungspflichtigen Teilzeitarbeit inne. Unser Verständnis
von Prekarität ist dabei »relational« in zweierlei Hinsicht. Politisch,
weil der Prekaritätsbegriff auf erreichte (interessen-) politische Stan-

dards Bezug nimmt; historisch, weil diese Standards in der Vergangenheit im Zuge der expansiven langen Nachkriegswelle etabliert wurden.

Verursacht wird die Prekarisierung durch Unternehmensstrategien, die auf Flexibilitätssteigerung und Kostenminimierung zielen. Wie die Prekarisierung innerhalb verschiedener Branchen genau aussieht ist davon abhängig, welche Qualifikationsanforderungen die dort dominierenden Arbeitsprozesse an die Beschäftigten stellen und wie hoch das Angebot entsprechend ausgebildeter Arbeitskräfte auf dem Arbeitsmarkt ist. Je mehr passend qualifiziertes Angebot sich findet, desto größer ist auch die Prekarisierungsgefahr. Für die deutsche Arbeitsgesellschaft ist entscheidend, dass ein Prekarisierungsschub erst durch die rot-grüne Agenda 2010 möglich wurde. Erst sie stellte die gesetzlichen Weichen und öffnete entsprechenden Kapitalstrategien Tür und Tor.

Für die Herausbildung einer neoliberalen Gesellschaftlichen Struktur der Akkumulation ist die Prekarisierung der Arbeitsgesellschaft von herausragender Bedeutung. Erstens geht sie mit einer politischen bzw. ideologischen Neuaushandlung einher: Was ist sozial- und arbeitsmarktpolitisch gerecht? Welche betrieblichen Lohn- und Beschäftigungsstandards gelten forthin als normal? Diese sozialmoralischen Deutungskämpfe sind nicht Beiwerk, sondern ganz zentrales Moment des arbeitsgesellschaftlichen Umbaus (Gruppe Blauer Montag 2008, 152 f.).

Zweitens verändert sich die Zusammensetzung der Lohnabhängigenklasse, neben herkömmliche Unterschieden nach Qualifikation, Entlohnung und Arbeitsmarktchancen tritt eine tiefere Spaltungslinie zwischen denen, die noch gesichert arbeiten, und denen, die sozial verwundbarer sind, auf Integration in nicht-prekäre Arbeitsverhältnisse hoffen und gegen weitere Deklassierungen kämpfen. Alte Unterschiede werden im Lichte gewachsener Unsicherheit vertieft.

Drittens ist diese Neuzusammensetzung verbunden mit der Etablierung eines (Des-)Integrationsregimes (Dörre 2009, 62 f.), das insbesondere durch Arbeitsmarktdruck angetrieben wird. Soziale und materielle Teilhabe sind nach wie vor möglich. Um sie zu erreichen und zu sichern ist es gleichwohl notwendig, sich in den Betrieben zu »bewähren«, d.h. den Erwartungen des Beschäftigers zu entsprechen. Grundsätzlich gibt es dabei keine Gewähr, dass objektive Bewährungsleistungen auch honoriert werden. Harte betriebliche Selektionsprozesse, die bereits in den 1990er Jahren beobachtet wurden (Kurz 1998, 260), haben sich verfestigt und verallgemeinert. Diese betriebliche Willkür wird ergänzt durch einen Druck auf Erwerbslose und Beschäftigte, der durch die hohe Arbeitslosigkeit erzeugt wird. Beide Momente ergänzen sich, lassen sich allerdings nicht aufeinander reduzieren. Sind die Arbeitsmärkte leer, und ist die Arbeitsmarktmacht der Lohnabhängigen daher hoch, dürfte die betriebliche Willkür allerdings weitaus geringer sein – wahrscheinlicher ist in solchen Situationen vielmehr der Wettbewerb zwischen den Unternehmen um Arbeitskraft. Dies bedeutet allerdings nicht, dass die Institutionen und die Kultur betrieblicher Auswahlregime verschwinden – sie mögen weiterhin bestehen, in solchen Phasen aber in abgeschwächter Weise genutzt werden.

Die Herausbildung eines Weltmarkts für Arbeitskraft

Von herausragender Bedeutung für die Schwächung der Gewerkschaften waren schließlich die weitere Internationalisierung des Kapitals und die Herstellung eines – seit 1917 erstmalig wieder – real existierenden kapitalistischen Weltmarktes nach 1990. Ohne sie ist kaum zu erklären, wie sich die Neoliberalisierung durchsetzen und wie die Kapitalmacht ausgeweitet werden konnte.

Mit der weiteren Europäischen Integration und dem Zerfall der post-kapitalistischen Ostblockstaaten entstand ein umfassender Weltmarkt für Waren- und Kapitalexport, allerdings auch für Arbeitskräfte. Global bewegten sich nach 1990 etwa doppelt so viele Arbeitskräfte auf ›freien Arbeitsmärkten‹ als zur Zeit der Systemkonkurrenz. Die weitere Ausbreitung des Lohnarbeitsverhältnisses gehört daher zu den zentralen Merkmalen der weiteren Internationalisierung, wie sie sich in den vergangenen 30 Jahren vollzogen hat (Aglietta 2000, 41). Das gilt sowohl für die entwickelten kapitalistischen Zentren, als auch für die zuvor nicht-kapitalistischen (Russland, Ostblockstaaten, China) sowie aufsteigenden peripheren Gesellschaften (z.B. Brasilien und Indien).

Allein mit der Öffnung Chinas und des ehemaligen Sowjetblocks für anlagesuchendes Kapital stieg die Zahl der verfügbaren Arbeitskräfte um rund 1,47 Milliarden an (Husson 2009, 20f.). Die Auswirkungen sind dabei nicht räumlich begrenzt. Es entstanden nicht nur in Osteuropa neue Räume der kapitalistischen Landnahme, die Verbilligung von Transportkosten und die Entwicklung IT-basierter Kommunikation ermöglichte im Lichte von Kapitalstrategien, die auf Kostensenkung zielen, die Herausbildung globaler Wertschöpfungsketten, etwa in der Automobil- und Textilindustrie. Diese Ketten verbinden Lohnabhängige in verschiedenen Ländern ökonomisch und interessenpolitisch direkt miteinander – und setzen sie zu einem erheblichen Teil in Konkurrenz zueinander. Das Ergebnis ist gleichwohl nicht nur ein globaler Konkurrenzzusammenhang, sondern auch eine objektiv stärker miteinander verbundene weltweite Lohnabhängigenklasse (Moody 1997b, 36).

Eine eigenständige Rolle spielen in diesem Zusammenhang weltweit agierende multinationale Großunternehmen wie etwa Volkswagen, Coca-Cola, BASF oder Nestle. Als marktbeherrschende Oligopole sind sie zwar durchaus in der Lage, vergleichsweise hohe Löhne zu zahlen, gleichzeitig bewegen sie sich aber auf globalen (Arbeits-) Märkten und können so Produktions- und Lohnkosten gezielt senken. »Ihre Wettbewerbsfähigkeit ist abhängig von ihrer Fähigkeit, weltweit die Ströme von Waren, von Produktionsmitteln, von Know-how und von Geld zu organisieren. Sie ist nicht mehr den wirtschaftlichen Bedingungen eines bestimmten Territoriums verpflichtet. Produktion und Verteilung des Wertes lösen sich vom Herkunftsterritorium ab.« (ebd., 47) Als multinationale Konzerne sind sie zugleich Motoren der globalen und wirtschaftlichen Integration (Husson 2009, 25) sowie der in Weltmarktperspektive erfolgenden konkurrenzgetriebenen Vergesellschaftung der Lohnabhängigen.

Die weitere Internationalisierung wirkte und wirkt verunsichernd auf GewerkschafterInnen. Das Damoklesschwert der Standortschließung hängt nun bedrohlich über den Köpfen der Beschäftigten. Dabei handelt es sich leider keineswegs ausschließlich um ein Schreckgespenst (Müller 2006, 3-5). Insgesamt ist die Drohung mit Verlagerungen von Arbeitsplätzen ein wichtiges unternehmerisches Mittel geworden, um die Interessenvertretungen zu disziplinieren (Haipeter 2011, 15). Die weitere Weltmarktintegration erschöpft sich gleichwohl nicht in dieser einfachen Verlagerungsoption. Vielmehr geraten Produktions-, Lohn- und Arbeitsbedingungen auf der Basis dezentralisierter internationaler Entwicklungs- und Fertigungsstrukturen einerseits, den Transport und die Kommunikation erleichternder Technologien andererseits in eine globale Vergleichsperspektive (Moody 1997b, 11). In gewissem Sinne entstand und entsteht ein weltumspannendes Kontroll- und Vergleichsregime, das auf die effizienteste und profitabelste Ausbeutung von Arbeitskraft und Produktionsmitteln setzt. Vielleicht ist die disziplinierende Mobilisierung der Produktivkräfte sogar das entscheidendere Charakteristikum der neuen Epoche – wichtiger noch als die tatsächlichen Verlagerungen von Produktion und Dienstleistungen.

5.3
Herausforderungen solidarischer Gewerkschaftspolitik

Diese Entwicklungstrends stellen das tradierte sozialpartnerschaftliche Gewerkschaftsmodell grundlegend in Frage. War es in den 1950er bis 1970er Jahren in einer Gesellschaft entstanden, in der soziale Sicherheit und Teilhabe für Lohnabhängige zunahmen, sieht es sich heute einer ganz anderen Realität gegenüber. Die lange Wende zum Neoliberalismus ging einher mit einem Rückgang an Lohnabhängigenmacht sowie der Zunahme von Kapitalmacht in Unternehmen und Gesellschaft. Klassengegensätze werden in einer prekarisierten, von wachsender Ungleichheit und sozialer Unsicherheit charakterisierten Arbeitsgesellschaft nicht schwächer, sondern stärker. Es ist ein neues Ausbeutungsregime entstanden, das Qualifikationshierarchien und klasseninterne Ungleichheiten verstärkt und instrumentalisiert.

Bereits in den 1980er Jahren wurde innerhalb der Gewerkschaften vor derartigen Spaltungen und wachsender Ausgrenzung gewarnt

(Steinkühler 1985, 564), die zu Formen einer exklusiven Solidarität führen könnten, die sich nur noch auf ausgewählte Beschäftigtengruppen
erstrecken würden. Verstärkend wirkt in diesem Zusammenhang die
weitere Weltmarktintegration. Sie bringt einerseits eine engere ›globale Vergesellschaftung der Lohnarbeit‹ hervor; angesichts instrumenta-
lisierter Standortkonkurrenz und grassierender Deklassierungsängste
kann diese allerdings auch den Boden für Interessenorientierungen
innerhalb der Belegschaften bereiten, die für Wettbewerbsbündnisse
zwischen Kapital und Arbeit oder gar regressive Standortnationalis-
men offen sind. Für diese Probleme müssen GewerkschafterInnen
Lösungsansätze finden.

Angesichts der beschriebenen Entwicklungen fiel es betrieblichen
und gewerkschaftlichen Interessenvertretern zunehmend schwer
Lohnabhängigeninteressen im Rahmen sozialpartnerschaftlicher Arrangements ähnlich erfolgreich durchzusetzen, wie es ihnen in den
1960er, 1970er und noch in den 1980er Jahren gelungen war. Auch
wenn das alte System der industriellen Beziehungen formal intakt
blieb, erodiert es doch in seiner politischen Substanz (Dörre u. a.
2016). Allerdings vollzieht sich dieser Erosionsprozess in ungleicher
Geschwindigkeit und ungleicher Tiefe, Einfluss und Organisationsmacht der Gewerkschaften sind z. B. in der Exportwirtschaft größer
als in den privaten Dienstleistungssektoren (Haipeter 2011, 13 f.). Die
skizzierten Entwicklungen verschärfen klasseninterne Ungleichheiten, die aus der kapitalistischen Produktionsweise selbst folgen. Belastungen, Beschäftigungschancen und -risiken, Lohnchancen und
Machtpotenziale sind innerhalb der Klasse ausgesprochen ungleich
verteilt. Das muss Konsequenzen für die Gewerkschaftspolitik haben.
Die größte Herausforderung von Gewerkschaftspolitik dürften daher
die Fragmentierungen der betrieblichen Solidaritätskollektive und die
Spaltungen innerhalb der Lohnabhängigenklasse sein. Vor einer Gefahr ist in diesem Zusammenhang ausdrücklich zu warnen: Drücken
sich die erörterten Ungleichheiten – nicht zuletzt die zwischen Prekären und noch Gesicherten – durch eine stärkere innergewerkschaftli-
che Berücksichtigung der Interessen starker Gruppen aus, dann droht
eine verfestigte interessenpolitische Spaltung, die im besten Fall in

eine Gleichgültigkeit der vernachlässigten Gruppen gegenüber den Gewerkschaften, im schlechten Fall in aktive Ablehnung oder gar Feindseligkeit münden kann. Die negativen Auswirkungen, die aus einer derartigen »Präformierung gewerkschaftlicher Politik durch Prozesses der Arbeitsmarktsegmentierung« folgen könnten, sind insofern nicht zu unterschätzen (Brandt 1990, 232).

Umgekehrt: Worauf es heute in besonderem Maße ankäme, wäre eine gewerkschaftliche Strategie, die bestehende Spaltungslinien zunächst problematisieren und anerkennen würde, um sie zum Ausgangspunkt einer Organisierungs- und Tarifpolitik zu machen, die praktisch auf umfassende Solidarität der abhängig Beschäftigten setzt. Das aber setzt zugleich ein Selbstverständnis als offensive Gegenmacht wie auch eine politische Perspektive voraus, die gemeinsame Interessen der abhängig Beschäftigten gegenüber denen einzelner Beschäftigtengruppen stark macht und vertreten will.

6.
Die Sicht der Beschäftigten

Lohnabhängigenbewusstsein heute

Die erörterten Umbrüche disziplinierten Belegschaften und trafen auf Verarbeitungsweisen, die gewerkschaftliche Organisierung zunächst deutlich erschwerten (Brinkmann u. a. 2006; Zoll 1984). Wie unter 4.3 dargelegt wurde, sind solche Reaktionen in langen Abschwungphasen kaum überraschend. Jüngere Befunde der Lohnabhängigenbewusstseinsforschung zeigen aber auch, dass Gegentendenzen entstehen, an denen gewerkschaftliche Organisierung ansetzen könnte. Hier deutet sich eine neue »politische Produktivkraft moralischer Empörung« an, eine »Wut derer, die sich von den Abschöpfungsexperten des globalen Finanzkapitalismus für dumm verkauft fühlen.« (Streeck 2014, 222)

Von welchen »subjektiven Voraussetzungen«, von welchen Mobilisierungs- und Solidaritätspotenzialen in den Belegschaften kann eine gewerkschaftliche Erneuerung heute also ausgehen? Zu bedenken ist bei der Beantwortung dieser Frage, dass es sich bei Solidaritäts- und Mobilisierungspotenzialen nicht um mechanische Zusammenhänge handelt. Beschäftigte, die sich gewerkschaftlich organisieren oder später an Arbeitskämpfen teilnehmen, müssen keineswegs von vornherein über ein »klar pro-gewerkschaftliches«, »rein-solidarisches« und / oder »gesellschaftskritisches Alltagsbewusstsein« verfügen. Entscheidend ist vielmehr, ob es in den Verarbeitungsweisen von Arbeitsmarktproblemen, Lohnkonflikten oder aufzehrenden Be-

schäftigungsbedingungen ein »transformatives Potenzial« gibt, an das
in der gewerkschaftlichen Arbeit angeknüpft werden kann. Ist dem
so, dann kann dieses sich in Konfliktsituationen verändern (Moody
2014, 27 ff.) und zum Ausgangspunkt »transformativen Lernens« werden (Mezirow 1997). Entfalten können sich derartige Lernprozesse
etwa in gewerkschaftlichen Kampagnen und in der Bildungsarbeit.
Natürlich schlagen sich herrschende Ideologien – etwa neoliberale
Glaubenssätze – oder Disziplinierungen durch Prekarisierung oder
hohe Arbeitslosigkeit auch in solchen Fällen im Alltagsbewusstsein
nieder. Wie könnte es anders sein? Allerdings kann man von einer
Instabilität und Widersprüchlichkeit entsprechender Verarbeitungsweisen ausgehen (Moody 2014, 29). Die Frage ist dann, ob sich etwa
entsolidarisierende und individualisierende Vorstellungen mit Verarbeitungsweisen kombinieren, die gemeinsames Interessenhandeln
denkbar machen.

Im Alltagsbewusstsein der Menschen kombinieren sich in der Regel Versatzstücke unterschiedlicher Ideologien. Ideen und Meinungen
können sich dabei durchaus widersprechen, auch wenn das dem Einzelnen, der sie in seinem Kopf trägt, nicht bewusst sein muss. Dabei ist
erstens zwischen allgemeinen Anschauungen und alltagspraktischen
Orientierungen zu unterscheiden, die im individuellen Bewusstsein
miteinander arrangiert werden. Wie bewusst wir uns darüber sind und
wie klar wir versuchen, unsere Vorstellungen widerspruchsfrei zu machen, unterscheidet sich. Alle Menschen, die ihre Arbeitskraft verkaufen, müssen zweitens unterschiedliche eigene Interessen miteinander
in Einklang bringen. Auch dieses Arrangement ist notwendigerweise
widersprüchlich, möglicherweise aber auch instabil. Typisch sind die
Interessen an maximal hohen Einkommen, an guten Arbeitsbedingungen, an Beschäftigungssicherheit und an einem schonenden Umgang mit der eigenen Arbeitskraft. Widersprüchliche Arrangements
dieser Interessen sind eher die Regel als die Ausnahme. Im Interesse
an hohen Einkommen mögen besonders schlechte Arbeitsbedingungen akzeptiert werden; oder der Wunsch nach Beschäftigungssicherheit kann Menschen dazu bringen, sich mit niedrigen Löhnen abzufin-
den. Aber umgekehrt kann das Interesse an beidem auch zum Anreiz

werden, sich gewerkschaftlich zu organisieren. Das Interesse am schonenden und nachhaltigen Umgang mit der eigenen Arbeitskraft kann
das Interesse an hohen Löhnen stärken, da nur dann ohne Einbußen
weniger gearbeitet werden kann. Von diesen widersprüchlichen Inte-
ressenarrangements gilt es bei der gewerkschaftlichen Organisierung
auszugehen.

6.1
Verarbeitungsweisen in der Metall- und Elektroindustrie

Die jüngere soziologische Forschung konnte klar betriebs- und ge-
sellschaftsbezogene Kritiken im Bewusstsein von Lohnabhängigen
nachzeichnen. So stellen Richard Detje u. a. (Detje u. a. 2011a) in ihrer
Untersuchung »Krise ohne Konflikt« eine Normalisierung von Krisenerfahrungen bei den Beschäftigten fest. Die zum Befragungszeit-
punkt akute Wirtschaftskrise entfalte ihre Bedeutung für die Befragten
vor dem Hintergrund permanenter betrieblicher Krisenerfahrungen,
die infolge eines seit Jahrzehnten gewachsenen Drucks in den Betrieben entstanden seien (ebd., 62). Permanente Verunsicherungen
wurden zur Alltagserfahrung. Diese Krisenerfahrungen beschränken
sich allerdings nicht auf betriebliche Probleme, sie entfalten sich vielmehr zu Formen einer Legitimationskrise des gesamten Wirtschafts-
und Gesellschaftssystems. Dabei ist allerdings ein Mechanismus der
Verschiebung wirksam: Gerade weil unternehmerische Eliten den
AutorInnen zufolge für die Wirtschaftskrise nicht verantwortlich gemacht werden können, verschiebt sich die Kritik auf die Gesellschaft,
den Staat und die Politik. Wut und Angst seien dominant: »Wut auf
Banker, auf den Staat und die Politiker und Angst, die eigene Existenz nicht mehr sichern zu können.« (ebd., 102) Diese Legitimationsprobleme von Staat und Politik werden jedoch durch fehlendes
Orientierungswissen blockiert. Den Beschäftigten fehle, so lassen
Detje und Co. wissen, sinnstiftendes Wissen, das darüber informiert,
worin Ursachen und Triebkräfte der Wirtschaftskrise zu finden sind
(Detje u. a. 2011b, 48 f.). Wut und Unzufriedenheit gab es aufgrund
der permanenten Umstrukturierungen und Krisenerfahrungen in den

Betrieben bereits vor der Wirtschaftskrise (Detje u. a. 2011a, 144); sie finden jedoch keinen konkreten Adressaten oder richten sich gegen unerreichbare Akteure wie z. B. ›die Banken‹ (ebd., 140 ff.). Die Wut sei daher ›adressatenlos‹ (ebd., 142). Der betriebliche Erfahrungszusammenhang wirkt zwar für die Befragten als eine Art Unruheherd; ihre Kritik richtet sich aber vornehmlich auf gesellschaftliche Akteure. Verschoben werden kann aber nur, was zuvor bereits existierte: Kritik an andauernden Rationalisierungsmaßnahmen und deren Folgen für die Belegschaften.

Auch eine ForscherInnengruppe um den Jenaer Soziologen Klaus Dörre geht in ihren Befunden von einer Zweiteilung der kritischen Deutungen von Lohnabhängigen aus (Dörre u. a. 2009). Die gesellschaftliche Entwicklung löst bei befragten Beschäftigten Empörung aus. Vor ihrem Hintergrund werde der eigene Betrieb als eine Art ›sicherer Hafen‹ innerhalb einer ansonsten stürmischen gesellschaftlichen See wahrgenommen. Das Beschäftigtenbewusstsein zerfällt demnach in ein kritisches Gesellschafts- und ein positives Betriebsbewusstsein. Ungerechtigkeits- und Missachtungserfahrungen sind demnach bei den ArbeiterInnen zwar weit verbreitet; allerdings bestehe zwischen »identiätsstiftendem Betriebs- und kritischem Gesellschaftsbewusstsein (…) subjektiv kein Zusammenhang« (Dörre u. a. 2011, 22). Konflikte werden im Betrieb durchaus gemacht. Dennoch wird dieser überwiegend als ein Ort der Stabilität und Sicherheit wahrgenommen.

Es wäre gleichwohl irreführend, würde man den befragten ArbeiterInnen ein harmonisches Betriebsbewusstsein unterstellen. Laut Hajo Holst und Ingo Matuschek sind die befragten ostdeutschen ArbeiterInnen durchaus unzufrieden mit ihrer betrieblichen Situation. Nicht zuletzt beklagen sie die fehlende Leistungsgerechtigkeit (Holst/ Matuschek 2011, 174). Mehrheitlich sehen sie ihr Beschäftigungsverhältnis außerdem als unsicher an. Insofern konstatiert auch die Jenaer Forschergruppe deutliche betriebsbezogene Ungerechtigkeitswahrnehmungen. Und doch: Weder die Wahrnehmung von Leistungsungerechtigkeit noch die Unsicherheitsgefühle erschüttern die grundsätzlich positive Sicht auf den eigenen Betrieb (Dörre u. a. 2011, 29 f.).

Gerade dieses robuste ›Sonderbewusstsein‹ sei es paradoxerweise, aus dem sich eine Kritik am globalem Kapitalismus speise. Motor dieser Kritik ist die Angst, dem als ungerecht wahrgenommenen Gegenwartskapitalismus könnte die als sozial geschätzte Orientierung des eigenen Unternehmens zum Opfer fallen (ebd., 29 f.). Kurz: Beschäftigte kritisieren die betrieblichen Entwicklungen also durchaus, halten aber an ihrem Unternehmen fest. Anders als die Autorengruppe es interpretiert, zeigt sich nach meinem Dafürhalten darin allerdings weniger ein »robustes Sonderbewusstsein« als die Angst vor dem Verlust des Erreichten, aus der sich eine Gleichzeitigkeit von Betriebskritik, Festhalten an Errungenschaften und dezidierter Gesellschaftskritik speist.

6.2
Verarbeitungsweisen in
prekären Dienstleistungsbereichen

Die Beschäftigten, die in den dargestellten Untersuchungen befragt wurden, arbeiteten in Großbetrieben der Metall- und Elektroindustrie. Aber auch in Dienstleistungssektoren, in denen prekäre Arbeitsformen weit verbreitet sind, lassen sich Verarbeitungsweisen nachzeichnen, an die GewerkschafterInnen anknüpfen können. Prekarisierung diszipliniert diese Beschäftigten nicht nur, in den Betrieben entstehen auch erhebliche Ungerechtigkeitsgefühle. Oft sind sie aber mit Ohnmachtswahrnehmungen verbunden. Bei vielen der interviewten prekären LeiharbeiterInnen finden sich außerdem entschärfende Deutungen und restriktive Handlungsorientierungen, die pragmatische Arrangements mit dem Status Quo ermöglichen (Kap. 3.1). Entscheidend für gewerkschaftliche Praktiker ist daher, ob demobilisierend wirkende Handlungsorientierungen verändert und entschärfende Deutungen aufgelöst werden können. In meiner Studie »Zwischen Disziplinierung und Gegenwehr« (Goes 2015) habe ich auf der Basis von Interviews mit prekarisierten Normalbeschäftigten, LeiharbeiterInnen und Betriebsräten Deutungsmuster rekonstruiert, mit deren Hilfe diese ihre Situation verarbeitet haben. Es handelt sich um die Muster »Staatsorientierter Sozialpopulismus«, »Exklusiver Sozialpopulismus«, »Hauptsache Arbeit« und »Arrangierte Unzufriedenheit und eingeforderte Unterwerfung«[13].

Typisch für das Deutungsmuster »Staatsorientierter Sozialpopulismus« ist die Kritik daran, wie Beschäftigte durch das Management behandelt werden, insbesondere am Arbeitsdruck, an einer reinen Instrumentalität des Managements den Arbeitskräften gegenüber und an der sich ausbreitenden Beschäftigungsunsicherheit, wie sich anhand der Überlegungen des Leiharbeiters Jürgen zeigen lässt, den die Rücksichtslosigkeit des Managements enttäuscht. Er pointiert dies in einem bemerkenswerten Bild: »Weil es den Chef nicht interessiert, für den sind wir ein Auto, und so lange das Auto fährt, ist die Welt in Ordnung. Und wie jeder normale Deutsche eigentlich sein sollte, wird versucht, eben das Auto so günstig wie möglich zu verfahren. Aber das läuft da oben (im Betrieb, T. G.) nicht, da ist es eher ein Traktor, ein Nutzfahrzeug, es wird nur das an Sprit reingekippt, was das Ding eben unbedingt zum Fahren braucht, das Ding kommt nicht in die Wäsche, das Ding wird nicht abgeschmiert, das Ding wird einfach nur gefahren.« Und kurz vorher: »Es ist jeder nur irgendeine Nummer. Wenn man kaputt geht, gibt es halt einen neuen.«

Derartige Kritiken, die sich auf die Beziehung zwischen Beschäftiger und Arbeitskräften beziehen, sind mit Problematisierungen wachsender sozialer Ungleichheit und einer starken Enttäuschung über PolitikerInnen verbunden. Beides wird in einer eigensinnig »gemeinwohlorientierten« Perspektive vorgetragen und führt ein antagonistisches Verhältnis ein, wie sich auch anhand einer Gruppendiskussion zwischen Betriebsräten verdeutlichen lässt. Den Rahmen bietet eine Idealisierung der Vergangenheit: Früher habe es eine Wirtschaft ge-

---

13 Das Muster »Exklusiver Sozialpopulismus« stimmt weitgehend mit dem Staatsorientierten überein. Es unterscheidet sich lediglich durch ambivalentere Abgrenzungen gegenüber anderen Beschäftigten. Das Muster »Arrangierte Unzufriedenheit« findet sich dagegen lediglich bei zwei Beschäftigten. Ich konzentriere mich deshalb im Folgenden aus Platzgründen auf die Darstellung des »Staatsorientierten Sozialpopulismus« und des Musters »Hauptsache Arbeit«.

geben, die allen Teilen der Bevölkerung genutzt habe.«Und vielleicht auch noch in den 60ern, dass das Geld in der Volkswirtschaft wirklich zirkuliert hat, also man hat gearbeitet und hat Geld verdient, man hat es ausgegeben und derjenige, der dann mein Geld erhalten hat, der hat es dann wieder genauso gemacht, und alle haben im Grunde am Wohlstand teilgenommen. Aber irgendwann kam dann die Zeit, dass irgendwelche Leute meinten diesen Kreislauf zu unterbrechen, das Geld aus dem Kreislauf abzuziehen für sich selber.« Nur durch den Interessenegoismus weniger wurde das Wohl aller gestört, eine Feststellung, die direkt zur Auseinandersetzung mit der wachsenden Ungleichheit durch einen anderen Betriebsrat führt: »Die Schneise wird immer größer zwischen Arm und Reich. Früher warst du als Arbeitnehmer Mittelschicht, heute gehst Du acht Stunden am Tag keulen und weißt trotzdem nicht mehr, wie du mit dem Sprit zurechtkommst, während der Chef mit dem Firmenwagen an dir vorbeifährt und fett grinst.«

Im Zentrum dieser kritischen Deutungen steht einerseits »das kleine Volk«, »der kleine Mann«, der ausgenutzt und für seine Leiderfahrungen nicht angemessen entschädigt wird; andererseits Eliten, die nicht im Sinne des mit den Beschäftigteninteressen identifizierten Allgemeinwohls handeln: »Und dass das ein Arbeitgeber machen kann, also da krieg ich das kalte Kotzen.« Im Gegensatz dazu wird eine Politik im Interesse des Volkes erwartet. Als Gegner der eigenen Interessen werden so nicht nur ökonomische Eliten, sondern – aufgrund ihres Fehlverhaltens – auch politische Akteure gesehen, die – eigentlich – das Wohl aller verfolgen sollten: »Peter, ich vertrete ja die These, man sollte den Politikern vielleicht noch mehr geben aber im Gegenzug muss man dafür verlangen, dass sie in keinem Aufsichtsrat sitzen und gar nichts, dass sie vollkommen unabhängig wären. Dann könnten sie von mir aus auch 50.000 Euro bekommen und wären darauf nicht mehr angewiesen und müssten auch nicht mehr auf die Befindlichkeiten ihrer Geldgeber Rücksicht nehmen. Wichtig wäre, dass sie wieder Entscheidungen treffen für die Leute, von denen sie eigentlich gewählt worden sind, ja? Und nicht nur für ihre Interessenvertreter, für die Industrie.«

Gleichzeitig werden »die Politik« und »die Wirtschaft« als legitime Akteure der Veränderung gesehen. Da erwünschte Verbesserungen aber nicht bewerkstelligt werden, ziehen sie zugleich Kritik auf sich. Ökonomische und politische Eliten werden zugleich als Verursacher und mögliche Löser wahrgenommener Probleme interpretiert. Das Ergebnis ist eine starke und leicht zu enttäuschende Erwartungshaltung ihnen gegenüber. Erklärt werden solche Enttäuschungen, indem »die Politik« in einer materiellen Abhängigkeit von »der Wirtschaft« oder sogar als direkt von dieser gelenkt gesehen wird. Bei einer Festangestellten heißt es: »Ich finde das eine Schweinerei irgendwo, dass die sich da oben alle gesund stoßen auf unsere Kosten. Uns nehmen sie das ganze Geld weg, was wir uns teuer erarbeiten. Und die Lobbyisten da oben, die stecken sich das Geld ein und unsereins muss dafür blechen. Die Politiker, die schmeißen sich doch mit denen zusammen.«

Die typischen Handlungsorientierungen dieses Deutungsmusters sind durch einen Dualismus zwischen einer Haltung des »Man müsste sich gemeinsam wehren« und einem alltagsbezogenen Pessimismus charakterisiert. Letzterer kommt zum Tragen, sobald es um konkretere Möglichkeiten der Gegenwehr etwa im betrieblichen Alltag geht, wie abschließend exemplarisch anhand der Orientierung eines Leiharbeiters angedeutet werden kann, die durch eine Exitoption geprägt ist. Sie nimmt die Form des Wunsches an, sich in absehbarer Zukunft selbständig zu machen. Bis zu diesem Zeitpunkt allerdings habe er die ihn bedrückenden Bedingungen noch zu ertragen. Konkreter Gegenwehr hingegen steht er skeptisch gegenüber: »Ich bin im Moment nicht zufrieden mit diesem Gehalt und auch mit der Art, wie man da halt arbeitet, das ist halt ein bisschen zu schwer. Aber wie gesagt, wie soll man sich dagegen wehren? Außer zu sagen, ich muss es erstmal machen.« Hier greift auch die disziplinierende Angst vor dem Arbeitsplatzverlust Raum. Gleichwohl kombiniert sich auch dieser konkrete Pessimismus mit einer Haltung, die Gegenwehr – unverbindlich – als notwendig behauptet: »Was ich tun könnte? Indem ich mich vielleicht eher betrieblich engagiere. Weil es auch wegen der öffentlichen Meinung, eigentlich im Betrieb eigentlich zu still ist. Ja, theoretisch kann man es nur ändern, indem man die, die es betrifft, auf die Füße tritt. Aber wie gesagt, dann dürfte man auch wieder nicht alleine dastehen.«

»Hauptsache Arbeit«

Das Deutungsmuster »Hauptsache Arbeit« fand sich oft bei LeiharbeiterInnen. Im Fokus steht das Interesse, überhaupt einer Erwerbsarbeit nachzugehen – Arbeit zu haben gilt als großes Glück. Das Fundament dieser Bewertung bilden typische Deutungen der Arbeitsmarktsituation und Beschäftigungschancen, die zu einer Würdigung von Leiharbeit führen: Die gesellschaftlichen Handlungsbedingungen sind schlecht, als konkrete Alternativen zur Leiharbeit drohen Erwerbslosigkeit und Hartz Vier.

Unzufriedenheiten entstehen dennoch, sie entzünden sich z. B. an der Entlohnung, am Betriebsalltag oder an erfahrener sozialer Benachteiligung. Im Unterschied zum Sozialpopulismus, bei dem eigentümliche Allgemeinwohlorientierungen zu finden sind, reduzieren sich diese Problemwahrnehmungen auf die individuellen Anliegen. Mit Blick auf die Frage nach den Möglichkeiten und Schranken des Interessenhandelns ist von herausragender Bedeutung, dass keine offen ausgedrückten Ungerechtigkeitswahrnehmungen entstehen. Hierzu ein Beispiel: Eine Leiharbeiterin Karola kritisiert zwar niedrige Löhne, empört sich aber nicht: »Wir sind ganz einfach arm geworden, ne? Weil das Geld, was wir verdienen, ist das genau für Essen, für Benzin, für einfache Anziehsachen. Muss man auch sagen. Aber sowieso, ich bin glücklich, weil wir haben keine Chance, in eine Firma reinkommen.«

Empfundene Unzufriedenheiten und soziale Unsicherheiten, die die eigene Lebensführung destabilisieren könnten, können durchaus durch die Beschäftigten selbst entschärft werden. Entsprechende »entschärfende und stabilisierende Deutungen« ermöglichen den Beschäftigten »pragmatische Arrangements« mit einer Umwelt, die explizit nicht als zufriedenstellend und harmonisch wahrgenommen wird. Bei einer der befragten Zeitarbeitskräfte geschieht dies beispielsweise durch die »Übernahme von Eigenverantwortung«. Er ist zwar keines-

wegs zufrieden mit seiner Leiharbeiterexistenz, übernimmt aber die
Verantwortung für seine Situation und verbietet es sich, sich darüber
zu empören. Deutlich, wenn auch indirekt, zeigt sich das in einem Abschnitt, in dem er Arbeitskollegen kritisiert: »Die kommen da ange-
laufen, als hätten die schon zwanzig Stunden gearbeitet. So Gesichter
muss ich mir nicht angucken. Arbeiten muss ich bis zum Rentenalter,
hätte ich vor dreißig, vierzig Jahren schon einmal was tun müssen,
um nicht hier jetzt zu sitzen. Hätte ich mich mehr angestrengt in der
Schule und hätte mehr gelernt, würde ich jetzt auch was anderes machen. So habe ich halt die Laufbahn des Arbeiters eingeschlagen und
so werden wir sie jetzt auch fertig beenden.« »Stabilisierend« wirken
solche Deutungen, wenn sie die Umwelt nicht als bedrohlich, sondern
als bewältigbar erscheinen lassen, z.B. durch eine »Wende nach Innen«, wie sie bei einer anderen Leiharbeiterin zu finden ist. Diese de-
thematisiert ihre Lebens- und Arbeitsbedingungen zum Teil. Obwohl
sie sozial tief abgestiegen ist, gelingt es ihr, in ihren eigenen Worten,
›glücklich‹ zu sein, indem sie sich bewusst nicht kritisch mit ihrer Umwelt beschäftigt. Als sie auf den niedrigen Lohn der LeiharbeiterInnen
angesprochen wurde, den sie zuvor im Interview bemängelt hatte, reagierte sie ausweichend: »Ja, aber was ändert das jetzt, wenn ich mich
darüber aufrege? Es ändert nichts, ich mache mir nur mein eigenes
Leben zur Hölle. Und so habe ich da halt meine 900 Euro und ich
komme damit klar, ich verzichte eben auf dieses und jenes.«

Anders als im Muster »Staatsorientierter Sozialpopulismus« finden
sich jedoch kaum offensiv vorgetragene Abgrenzungen gegenüber
dem Management oder politischen Eliten als möglichen Gegnern des
Interessenhandelns. In alledem drückt sich allerdings kein harmonisches Betriebsbewusstsein aus. Das Interesse von Unternehmen an
Kostenminimierung und Gewinnmaximierung wird z.B. durchaus als
eigentlicher Grund für Leiharbeit oder Niedriglöhne gesehen. Scharfe Schuldzuschreibungen, durch die sich ein klares »Beschäftigten-
Wir« als potenzielle Solidargemeinschaft herausbilden könnte, fehlen
allerdings. Und trotz offener oder latenter Kritiken am Status Quo
ermöglichen es »entschärfende und stabilisierende Deutungen« den
Beschäftigten, sich pragmatisch in die gegebenen Arbeits- und Le-

bensbedingungen einzufügen. Die Handlungsorientierungen sind dabei von wahrgenommener Ohnmacht geprägt, die einen nüchternen Pragmatismus fördern.

6.3
Gewerkschaftliche Organisierungsrohstoffe in der Zuliefererindustrie Automobil

Während bereits Verarbeitungsweisen von Arbeitern diskutiert wurden, die in Großbetrieben beschäftigt waren (u. a. bei großen Automobilherstellern), rücken nun die Sichtweisen von Beschäftigten aus Zulieferfirmen der Automobilindustrie in den Fokus[14]. Im Unterschied zu den Verarbeitungsweisen der Beschäftigten aus den Großbetrieben der Metall- und Elektroindustrie kristallisieren sich bei ihnen erhebliche Ungerechtigkeitswahrnehmungen heraus, die sich zugleich auf den Betrieb und die Gesellschaft beziehen.

Niedrige Löhne und eingeschränkte Teilhabe
Insbesondere von LeiharbeiterInnen wurde wiederholt der Zusammenhang zwischen einer Verdichtung der Arbeit im Betriebsalltag, niedrigen Löhnen und den steigenden Gewinnen des auftraggebenden Unternehmens hergestellt: »Der Lohn ist ein Witz. Drei-Schicht-System. Du buckelst und buckelst in Akkordarbeit. Und es kommt immer mehr dazu, es wird nicht weniger – und wenn man dann sieht, was der Auftraggeber wirklich verdient!« Niedrige Löhne führen die Beschäftigten nicht nur auf das Ungleichverhältnis zwischen Zulieferer und Endhersteller, sondern auch relativ direkt auf eine falsche Verteilung zwischen ›Chefs‹ und ›Unten‹ zurück. So heißt es in einer anderen Diskussion: »Man sollte mal das Problem lösen, dass […] in den ersten ein, zwei Chefetagen das Geld da ist und nach unten gespart werden muss.« Und in einem weiteren Gruppengespräch: »Das eigentlich Zepter in Deutschland haben die Wirtschaftsbosse in der

---

14 Zu Grunde liegen Gruppendiskussionen mit 22 Beschäftigten aus 9 Zulieferbetrieben der Konzerne Porsche und BMW.

Hand. Die haben 3,9 Milliarden Gewinn gemacht, das ist denen aber nicht genug. Sie sagen dann, wir müssen die Belegschaften reduzieren.«

Wachsende Ungleichheit und Zerstörung regionaler Entwicklungsmöglichkeiten
Allerdings: So sehr die eigene Benachteiligung als ungerecht kritisiert werden mag, so wenig beschränkt sich die Bewertung darauf. Vielmehr werden die direkten Folgen niedriger Löhne mit gesellschaftsbezogenen Problematisierungen verbunden. Das zeigt sich etwa in der Deutung ›Die Mittelschicht verschwindet‹, die innerhalb der Diskussionen weit verbreitet ist: »Die Mittelschicht macht den größten Teil von unserem Land aus, und wenn sie die immer weiter runter drücken, die die ganze Last von oben tragen? Dann gibt es bloß noch Arm und Reich. Das Eis wird immer dünner.«

In einer anderen Gruppendiskussion werden die Thematisierung unternehmerischer Flexibilisierungsstrategien und die damit verbundenen Niedriglohnstrategien in einen unmittelbaren Zusammenhang mit der wirtschaftlichen Entwicklung in der Region gebracht: »Ich kenne das auch aus meiner eigenen Erfahrung, dass sich auch schwer getan wird, Beschäftigung aufzubauen. Ein Instrument der Automobilhersteller ist es, alles auszulagern. Da gibt es dann Firmen in der Firma, teilweise dann noch eine Unterfirma. Ich habe Leute kennengelernt, die bei BMW im Werk arbeiten. Denen gehört nichts, die haben teilweise keine eigenen Schränke, weil sie dort nur überlassen werden. Und das nimmt immer größere Auswüchse an. Ich finde auch nicht, dass die Aussage ›nur niedrige Löhne können Wohlstand sichern‹ richtig ist. Wohlstand kann man nicht erreichen, indem man den Leuten nichts bezahlt. Das Geld muss zirkulieren, die Leute müssen es in die Region stecken können, wenn es die Region stärken soll. Das funktioniert nicht, indem man 6 bis 8 Euro die Stunde hat. Wie soll man ein Leben ordentlich führen?« Niedrige Löhne schwächen in dieser Sichtweise den regionalen Wirtschaftskreislauf, während – wie es später heißt – das Geld eigentlich doch ›zirkulieren‹ und so die wirtschaftliche Nachfrage und infolge dessen die Investitionen vor Ort stärken müsste.

Ein in allen Diskussionen auftauchendes Problem betrifft die Qualität der Arbeit und die Sicherheit der Beschäftigung vor Ort und in der Region. Eine verbreitete Deutung, die zwar transportiert, so aber kaum auf den Punkt gebracht wird, lautet: Es ist zwar fast jederzeit möglich ›irgendeine‹ Arbeit am boomenden Standort zu finden – die Angst vor der Erwerbslosigkeit wirkt in dieser Hinsicht also nicht unmittelbar und bruchlos disziplinierend –, die Qualität und die Sicherheit der Jobs sei aber gering. Ohne den Umweg über Zeitarbeitsverhältnisse oder Befristungen, ein festes Beschäftigungsverhältnis zu erhalten, gilt daher als Ausnahme. Eine mögliche Folge dieser Wahrnehmung ist eine wachsende Konfliktbereitschaft, ist es doch in der Sicht der Betroffenen relativ problemlos möglich einen vergleichbaren schlechten Job schnell zu finden, sollte man entlassen werden. Das von Unternehmen häufig genutzte Argument, nur durch längere Arbeitszeiten zu geringeren Löhnen könnten vor Ort Arbeitsplätze erhalten oder gar geschaffen werden, wird vor diesem Hintergrund kritisch zurückgewiesen: »Wenn so gesagt wird, man könnte mehr Arbeitsplätze schaffen, wenn wir da ein bisschen länger arbeiten für weniger Geld, dann stimmt das nicht. Bei uns wurden die Arbeitslosenzahlen zwar halbiert, aber die Stadt hier ist trotzdem an zweiter Stelle, was den Niedriglohnsektor angeht. Machen wir uns nichts vor, […] die Arbeitsplätze gibt es – selbst dann, wenn wir jetzt teurer wären, dann müssten die erledigt werden.«

Unsicherheit, Druck und Flexibilitätsbereitschaft
ZeitarbeiterInnen kritisierten nicht zuletzt die erwerbsbiografische Planungsunsicherheit, die aus Hire-and-Fire-Personalpolitiken folgt. Klar ist dabei allerdings auch, dass Zeitarbeit als personalpolitisches Instrument keineswegs insgesamt abgelehnt wird. Eine verbreitete Haltung lässt sich am besten als »Zeitarbeit ja, aber nur als Sprungbrett in feste Beschäftigung« zusammenfassen. Dem gegenüber steht eine kritisierte betriebliche Realität, in der ZeitarbeiterInnen häufig über Jahre eingesetzt werden, ohne eine Chance auf Festbeschäftigung zu sehen. Zeitarbeit und Befristungen sind in der Erfahrung der DiskussionsteilnehmerInnen eben kein Sprungbrett in die Normalbe-

schäftigung. Gewerkschaftspolitisch ist in diesem Zusammenhang brisant, dass diese Kritik zugesteht (ob bewusst oder unbewusst), prekäre Beschäftigungsverhältnisse dürften durch die Unternehmen nicht nur genutzt werden, um unter außergewöhnlichen Umständen Personalschwankungen abzufedern, sondern um geeignetes Personal zu suchen und zu sortieren.

Die Kritiken an der Art, wie Zeitarbeit betrieblich genutzt wird, erschöpfen sich nicht im Wunsch nach mehr Planungssicherheit. Verbunden werden sie – hier ähneln die Deutungen der Beschäftigten aus der Zulieferindustrie den unter 6.2 rekonstruierten – mit einer Unzufriedenheit über die unmenschliche Zweck-Mittel-Rationalität der Beschäftiger, in der Arbeitskräfte aus den einfachsten Gründen schnell ausgetauscht werden. Weder das eigene Selbst, noch erbrachte Leistungen werden durch die Geschäftsleitungen gewürdigt. »Vor allem wenn irgendwas passiert auf der Arbeit, dann sagen die ›Ach, der arbeitet schlecht – kommt der nächste Zeitarbeiter‹. Wenn du dafür nicht mehr geeignet bist, kommt einfach der nächste. Du bist für die nur eine Nummer, du arbeitest da und wenn du deine Leistung nicht bringst, dann wirst du abgesetzt. Das ist eigentlich nicht menschlich.«

Rückenwinde und Hürden der gewerkschaftlichen Organisierung
An diese Ungerechtigkeitswahrnehmungen und behutsam formulierten Betriebs- und Gesellschaftskritiken können Gewerkschaften anknüpfen. Sie lassen sich als vorhandene Brücken hin zur gewerkschaftlichen Organisierung verstehen, die vielleicht schmal, dafür aber durchaus stabil sind. Neben diesen Brücken existieren allerdings auch Verarbeitungsweisen, die Solidarität und interessenpolitisches Engagement eher blockieren dürften. Von herausragender Bedeutung könnte dabei die ›Reduktion von Ansprüchen‹ sein, wie sie auch in den Deutungen der Großhandelsbeschäftigten zu finden waren (Kap. 6.2). Solche Reduktionen sind eine Voraussetzung dafür, sich an die objektiv schlechten Beschäftigungsbedingungen anpassen zu können. Das lässt sich exemplarisch etwa anhand einer Auseinandersetzung innerhalb einer Gruppendiskussion veranschaulichen, die sich anlässlich der Einschätzung eines Teilnehmers entwickelte, wonach eine

Familiengründung aufgrund der niedrigen Löhne und der flexiblen Arbeits- und Beschäftigungszeiten kaum möglich sei. Diskutiert wurde im Anschluss, ob die Ansprüche, die – als Bedingung der Familiengründung – nicht erfüllt werden können, nicht zu hoch seien. Unter anderem geht es um die Frage, ob der Wunsch, ein Auto kaufen zu können, vermessen ist oder nicht:

B: Ich habe auch kein Auto.

A: Ja, aber was ist Lebensstandard? Was willst du? Du willst eine Familie gründen, Du willst ein Auto, ein Haus.

C: Wenn man nur 1.000 Euro im Monat hat, dann kann man keine Wohnung mieten für 800 Euro. Die meisten, die ich kenne, haben zu hohe Mieten.

B: Wozu braucht man ein überhaupt ein Auto? Ich komme zum Werk besser mit dem Bus als mit dem Auto.

A: Klar, das ist nicht einfach der grundsätzliche Lebensstandard, das ist ein Luxusgegenstand. Aber trotzdem.

B: Man kann auch *eine Familie gründen mit Kindern und ohne Auto*.

Was hier sichtbar wird, ist eine Neuverhandlung dessen, was als gerechtfertigter Konsumstandard zu gelten hat. In dieser kurzen Sequenz deutet sich m.E. die Auswirkung der ›sozialmoralischen Umerziehung‹ an, von der in Kapitel 5 die Rede war. Sinkt die Anspruchshaltung, dann wächst die Hinnahmebereitschaft – denn Ungerechtigkeitsgefühle entstehen nur dann, wenn Betroffene Ansprüche missachtet sehen, die als normal und gerechtfertigt betrachtet werden.

6.4
Möglichkeiten und Schranken
gewerkschaftlicher Erneuerung

Die dargestellten empirischen Befunde verdeutlichen erhebliche Unzufriedenheiten mit dem betrieblichen und gesellschaftlichen Status Quo. Insofern entstand in Folge der langen Wende zum Neoliberalismus und der Zumutungen einer flexibilisierten und prekarisierten Arbeitswelt durchaus eine »politische Produktivkraft moralischer Empörung«, von der am Anfang dieses Kapitels die Rede war.

Die erörterten Studien legen den Blick aber auch auf widersprüchlich anmutende Verarbeitungsweisen frei, in denen Mobilisierungs- und Solidaritätspotenziale mit ihrem Gegenteil kombiniert sind. Doch selbst das Festhalten am eigenen Unternehmen als einem »sicheren Hafen« trotz vorhandener Betriebskritik und die Verschiebung von Kritik, die auch im betrieblichen Alltag wurzelt, müssen keineswegs demobilisierend wirken, wenngleich diese Möglichkeit besteht. In keinem Fall handelt es sich dabei m. E. um Verarbeitungsweisen, die die Beschäftigten stabil und widerspruchslos in die Betriebe integrieren. Sie sind ambivalent, ihr »transformatorisches Potenzial« wurzelt gleichwohl in den dargestellten Momenten der Betriebs- und Gesellschaftskritik.

Es ist schwerlich zu bestreiten, dass die oben dargestellte Unterscheidung zwischen einem guten Betrieb und einer schlechten Gesellschaft Potenziale für eine interessenpolitische Integration der Beschäftigten in das betriebliche Herrschaftsregime birgt: Der gute Betrieb, so eine denkbare Schlussfolgerung, wäre durch hohe Arbeitsleistungen und interessenpolitische Zurückhaltung im Wettbewerb zu sichern. Allerdings ist dies nur eine Möglichkeit, andere sind nicht zuletzt aufgrund der dennoch vorhandenen Betriebskritiken zumindest denkbar. Mehr noch, die eigensinnige Kapitalismuskritik, die sich aus der Angst speist, der »sichere Hafen« des eigenen Unternehmens könnte einem irrlichternden Profitstreben zum Opfer fallen, könnte wohlmöglich auch zum Ausgangspunkt für eine soziale, demokratische und nachhaltige Betriebs- und Arbeitspolitik der Gewerkschaften gemacht werden. Zumindest denkbar ist, dass Gewerkschaften in den Augen von Beschäftigten zu Garanten des Erhalts von Arbeitsplätzen und Beschäftigungsstandards sowie zu Agenturen des Gemeinwohls avancieren. Kritische Deutungen permanenter Rationalisierungs- und Flexibilisierungszumutungen, die zusammenfallen mit der Sorge um die Lebenschancen in der Region, könnten dabei weitere Anknüpfungs- und Ausgangspunkte bieten. Sicherlich, dies geschieht nicht von selbst. Wichtig sind dafür eigenständige gewerkschaftliche Gestaltungs- und Entwicklungskonzepte in den Feldern der Regional-, Betriebs- und Unternehmenspolitik, die den Belegschaften einen sozial nachhaltigen und wirtschaftsdemokratischen Entwicklungspfad plausibel machen. Bereits dessen Entwicklung, sicher aber seine Verwirklichung, verlangt nach einer eigenständigen und konflikt-fähigen Interessenpolitik, in der das Interesse an nachhaltiger Ent-wicklung der Wertschöpfung mit Programmen verbunden wird, die die wirtschaftliche und soziale Entwicklung der Regionen zu stärken suchen. Dabei ginge es um die Durchsetzung gemeinwohlorientier-ter gewerkschaftlicher Reformmodelle, die eine Orientierung an den Profitinteressen der Unternehmen nicht sinnvoll macht. Im Gegen-teil, derartige wirtschaftsdemokratische Ansätze kollidieren mit den privaten Verwertungsinteressen der Profitabhängigen und fordern Kapitalmacht heraus (Kap. 8.3). Gewerkschaften, die durch eigenes politisches Agenda-Setting und durch eine möglichst inklusive Solida-ritätspolitik Entwicklungschancen der Unternehmen und Regionen gegen das Management verteidigen, könnten in Belegschaften gleich-wohl neuen Anklang finden.

Auch die Prekarisierung der Arbeitsgesellschaft, das zeigen die Be-funde aus dem Großhandel, erschöpft sich nicht in Disziplinierung und konkurrenzgetriebener Individualisierung, die die Handlungs- und Organisationsmacht der Betroffenen schwächen würden. Die unter 6.2 dargestellten Deutungsmuster bergen unterschiedliche Möglich-keiten und Schranken des Interessenhandelns. Der »Staatsorientier-te Sozialpopulismus« öffnet aufgrund der Verbindung von betriebs-und gesellschaftsbezogenen Ungerechtigkeitswahrnehmungen, die sich gegenseitig verstärken, starke Potenziale für gewerkschaftliches Handeln. Da insbesondere ökonomische und politische Eliten für die wahrgenommenen Probleme verantwortlich gemacht werden, kris-tallisieren sich auch klare Antagonismen heraus. Schwächer, aber in ähnlicher Weise gilt dies auch für die Verarbeitungsweisen, die bei Be-schäftigten in Zulieferbetrieben der großen Autohersteller gefunden wurden. Die verdichtenden Verantwortungszuschreibungen an politi-sche Eliten enthalten sogar Spuren einer Politisierung ökonomischer Klassenkonflikte – es deutet sich ein Brückenschlag zwischen ihnen an, der i. d. R. in der Alltagswahrnehmung gerade nicht als sinnfällig gelten kann (Wood 2010, 55), weil ökonomische und politische Herrschaft in demokratisch-kapitalistischen Gesellschaften nicht identisch sind (ebd., 52 f.). Allerdings sehen sich die Leiharbeiter, Normalbeschäftigten und Betriebsräte, bei denen sich dieses Deutungsmuster fand, nicht unbedingt als diejenigen, die notwendige Veränderungen im Betrieb oder in der Gesellschaft machtvoll durchsetzen können, eher im Gegenteil – auch dies eine Parallele zu den Beschäftigten in den Zulieferbetrieben.

Mit Blick auf die jüngere Debatte um die Erneuerung gewerkschaftlicher Politik ist deshalb festzustellen, dass auch diese Potenziale, die mit Ohnmachtserfahrungen kombiniert sind, vermutlich erst im Zuge einer konfliktorientierten und auf Selbsttätigkeit der Beschäftigten ausgerichteten Politik aktiviert werden können. Es fehlen gewerkschaftliche Interpretationsangebote, die die politökonomischen Ursachen der eigenen Erfahrungen erklären helfen, und aktivierende politische Handlungsansätze, die Schritt für Schritt Erfahrungen des Mächtigseins vermitteln – sei dies nun im Rahmen von Organizingprojekten oder in der alltäglichen Betriebspolitik.

Ähnliches gilt, so paradox es zunächst klingen mag, auch für Beschäftigte, in deren Interviews sich das Muster »Hauptsache Arbeit« fand. Die typischen entschärfenden und stabilisierenden Deutungen stehen gewerkschaftlichem Engagement zunächst im Weg. Zwar gibt es viele Unzufriedenheiten, scharfe und lebendige Ungerechtigkeitswahrnehmungen, die als Voraussetzungen kollektiven Interessenhandelns gelten dürfen, fehlen aber. Die typischen Ohnmachtsgefühle hingegen wirken lähmend. Für gewerkschaftlich Aktive ist in diesem Zusammenhang entscheidend, als wie stabil die entschärfenden Deutungen und wie tragend die pragmatischen Arrangements sich erweisen. Kann es durch die eigene politische Arbeit gelingen, Lern- und Neuorientierungsprozesse zu ermöglichen, aufgrund derer Betroffene sich für solidarische Formen der Interessenpolitik öffnen? Immerhin: Das Muster »Hauptsache Arbeit« legt weder eine widerspruchslose Unterwerfung nahe, noch handelt es sich schlicht um »falsches Bewusstsein«. Vielmehr ermöglicht es – aus Perspektive des sich als ohnmächtig erfahrenden Einzelnen – überhaupt handlungsfähig zu bleiben. Denn die Auseinandersetzung mit den

eigenen Lebens- und Arbeitsbedingungen kann unter diesen Umständen nicht nur beunruhigen, der offene Konflikt etwa mit dem
Management würde auch die Gefahr bergen, noch das hart Errun-
gene zu verlieren (Markard 2009, 189 f.). Dennoch sind Veränderungen dieses Deutungsmusters gerade deshalb theoretisch möglich,
weil die dargestellten Unzufriedenheiten trotz der entschärfenden
und stabilisierenden Deutungen als Unruhepotenzial nicht ganz verschwinden.

Dass sich Deutungen von Menschen in Folge von Konflikterfah-
rungen und verändernden Arten des gewerkschaftlichen Handelns
ihrerseits stark verändern können, legen auch empirische Untersuchungen nahe, etwa die auf teilnehmender Beobachtung basierende
Studie »Cultures of Solidarity« (Fantasia 1988). Gewerkschaftliche
Erneuerungsversuche müssen das in Rechnung stellen. Dabei dürfte gelten, dass Angst und Ohnmacht durch exemplarische kleine
Erfolge, durch Beispiele des kollektiven Mächtigseins überwunden
werden können. Das klingt angesichts der oben festgestellten Gefüh-
le eigener Machtlosigkeit zunächst paradox, tatsächlich dürften sich
aber Ohnmachtserfahrungen, die sich im Verhältnis zu *den* Unternehmen oder *der* Gesellschaft verfestigt haben (und i. d. R. auf gelebten
Erfahrungen beruhen) lediglich erschüttern lassen, wenn im Kleinen
und im Nahbereich das Gegenteil erfahren wird: Die eigene Macht,
etwa Pausenzeiten beeinflussen oder gemeinsam mit KollegInnen
Überstunden- oder Toilettenregelungen verbessern zu können. Denn
Ohnmachtswahrnehmungen sind normal, sie sind nicht die Ausnahme. In den Worten von Aktiven des gewerkschaftlichen Netzwerkes
Labor Notes: »Es ist absolut nachvollziehbar, dass Leute so empfin-
den – insbesondere dann, wenn sie bei ihrer Arbeit tatsächlich immer unorganisiert und machtlos waren. Menschen sind es gewohnt,
sich anzupassen, um sich durchzuschlagen. Wenn Deine Kollegen nie
ihre organisierte Stärke gefühlt haben oder eine Gruppe gesehen haben, die durch gemeinsames Handeln selbst kleine Dinge verändern
konnten, weshalb sollten sie dann glauben, dass sie etwas verändern
könnten? Deine Aufgabe als Organisierer im Betrieb ist es Deinen
KollegInnen die Inspiration zu geben, dass genau diese Verbesserun-

gen möglich sind, wenn ihr zusammenarbeitet.« (Bradbury u. a. 2016, 11) Nicht die Delegation an stellvertretend agierende haupt- und ehrenamtliche Funktionäre, sondern die behutsame Einbindung in eine aktivierende, demokratisch-beteiligende und konfliktorientierte Gewerkschaftspolitik könnte daher Lösungen bergen.

7.
Hoffnungsfunken

Lernbewegungen in Betrieben und Gewerkschaften

Diese Befunde aus zwei Branchen lassen sich nicht einfach verallgemeinern. Sie zeigen dennoch exemplarisch ambivalente »Organisierungsrohstoffe« in Form von Betriebs- und Gesellschaftskritik auf, die auch Ergebnis der in Kapitel 5 dargestellten Umbrüche sind. Sie bieten GewerkschafterInnen Anknüpfungspunkte, um Lohnabhängigen- und Gewerkschaftsmacht neu aufzubauen. Wie also reagierten die Gewerkschaften auf die Angriffe und Herausforderungen, die das sozialpartnerschaftliche Gewerkschaftsmodell in die Defensive drängten?

Anders als sozialwissenschaftliche Beobachter noch in den 1970er Jahren erwartet hatten, führten die sozialökonomischen Entwicklungen, die mit dem Ende der Nachkriegs-Wachstumskonstellation einsetzten, keineswegs zu tiefen Umbrüchen des politischen Gewerkschaftsmodells in der Bundesrepublik. Die Anpassungsleistungen waren beträchtlich. Eine stärker konfliktorientierte Gewerkschaftspolitik ist innerhalb der DGB-Gewerkschaften zunächst nicht mehrheitsfähig geworden. Ein Teil der Anpassungsleistungen bestand darin, auf Ansprüche der Kapitalbesitzenden einzugehen und diese Konzessionsbereitschaft mit der Bewahrung bisheriger Errungenschaften zu verbinden – oder doch zumindest größere Übel zu verhindern. Zuweilen ist die Beharrungskraft alter Handlungsansätze auch auf die Stabilität und auf die Prägekraft der Institutionen der Arbeitsbeziehungen zurückzuführen, die das Verhältnis zwischen Lohnarbeit und Kapital vermitteln. Solche Institutionen, die sich über Jahre bewährt haben, prägen das Denken von Menschen und auch von politischen Bewegungen, die in diesen Einrichtungen zu arbeiten und leben gelernt haben – sie präformieren, welche Handlungsansätze überhaupt für realistisch, verantwortungsvoll und zielführend gehalten werden (Aglietta 2000, 21).

Dennoch gingen die Veränderungen, die ich in Kapitel 5 beschrieben habe, an den Gewerkschaften nicht spurlos vorüber. Besonders schmerzhaft waren die ab Ende der 1980er sinkenden Mitgliederzahlen. Während der Anteil der Erwerbstätigen unter den 16- bis 65-Jährigen (Erwerbsquote) von 66,2 (1970) und 69,0 (1989) auf schließlich 77,5 % (2014) gestiegen ist (Sachverständigenrat 2015), sank die Zahl der in DGB-Gewerkschaften Organisierten im gleichen Zeitraum von 6,7 Mio. (1970) und 7,9 Mio. (1989) auf 6,1 Mio. (2014) (DGB 2015). Der Anteil der Gewerkschaftsmitglieder an allen abhängig Beschäftigten (ohne Erwerbslose) sank dementsprechend von 36,3 % (1970), 35,7 % (1990) und 27,6 % (2000) auf 21,5 % (2012) (Greef 2014, 703)[15].

Weil tradierte Formen der Gewerkschaftspolitik angesichts der oben skizzierten Herausforderungen seltener geeignet waren, um erreichte Rechte und Teilhabechancen zu bewahren, setzten in Betrieben und lokalen Gewerkschaftsgliederungen, zum Teil auch in den Gewerkschaftsvorständen, neue Suchstrategien ein (Röttger 2008, 103), die darauf zielen die gewerkschaftliche Mobilisierungs- und Durchsetzungsfähigkeit zu erhöhen. Auf ganz praktische Art und Weise kristallisierten sich so strategische Handlungsalternativen zu den tradierten Politikansätzen heraus. Zum Teil wurden sie von Vorständen entwickelt, zum Teil wurden sie vor Ort erfunden. Innerhalb der Soziologie wurden diese strategischen Wahlmöglichkeiten und Erneuerungsexperimente unter den Stichworten »Strategic Unionism« (Brinkmann u. a. 2008; Schmalz/Dörre 2013) und Gewerkschaftliche Erneuerung (Hälker/Vellay 2007) diskutiert.[16]

---

15   1950 lag dieser Organisationsgrad bei 42,9 % und 1960 bei 37,9 %. Bis 1980 stieg er noch einmal auf 39 % an (Greef 2014, 703).

16   Ich verzichte darauf, im Weiteren die Zusammenschlüsse von Einzelgewerkschaften zu behandeln, die in Deutschland in den späten 1980er Jahren begannen und Multibranchengewerkschaften innerhalb des DGB entstehen

7.1
Vom Status Quo zum Co-Management

Dennoch stellen Experimente mit neuen Ansätzen der Organisierung, Kampagnenarbeit und Tarifpolitik, die darauf zielen Mitgliederstärke und Mobilisierungsfähigkeit wiederzugewinnen, lediglich eine der verbreiteten Reaktionen auf die veränderten Rahmenbedingungen dar. Ein anderer Ansatz besteht darin, am Status Quo festzuhalten, auf die gewohnten gewerkschaftlichen Routinen zu setzen und in das Funktionieren der bewährten Institutionen der Arbeitsbeziehungen zu vertrauen. Diese Verarbeitungsweise ist kein deutsches Alleinstellungsmerkmal, sondern ist in vielen Ländern der kapitalistischen Zentren beobachtbar, in denen Gewerkschaften unter Druck geraten sind (Fairbrother u. a. 2003, 2).

Eine gewisse Plausibilität haben diese Strategien aufgrund der ungleichen und kombinierten Wirtschaftsentwicklung, die zu einer klassen- und interessenpolitischen Pluralisierung führt. Die Folge sind erhebliche Unterschiede zwischen der institutionellen und gewerkschaftlichen Organisationsmacht etwa bei den Endherstellern in flexiblen Wertschöpfungsketten auf der einen, abhängigen Zulieferern oder der Systemgastronomie auf der anderen Seite. Während erstere Hochburgen der sozialpartnerschaftlichen Arbeitsbeziehungen darstellen, sind letztere eher Horte einer autoritären Macht, wie sie sich oft in Branchen findet, in denen überwiegend Prekäre arbeiten. Und wenngleich auch die Hochburgen der Sozialpartnerschaft Stück für Stück geschliffen werden, lassen sich gewerkschaftliche Strategien, die am Status Quo festhalten, insbesondere durch Verweise auf diese starken Sektoren rechtfertigen.

---

ließen. Von ehemals 17 Einzelgewerkschaften blieben nur mehr 8 übrig. Die größte Fusion brachte die Vereinte Dienstleistungsgewerkschaft (ver.di) hervor, aber auch die IG Metall nahm ehemals eigenständige Gewerkschaften (Holz und Kunststoff sowie Textil und Bekleidung) auf. Neben den Einzelgewerkschaften des DGB haben zudem kleinere Sparten- und Berufsgewerkschaften wie etwa Cockpit (für Piloten) oder die GDL (Lokomotivführer und neuerdings Zugpersonal) an Bedeutung gewonnen.

Eine weitere Lernbewegung führt zum Co-Management, einer gewerkschaftlichen Strategie, in deren Zentrum Wettbewerbsbündnisse zwischen BelegschaftsvertreterInnen und dem Kapital stehen. Dabei ist zwischen zahlenmäßig kaum erfassbaren informellen Bündnissen und bezifferbaren Vertragsabschlüssen, also formalen Wettbewerbspakten, zu unterscheiden. Informelle Bündnisse basieren auf einer verinnerlichten Haltung bei BelegschaftsvertreterInnen, die die Wettbewerbsfähigkeit der Unternehmen als dauernd präsente Zielgröße und Schranke des eigenen Handelns sieht. Formale Wettbewerbsbündnisse beruhen dagegen auf Verträgen zwischen Management und Repräsentanten der Beschäftigten. Dabei handelt es sich um vertraglich fixierte Tauschgeschäfte. In ihnen akzeptieren Belegschaften Verschlechterungen hinsichtlich des Lohnes, der Arbeitszeit oder der Arbeitsorganisation, um auf diesem Weg eine Standort- und Beschäftigungssicherung (teilweise auch Ausbildungsquoten und Neueinstellungen) zu erreichen (Behruzi 2015, 66-76).

Nicht alle GewerkschafterInnen, die derartige Pakte eingehen, sind Co-Manager. Bei Co-Management in Reinform findet eine autonome Vertretung von Belegschafts- und Beschäftigteninteressen kaum mehr statt. Sie wird vielmehr im Lichte der unternehmerischen Wettbewerbsfähigkeit organisiert. In diesem Sinne zielen Co-Manager darauf ab, die Verwertungsbedingungen »ihres« Unternehmens zu verbessern. Angetrieben werden sie häufig von der Hoffnung, dass im erfolgreichen Unternehmen Arbeitsplätze erhalten (oder gar geschaffen) und perspektivisch Arbeits- und Lohnbedingungen der Beschäftigten verbessert werden können. Das verdeutlichen etwa die Gegenleistungen, die Geschäftsleitungen in Wettbewerbspakten überwiegend anbieten. Laut einer Betriebsrätebefragung des WSI war dies zwischen 1999 und 2003 in 71% der Fälle der Ausschluss betriebsbedingter Kündigungen, in 53% wurde der Standorterhalt zugesichert, in 20% Investitionszusagen gemacht, in 12 bis 14% wurde der Verzicht auf Outsourcing in Aussicht gestellt und lediglich in 8% Neueinstellungen versprochen (ebd., 69). Man übertreibt also nicht, wenn man Co-Management auch als Strategie der Defensive und Verteidigung sieht, die auf Bewahrung und Schutz der Errungenschaften der

Belegschaften zielt. Nicht selten ist aber das Gegenteil der Fall, denn
– wie oben gezeigt wurde – Unternehmen suchen durch Outsourcing,
zurückhaltende Lohnpolitik, die Steigerung der Arbeitsproduktivität
und größere Arbeitszeitflexibilität profitabler zu werden. Zu bedenken ist in diesem Zusammenhang, wie unterschiedlich die Zusagen
von Belegschaftsvertretern und Managern sind. Die Konzessionen der
Belegschaften werden unmittelbar und zeitnah wirksam. In der Regel
sind sie auch dauerhaft. Zusagen des Managements sind dagegen Ver-
sprechen auf die Zukunft. Außerdem stehen sie in jeder Verhandlungs-
runde wieder in Frage (ebd., 73 ff.). Betriebsräte und Hauptamtliche,
die den Weg des Co-Managements gehen, führen ihre Belegschaften
daher häufig nicht nur auf den Weg des Verzichts, sondern auch auf
den der »exklusiven Solidarität«: Zwar ist es nur eine Möglichkeit und
längst keine Notwendigkeit, dass Co-Manager auch Outsourcing, flexible Randbelegschaften oder unterschiedliche Lohnlinie aktiv mit-
tragen. Aber die Akzeptanz des Leitbildes der Wettbewerbsfähigkeit
des ›eigenen Betriebs‹ und die Orientierung daran kann nur zu Lasten
von anderen Unternehmen und den dort arbeitenden Belegschaften
gehen. Die Wettbewerbsfähigkeit bayrischer Maschinenbauer wird
wohlmöglich auf Kosten nordrheinwestfälischer gesichert, Gewinne
der deutschen Autoindustrie zu Lasten der französischen Belegschaften gesteigert. Mit anderen Worten: Informelle wie formale Wettbewerbspakte setzen Belegschaften in ein schärferes Konkurrenzverhältnis (ebd., 86). Die Marktorientierung des Managements wird so von
Belegschaftsvertretungen übernommen und – ob bewusst oder nicht
– in den Belegschaften verankert. Wie sehr es den Betriebsräten und
betrieblich aktiven GewerkschafterInnen auch, im Gefühl mit dem
Rücken an der Wand zu stehen, darum gehen mag, Arbeitsplätze zu
erhalten: sie werden zu Akteuren und Sachwaltern von Rationalisie-
rungsprozessen, die nicht nur die Produktivität (und damit die Ausbeutung der Arbeitskraft) steigern und Kosten senken sollen, sondern
irgendwo Arbeitsplätze kosten.

Widersprüche zwischen einem weitreichenderen gewerkschaftlichen Solidaritätsanspruch und dem eigenen Handeln, oft aus der
Not geboren, sind Betriebsräten und GewerkschafterInnen, die als

Co-ManagerInnen agieren, durchaus bewusst, wie Horst Kern und Michael Schumann bereits Anfang der 1980er Jahre anhand der gewerkschaftlich mitgestalteten Rationalisierungspolitik innerhalb der Automobilindustrie verdeutlicht haben (Kern/Schumann 1990, 124 f.). Die Argumente für eine solche Politik sind derart typisch, dass sie hier trotz ihres Alters im Zusammenhang zitiert werden sollen: »Wenn sie (Betriebsräte der Automobilindustrie, T.G.) trotz allem keine Politik der Rationalisierungsblockade betreiben, sondern sich im Gegenteil im Grundsatz für ein Pro entscheiden, so geschieht dies nicht zuletzt aus schlichtem Mangel an Alternativen. Der Wucht des Arguments, daß – die Prämissen privatwirtschaftlicher Ökonomie als gegeben unterstellt – ihr Unternehmen innerhalb der Marktkonkurrenz nur zu halten ist, wenn es auf den Zug der Modernisierung aufspringt, kann ein Betriebsrat letztlich ebensowenig entgegensetzen wie der zur Not schmerzhaft sanktionierten Auffassung, daß es immer die Grenzbetriebe sind, die im konzertierten Wettbewerb als erste unter die Räder kommen. (...). Wie widerstrebend und durch wie viele Vorbehalte hindurch sie es im Einzelfall vielleicht erst akzeptieren: den Grundregeln kapitalistischer Produktion müssen sich die Betriebsräte in ihrer konkreten Politik unterwerfen – und diese aktuell unaufhebbare Notwendigkeit leitet sie heute geradewegs zu einer modernisierungsfreundlichen Grundhaltung. Nur unter der Voraussetzung, daß hier und heute investiert und modernisiert wird, scheint der Bestand ›ihres‹ Unternehmens und (...) ›ihres‹ Standortes gewährleistet.« (ebd., 124) Anders formuliert: Je weniger gemein- bzw. nicht-profitwirtschaftliche Alternativen zur privaten Profitwirtschaft Gewerkschaften zur Verfügung stehen, je weniger wirtschaftsdemokratische Gestaltungsalternativen konzeptionell entwickelt und als praktische Zielsetzungen auf die eigene Agenda gesetzt wurden, desto stärker der Sog zum Co-Management, wenn die Stunde des »wir oder sie« schlägt.

Dass Co-Management selbst im engsten Sinne keineswegs als Garant der Beschäftigungs- und Standortsicherung gelten kann, hat Daniel Behruzi anhand von Betriebsfallstudien bei Daimler und Opel gezeigt. Trotz geltender Wettbewerbspakte kam es in beiden Unternehmen zu Stellenabbau, bei Daimler gingen zwischen 2004 und 2014 rund 8.500 Arbeitsplätze verloren. Zwar kam es nicht zu Entlassungen, wohl aber zum Arbeitsplatzabbau. Für Opel gilt: »Zumeist enthielten die Vereinbarungen Ziele zur Reduzierung der Personalstärke. Trotz der bei Opel in kürzer werdenden Abständen geschlossenen Bündnisse ging die Zahl der Arbeitsplätze in Deutschland seit Anfang der 1990er Jahre von 56.800 auf 22.166 zurück. Obwohl General Motors in diesem Zeitraum neue Kapazitäten in Polen und Russland aufbaute, verringerte sich die Beschäftigung auch europaweit von 63.000 (2002) auf 37.000 (Dezember 2012).« (Behruzi 2015, 317)

Um auch hier Missverständnissen vorzubeugen: Co-Management als gewerkschaftliche Strategie stellt einen deutlichen Bruch mit dem sozialpartnerschaftlich-kooperativen Modell dar, da sie, sofern Co-Management in Reinform praktiziert wird, Formen autonomer Gewerkschaftspolitik weithin aufgibt. KritikerInnen haben dementsprechend darauf hingewiesen, dass Gewerkschaften, die den Weg des Co-Managements gehen, Gefahr laufen, nur noch exklusive Formen der Solidarität zu organisieren und soziale Teilhabe sowie Mindeststandards der Mitbestimmung lediglich noch für einen schrumpfenden Teil der Lohnabhängigen zu ermöglichen. Insbesondere die Verbetrieblichung der Tarifpolitik bietet hierfür enormen Raum. Co-Manager mögen »gleiches Geld für gleiche Arbeit« fordern, Leiharbeit aber gleichzeitig als notwendiges Instrument akzeptieren, damit das Unternehmen flexibel auf Auftragsschwankungen reagieren kann; es mag Betriebsräten durchaus ein ehrliches Anliegen sein, sich auch für die Belange fragmentierter Randbelegschaften einzusetzen – ohne ihre Rolle als betriebswirtschaftlich notwendiges Flexibilitätspuffer grundsätzlich in Frage zu stellen. Im Ergebnis drohen co-managerial agierende Gewerkschaften so »[...] zu bloßen Vertretungen von Pressuregroups, von Stammbeschäftigten spezifischer Branchen [...] zu werden.« (Dörre 2011, 287-288) Das bedeutet gerade nicht, dass Mitgliederinteressen grundsätzlich nicht mehr erfolgreich vertreten werden, co-manageriale Gewerkschaften demnach also der Bedeutungslosigkeit entgegen schreiten. Mitgliederinteressen werden vertreten. Allerdings konservierend als Schutzinteressen von Gruppen, die – durchaus verständlich – Angst vor dem sozialen Abstieg haben. Die Interessenvertretung wird so, wenngleich das von den Akteuren so nicht immer beabsichtigt ist, deutlich selektiv und exklusiv.

Die Beispiele, die im Weiteren diskutiert werden, weisen in die entgegengesetzte Richtung. Sie lassen Gewerkschaften als lebendige Mitgliederorganisationen erkennen, die als Gegenmacht Beschäftigteninteressen gegen das Verwertungsinteresse des Kapitals vertreten – in Formen und in Kooperationsbeziehungen, die über das tradierte sozialpartnerschaftliche Gewerkschaftsmodell hinausweisen.

7.2
Neue Konzepte und Strategien
gewerkschaftlicher Organisierung

Es ist schwierig, die einzelnen Lernbewegungen und Neuorientierungen, die darauf zielen Gewerkschaftsmacht neu aufzubauen, auf einen Nenner zu bringen. Sie teilen aber eine Diagnose: Die Erosion gewerkschaftlicher Durchsetzungsfähigkeit wird eher beschleunigt, wenn darauf vertraut wird, Geschäftsführungen würden Beschäftigteninteressen innerhalb der – immer noch stabilen – Institutionen der Arbeitsbeziehungen einfach anerkennen und berücksichtigen. Denn diese Anerkennung fußt letztlich auf der Mobilisierungsfähigkeit der Belegschaften, also auf lebendiger Handlungsmacht. Wo diese Handlungsmacht in Form aktiver Belegschaften fehlt, dürften gewerkschaftliche Erfolge kaum mehr wahrscheinlich sein. Entsprechend zielen neuere gewerkschaftspolitische Ansätze darauf ab, diese lebendige Mitgliederbasis aufzubauen, die Konflikte eigenständig führen will und kann.

Dennoch gehören zu diesen Lernbewegungen ausgesprochen unterschiedliche Ansätze, Experimente mit öffentlichen Druckkampagnen (Stichwort Lidl- und Schleckerkampagne) stehen neben vielfältigen Erfahrungen mit Organizingprojekten oder neuen Ansätzen in der Tarifpolitik, der sog. bedingungsgebundenen Tarifarbeit (Neuner 2013). Die IG Metall hat in den vergangenen Jahren sogar eine organisationsinterne Ressourcenumschichtung betrieben, die darauf zielt die Organisation zu einer sog. Erschließungsgewerkschaft zu machen. Neben die Professionalisierung der eigenen Kampagnenarbeit, die Ausrichtung auf Studierende und höherqualifizierte Beschäftigtengruppen traten auch systematische und zentral aufgelegte Organisierungsprojekte, etwa in der Windenergiebranche oder in den Zuliefererketten der Automobilindustrie. Im Bezirk Baden-Württemberg wurde beispielsweise 2015 ein auf mehrere Jahre angelegtes sog. Erschließungsprojekt aufgelegt, bei dem jede Verwaltungsstelle als lokale Gliederung der IG Metall einen zusätzlichen Gewerkschaftssekretär zugeteilt bekommt, der weitestgehend für die gewerkschaftliche Organisierung bisher nicht oder kaum von der IGM erschlossener Betriebe zuständig ist. Der organisationspolitische Umbau der IG Metall war bisher durchaus erfolgreich, denn immerhin konnte der Mitgliederverlust nicht nur gestoppt werden, in jüngster Vergangenheit wurden auch wieder – moderat – steigende Mitgliedszahlen gemeldet. Und auch tarifpolitisch kann die IGM auf einige Erfolge blicken, auch in Branchen, die zuvor gewerkschaftlich kaum organisiert und damit auch nicht tarifgebunden waren. So gelang es etwa in der Windenergiebranche, einem wachsenden Sektor, mit Hilfe einer Organizingkampagne, die Firma REpower zum Abschluss eines Tarifvertrages zu bewegen. Weitere Kampagnen, etwa beim Branchenführer Enercon, einem offen antigewerkschaftlichen Unternehmen, laufen.

Ähnliche Organisationslernprozesse finden sich auch bei den Gewerkschaften NGG und ver.di. Die NGG hat bereits Ende der 1990er Jahre einen Reformprozess eingeleitet, der es ihr ermöglichte, als kleine unabhängige Gewerkschaft innerhalb des DGB weiterzubestehen. Auch in diesem Fall wurden personelle und finanzielle Mittel umstrukturiert und stärker auf die aktive Mitgliederarbeit gelenkt (Goes u. a. 2015, 62). Im großen Maßstab geht es darum auch bei der Reform »Perspektive 2015« von ver.di, durch die hauptamtlichen GewerkschaftssekretärInnen mehr Zeit für die »kollektive Gewerkschaftsarbeit«, d. h. die interessenpolitische Arbeit mit Aktiven in den Betrieben und Gewerkschaftsgremien gegeben werden soll. Praktisch, so ein ver.di-Hauptamtlicher, »bedeutet das, dass man überhaupt wieder die Möglichkeit hat, Luft zu holen und darüber nachzudenken,

wie man die frei gewordene Zeit jetzt sinnvoll für die gewerkschaftliche Organisierung von Betrieben einsetzen kann, für die man vorher
gar keine Kraft hatte, oder von denen es hieß, da kommt man nur sehr
schwer rein. Natürlich muss man das auch machen – ein Selbstläufer
ist das nicht.«

Gemeinsamer Nenner all dieser Organisationslernprozesse ist
insofern der größere Fokus auf die aktive Mitgliederarbeit bzw. die
Wende zur Mitgliedergewinnung. Die dahinterliegenden Motive mögen unterschiedliche sein, sie dürften vom Ziel, betriebliche Durchsetzungsfähigkeit wieder aufzubauen, bis hin zum Interesse am eigenen
Ressourcenerhalt reichen. Beides schließt sich nicht aus: Sinkende
Mitgliederzahlen bedeuten sinkende Beiträge, bedeuten weniger Fi-
nanzmittel, bedeuten weniger hauptamtliche Gewerkschaftssekretäre
und Infrastruktur (Bildungszentren, Gewerkschaftshäuser, Informa-
tionsmaterialien usw.), bedeuten weniger Unterstützung von Ehrenamtlichen – und das alles bei größer werdenden Herausforderungen
und wachsenden Aufgaben. Ein Teufelskreis also.

»Organizing« dürfte wohl zu den schillerndsten und vieldiskutier-
testen Versuchen der Erneuerung gehören, mit dem in der IG Metall,
bei ver.di und der IG BAU Erfahrungen gesammelt wurden[17]. Dabei
handelt es sich um einen Handlungsansatz, der sich im Kern von drei
Prämissen leiten lässt: ArbeiterInnen können sich auch unter den wid-
rigsten Umständen und in den ungünstigsten Branchen gewerkschaftlich organisieren bzw. können organisiert werden, Mitgliederverlusten
und der Erosion gewerkschaftlicher Macht muss also nicht tatenlos
zugesehen werden; hilfreich und in der Regel notwendig sind dabei
Impulse durch Aktive, die als Organisierer agieren (ob nun als externe Gewerkschaftssekretäre oder als betrieblich Aktive); die Organisierung einer Mehrheit in der Belegschaft kann nur dann gelingen, wenn
die konkreten Probleme der Betroffenen in den Mittelpunkt gestellt
und die Betroffenen sich selbst zu den Motoren der Bewegung machen. Externe oder betriebliche Organisierer greifen dabei auf einen

---

17 Ausführlichere Informationen zum Organizing bieten: Birke 2010; Boewe/
    Schulten 2013, Brinkmann u. a. 2008, Hälker 2008.

entwickelten Werkzeugkasten zurück, um die Organisierung der Unorganisierten zum Erfolg zu bringen: Im Idealfall erfolgt eine systematische Recherche zum Unternehmen, in der wichtige Hintergrund-
informationen über die wirtschaftliche Entwicklung oder mögliche
Bündnispartner gesammelt werden (Schwetz 2013), werden betriebliche Kontakte systematisch auf- und ausgebaut, erfolgt eine Kartierung
des Betriebs (»Mapping«), die über UnterstützerInnen, Unentschiede-
ne und Gegner in der Belegschaft oder gar neuralgische Punkte innerhalb der Betriebe informieren soll. Einen zentralen Stellenwert hat der
Aufbau von Aktivengruppen um konkrete und drängende Probleme
herum, die verändert werden können. Eingebunden sind diese Schritte
in eine systematische strategische Planung (»Plan to win«) und verant-
wortungsvolle Kampagnenführung. In diesem speziellen Sinne bricht
Organizing als »politische Aktivierungssystematik« (Cubela 2015, 6)
mit Stellvertreterkulturen innerhalb der Gewerkschaftsbewegung, die
aus einem durch starke Delegations- und Zentralisationsmechanismen
geprägten System der Arbeitsbeziehungen erwachsen.

Ich schreibe »in speziellem Sinne«, weil der Ansatz darüber hinaus
politisch verblüffend neutral ist (Birke 2010, 102). Seine emanzipatorischen Gehalte, die etwa in der aktivierenden Befähigung zu mündiger
Interessenpolitik bestehen, können durchaus verschüttet werden. Das
ist der Fall, wenn »Organizing als Sozialtechnik« lediglich Top-Down
genutzt wird, um Betriebsratswahlen vorzubereiten oder neue Mitglieder zu gewinnen. Wie gebrochen auch immer geht es dann nicht
zuvörderst um den Aufbau einer lebendigen Gewerkschaftsmacht im
Betrieb. Für die hauptamtlichen Organizer, die Fußsoldaten einer
zentral gelenkten Kampagne, nimmt in diesen Fällen das Motiv über-
hand, die durch die Organisation gesetzten Ziele zu erreichen. Gefördert wird diese Tendenz, wenn die Beschäftigten selbst gar nicht in
die zentrale Planung und Steuerung von Kampagnen eingebunden
sind, demokratische Beteiligung also nur in betrieblichen Komitees
vorgesehen ist. Notgedrungen entstehen dann Spannungen und teilweise eben auch Widersprüche zwischen denen, die eine Kampagne
zentral planen und steuern – und sich für deren (Miss-)Erfolg innerhalb des Gewerkschaftsapparates auch zu verantworten haben –, lo-

kal agierenden Organizern, Belegschaftsaktiven und Belegschaften.
Dass sich »Organizing als reine Migliedermachtechnik« durchsetzt,
ist gleichwohl nicht alternativlos, als Aktivierungssystematik kann es
auch in eine Gewerkschaftsstrategie eingebunden werden, die auf die
Stärkung von Basisdemokratie zielt.

Ein anderes Beispiel erfolgversprechender Neuorientierung findet
sich in der bedingungsgebundenen Tarifarbeit, mit der bei ver.di experimentiert und mit der bei der NGG weithin gearbeitet wird. Im Fokus steht dabei eine aktivere Rolle der Belegschaften während und im
Vorfeld der Tarifauseinandersetzungen. Dabei ist die Maxime leitend,
dass Tarifpolitik nicht mehr im Stellvertretermodus gemacht wird. Beschäftigte, die im Betrieb Verbesserungen durchsetzen wollen, werden
von Gewerkschaftssekretären nur noch unter der Bedingung dabei
unterstützt, dass sie selbst zu aktiven Kräften der Organisierung und
der betrieblichen Interessenpolitik werden (Neuner 2013, 214). Offen
ist dabei allerdings die konkrete Ausgestaltung dieses Ansatzes. Zwischen einer Politik, die im emanzipatorischen Geiste Stellvertreterpolitik ablehnt und zur Eigeninitiative anhält, und der Überforderung
möglicher Aktiver verläuft lediglich ein schmaler Grat. Entscheidend
ist dabei – wie unten anhand eines konkreten Beispiels verdeutlicht
wird (Kap. 7.3.1) – der Einsatz der Gewerkschaftssekretäre, die mit
den Aktiven zusammenarbeiten. Kritische Stimmen etwa warnen da-
vor, dass in Zeiten gewerkschaftlicher Ressourcen- und Zeitknappheit
bedingungsgebundene Gewerkschaftsarbeit leicht zu einer bequemen
Exitstrategie vielfach belasteter Gewerkschaftssekretäre werden kann.
Diese Gefahr ist real, sollte nach meinem Dafürhalten allerdings nicht
blind machen für den zur politischen Mündigkeit anhaltenden Kern
des Ansatzes, der Belegschaften selbst zu den entscheidenden Kräften
gewerkschaftlicher Politik machen kann. Dafür allerdings sind Unter-
stützungsleistungen durch Hauptamtliche notwendig, die neue Aktive
zu dem befähigen, was in betrieblichen Organisierungs- und Tarifbewegungen im Angesicht häufig feindseliger Geschäftsführer auf sie
zukommt. Fehlen derartige Hilfestellungen, gerät auch bedingungsgebundene Gewerkschaftsarbeit leicht zu einer auf reines Mitglieder-
machen ausgerichtete strukturelle Überforderung betrieblich und

ehrenamtlich Aktiver. Diese kritischen Einwände führen zu einem
grundsätzlichen Problem, das nicht vom Tisch zu wischen ist. Würden GewerkschafterInnen nur noch bedingungsgebunden arbeiten,
könnte das zu einer neuen Spaltung der Erwerbswelt führen: Gewerkschaftlich organisiert werden dann lediglich die Sektoren, in denen
Belegschaften von sich aus bereits aktiv werden. Was aber wird aus
den Branchen, in denen Prekarisierung und autoritäre Macht diese
ersten Impulse zunächst nicht entstehen lassen oder effizient unter-
drücken?

7.3
Organisierungsimpulse aus den Belegschaften

Neben Lernbewegungen, die in veränderten Konzepten und Strategien gewerkschaftlicher Organisierung mündeten, treten spontanere
Initiativen, bei denen die Impulse zur gewerkschaftlichen Organisierung aus den Belegschaften selbst kommen.

7.3.1 Gewerkschaften mit Rückenwind?

Derartige Organisierungserfolge haben wir in einem Forschungsprojekt an der Universität Jena auf der Grundlage von 24 Betriebsfallstudien untersucht.[18] Im Mittelpunkt standen betriebliche Organisierungsbewegungen in Ostdeutschland.

In unserer Studie sind wir auf Formen der interessenpolitischen
Selbsttätigkeit von Beschäftigten getroffen, die zum Motor des Auf-
baus gewerkschaftlicher Organisationsmacht wurden, sofern sie durch
hauptamtliche Gewerkschaftssekretäre in ihrem Engagement erfolgreich bestärkt und unterstützt wurden. Teilweise nach langen Jahren

---

18 Das Forschungsprojekt »Rückenwind für die Gewerkschaften?« wurde durch
    die Otto Brenner Stiftung gefördert und am Lehrstuhl von Klaus Dörre
    durchgeführt (Goes u. a. 2015). Die hier dargestellte Interpretation ist nicht
    die der Autorengruppe, auf deren Auswertung und ausführlichere Argumen-
    tation an dieser Stelle lediglich verwiesen werden kann. Insgesamt basiert
    die Untersuchung auf 23 Experteninterviews und 60 Beschäftigteninter-
    views.

der interessenpolitischen Zurückhaltung wurden in diesen Fällen Beschäftigte aktiv, schlossen sich in kleinen Aktivengruppen zusammen, suchten den Kontakt zu Hauptamtlichen und begannen schließlich, ihre KollegInnen zu organisieren. Die frühere disziplinierende Wirkung drohender Arbeitslosigkeit war zwar nicht verflogen, die Sicherung von Arbeitsplätzen taugte in diesen Fällen allerdings nicht mehr als durchschlagendes Argument, um schlechte Lohn- und Arbeitsbedingungen zu rechtfertigen. Die über lange Jahre aufgestauten Ungerechtigkeitswahrnehmungen brachen sich offener Bahn, auch wenn dies kein Selbstläufer ist. Oft entzündeten sich diese Organisierungsprozesse an Lohnungerechtigkeiten, in der Regel waren sie aber verbunden mit Kritiken an fehlender Anerkennung – also der fehlenden Anerkennung von Beschäftigteninteressen und erbrachter Leistungen (Goes u. a. 2015, 38).

Ein Beispiel für solche Organisierungsimpulse aus den Belegschaften, die durch beteiligende Gewerkschaftsarbeit aufgegriffen wurden, findet sich im Fall des Unternehmens »Bendatechnology«, einem Anbieter in der Wertschöpfungskette Automobil. Am Standort arbeiteten etwas mehr als 100 Festbeschäftigte und rund 70 LeiharbeiterInnen. Die Organisierung begann Mitte 2013 und führte, nachdem etwa die Hälfte der Belegschaft der IG Metall beigetreten war, bereits im Dezember des Jahres zur Gründung eines Betriebsrates. Eine tarifpolitische Regelung konnte allerdings bis dato nicht durchgesetzt werden, wenngleich das ein zentrales Ziel der Aktiven blieb. Erleichtert wurde den Hauptaktiven ihr Engagement durch die Entspannung des Arbeitsmarktes in der Region. »Man weiß: Die Arbeitsplatzdichte, die nimmt zu bei uns, gerade in dem Bereich Logistik und Automobil. Man hat so den Gedanken, okay, (...) wenn du jetzt gekündigt wirst, hast du überall jetzt, gerade in der Region hier, im Moment Topchancen irgendwo reinzukommen.« Das wichtigste Motiv für das Aktivwerden war die Unzufriedenheit mit indirekten Lohnbestandteilen, den Überstundenzahlungen. »Der Hauptgrund ist nun mal das Geld. Als Dienstleister bist du finanziell nicht so gut, wie der, den du belieferst. Und das sehen die Leute auch natürlich, auch wenn sie nicht im Werk da drin sind, die sehen ja erstmal was für Autos da gefahren wer-

den und was da für Geld verdient wird. Das ist der Hauptgrund von
der Sache, dass die halt eben sagen, gut, warum gibt es keine Zulagen
für Überstunden? Wenn ich schon meinen Arbeitsvertrag übererfülle,
dann möchte ich da auch vielleicht ein paar Euros mehr sehen.« Das
war ein zentraler Punkt, denn für Belegschaften von Autozulieferern
sind Überstunden völlig normal, um den Flexibilitätsanforderungen
innerhalb der Wertschöpfungskette Automobil gerecht werden zu
können.

GewerkschaftssekretärInnen wirkten in diesen Organisierungsprozesse nicht als StellvertreterInnen, sondern als Katalysatoren des Engagements, als kompetente Unterstützer und Berater in rechtlichen,
taktischen und strategischen Fragen. Hauptamtliche müssen, in den
Worten eines Bevollmächtigten der IG Metall, »den Ball, der aus der
Belegschaft gespielt wurde, aufnehmen, verstärken, systematisieren,
professionalisieren. (…) Wenn Du so willst, dann sind wir die Hilfs-
kraft, die den betrieblichen Funktionären hilft, sie professionalisiert,
ihnen Argumente gibt, ihnen Hilfe und Material an die Hand gibt.
Aber die Erfolge haben wir da, wo es die Kerntruppe im Unternehmen schon gibt.« Wichtig ist dabei die grundsätzliche Herangehens-
weise der Hauptamtlichen, die sich als Varianten der oben umrisse-
nen bedingungsgebundener Gewerkschaftsarbeit verstehen lässt. Die
Impulse aus den Belegschaften, die in der Regel auf unterschiedliche
Formen der Gegenwehr der Geschäftsführung gestoßen sind (ebd.,
77 ff.), werden dabei mit der Aufforderung an die Aktiven verbunden,
selbst zu Motoren der gewerkschaftlichen Organisierung zu werden.

Auch wenn die Initiativen in den von uns untersuchten Fällen
in der Regel aus den Belegschaften selbst kamen, trafen solche Auf-
forderungen keineswegs immer auf offene Ohren oder Gegenliebe.
Dafür gab es viele Gründe, die von Ängsten vor den Reaktionen der
Geschäftsführungen auf weitere Schritte der Organisierung bis hin zu
fehlender Zeit und Kraft reichten, um sich den nun bewusster werdenden Anstrengungen zu stellen. Gewerkschaftssekretäre müssen,
wie es ein anderer Bevollmächtigter der IG Metall formulierte, die
so entstehenden Spannungen aushalten, die – angesichts anhaltender
Ängste oder Unsicherheiten – entstehen, wenn Unzufriedene dazu

aufgefordert werden, selbst das Heft in die Hand zu nehmen. »Weil sie (die Beschäftigten, T. G.) bis zu Ende eigentlich nicht aushalten für sich, dass sie Akteur darin sind. Aber uns kommt es ja genau darauf an, sie in die Rolle des Akteurs zu zwingen. Da muss man sie reinzwingen. Wenn man sich da als Gewerkschaftssekretär vor drückt, sie da reinzwingen zu wollen, dann wird das nichts. Dann taugt man als Hauptamtlicher nicht. Muss man aushalten. Übrigens auch, dass die Kollegen dann sagen ›Nein, ich traue mich nicht.‹ Dann muss man auch sagen okay, dann nicht. Vielleicht in einem halben Jahr. Besser ist, wenn wir rausgehen aus der Nummer, und die Kumpels das Gefühl haben, sie haben aber einen Ansprechpartner, wenn es soweit ist.« In jedem Fall handelte es sich bei diesen Situationen um Emanzipationsschwellen – bewusste Entscheidungen, sich für die eigenen Interessen und die der KollegInnen einzusetzen, Lasten zu tragen und die Gefahr in Kauf zu nehmen, durch Vorgesetzte diszipliniert und im Äußersten gar entlassen zu werden.

Erfolgreich waren Organisierungsimpulse insbesondere dann, wenn es Hauptamtlichen gelang die Aktivenkerne dabei zu unterstützen, Mehrheiten in den Belegschaften zu gewinnen. Denn angesichts konflikthafter Arbeitsbeziehungen ging es für die Aktivengruppen in aller Regel zunächst darum, gemeinsame Interessen in den Belegschaften zu finden, für die eine Mehrzahl der KollegInnen bereit war, sich einzusetzen.

Aktive führten die entscheidenden Einzelgespräche und agierten dabei zugleich als »Organisierer« und »Leader«. Als Organisierer hörten sie KollegInnen zu, überzeugten und vernetzten sie miteinander, um eine durchsetzungsfähige Basis zu schaffen, in ihrer Rolle als »Leader« standen sie an vorderster Front, setzten sich beispielhaft ein und verbreiteten so Hoffnung und Zuversicht. Hauptamtlichen kam dabei die wichtige Rolle zu, diese Selbsttätigkeit im Betrieb zu stärken und zu fördern. Das lässt sich wieder anhand des bereits behandelten Fallbeispiels »Bendatechnlogy« verdeutlichen: Zur treibenden Kraft der Organisierung wurde hier ein kleiner Kreis von Aktiven, der von einem Projektsekretär der IG Metall unterstützt wurde. Nach ersten Beratungen mit ihm und auf seine Anregungen hin – er gab etwa

Tipps zu Gesprächsstrategien, um das Gegenüber für sich zu gewinnen – begannen die Aktiven, ihre KollegInnen zu organisieren. Besonders erfolgsversprechend waren die persönlichen Gespräche, die oft auch wiederholt wurden. Nicht selten musste überhaupt erst der Sinn und Zweck gewerkschaftlicher Organisierung erklärt werden, denn innerhalb der Belegschaft gab es vor dem Kontakt zur IG Metall wenig Wissen darüber, was eine Gewerkschaft überhaupt ist. Die Mitgliederwerbung erfolgte dementsprechend in erster Linie in Form von 1:1-Gesprächen, die auch dazu dienten, Vertrauen aufzubauen. Als Argument nutzten die Aktiven dabei auch die positiven Entwicklungen in Betrieben, die gewerkschaftlich organisiert wurden – unter anderem verwiesen sie auf die Verhältnisse beim Auftraggeber in der Wertschöpfungskette Automobil: »Und wir sind ja auch in einem guten Umfeld, was gewerkschaftliche Aktivitäten betrifft, gerade was BMW angeht. Das ist dann eben auch ein Argument zu sagen: ›Okay, Leute, ihr seid in einem guten Umfeld, wir sind noch Tausende Leute mehr, die genauso denken. Wir können auch was bewegen, wenn wir uns alle zusammen tun. Das schaffen wir natürlich nicht, wenn es bloß zwei, drei Leute sind.‹«

Da betriebliche Organisierung ohne die Eigeninitiative der Beschäftigten nicht gelingt, wird es für die Hauptamtlichen wichtig, beteiligungsorientiert zu arbeiten und der Versuchung zu widerstehen, nicht mit den Belegschaften zu handeln, sondern für sie. In den erfolgreichen Organisierungsbeispielen wurde ein permanentes Aushandlungsverfahren sichtbar, in dem die Ziele und Interessen der Aktiven, der Hauptamtlichen und der Belegschaft miteinander abgestimmt werden mussten. Nicht zuletzt ging es darum, Konsense zu organisieren, Legitimation und so auch einen Rückhalt in der Belegschaft zu sichern, die als notwendige Machtbasis der Aktiven und Hauptamtlichen gegenüber den Geschäftsführungen gelten können. Die Bedeutung dieser Alltagsdemokratie wird besonders in solchen Fällen deutlich, in denen Aktive und Beschäftigte den Eindruck gewonnen haben, durch Gewerkschaftssekretäre *eben nicht* an Positions- und Entscheidungsfindungen beteiligt worden zu sein. In solchen Fällen wurden schnell Spannungen und Konflikte zwischen betrieblichen

Aktiven und hauptamtlichen SekretärInnen deutlich, die sich leicht
zu gewerkschaftlichen Legitimationsproblemen vertiefen können.
Arbeiter, die gerade noch Motoren der Organisierung waren, können
dann schnell zu ebenso scharfen Kritikern werden – nicht selten fällen
sie das bewusste (oder auch diffusere) Urteil, die Gewerkschaft würde
ganz eigene, von denen der ArbeiterInnen verschiedene Interessen
verfolgen. Dass diese Kritiken allerdings in offen gewerkschaftsfeind-
liche Haltungen umschlagen müssen, soll damit nicht gesagt sein. In
unserer Untersuchung sind wir auf keinen derartigen Fall getroffen,
wenngleich in Einzelfällen intensive Spannungen entstanden waren.
Die Gefahr des Umschlagens in Gegnerschaft besteht aber durchaus.

7.3.2 Organisierung in Eigenregie –
Gewerkschaftsarbeit im flexiblen Unternehmen

Natürlich sind gewerkschaftliche Organisierungsbemühungen nicht
immer so erfolgreich wie in der Mehrzahl der von uns untersuchten
Anstrengungen in Ostdeutschland. In 8 von 10 Fällen, so formulierte
es ein ver.di-Gewerkschaftssekretär, scheitern die Versuche, Belegschaften dabei zu helfen, aktive Treiber der gewerkschaftlichen Organisierung zu werden – gerade weil es nicht möglich ist, stellvertretend für die KollegInnen zu agieren. Völlig normal sind Rückzieher,
Ängste und auch Fehler angesichts der Herausforderung, Machtver-
hältnisse im eigenen betrieblichen Alltag verändern zu müssen. Aber
auch das strategische Handeln der Gegenseite ist in Rechnung zu
stellen. In der sozialwissenschaftlichen Forschung wurde jüngst auf
Schattierungen mitbestimmungs- und gewerkschaftsfeindlicher Strategien hingewiesen, mit denen Unternehmen sich Betriebsräte und
Gewerkschaften vom Leibe halten wollen (Rügemer/Wigand 2014).
Auf derartige Gegenstrategien sind wir auch in der oben erwähnten
Untersuchung zur gewerkschaftlichen Erneuerung in Ostdeutschland
gestoßen. In den Betrieben wurde ein Stellungskrieg sichtbar, in dem
die Geschäftsleitungen auf eine Vielzahl von Maßnahmen zurückgrif-
fen, um die Belegschaften von der Wahl eines Betriebsrates und von
der Durchsetzung von Tarifverträgen abzuhalten. Sie reichten von ein-
facher Einschüchterung und Versuchen der Kooptation gewerkschaft-

licher Aktiver bis hin zu aggressivem Mobbing (Goes u. a. 2015, 77 ff.).
Auch sehr strategisch denkende und hochmotivierte Aktive können
vor diesem Hintergrund an ihre Grenzen stoßen. Ein derartiges Kräftemessen, bei dem das strategische Organisierungsbemühen des gewerkschaftlichen Aktivenkerns auf die Gegenstrategien des Arbeitge-
bers stößt, wird im folgenden Abschnitt anhand des Werkzeugbauers
Gasotec erörtert. Aktive haben hier zwar in erheblichem Maße gewerkschaftliche Gegenmacht aufgebaut und konnten einzelne Ziele
durchsetzen; gleichzeitig wurden sie aber in eine Art permanenten
Stellungskrieg mit dem Management verwickelt. Lehrreich ist dieses
Beispiel nicht nur, weil hier die Anstrengungen und mühevollen Ebenen gewerkschaftlicher Alltagspolitik sichtbar werden, sondern weil
die Aktiven ohne Unterstützung ihrer Gewerkschaft IG BCE auskom-
men mussten. Deshalb ist in der Überschrift von »Organisierung in
Eigenregie« die Rede. Trotz der Schwierigkeiten zeigt dieses Beispiel
m. E. eines deutlich: Wenn überhaupt, dann sind derartige Arbeitgeber durch den systematischen und beharrlichen Aufbau gewerkschaftlicher Organisationsmacht im Betrieb zu schlagen. Anschaulich wird
dabei auch, wie das oben diskutierte Organizing im betrieblichen Alltag genutzt werden kann, um Atomisierung und Ohnmacht zu überwinden. Um einen tieferen Einblick in diese Zusammenhänge zu ermöglichen, werden sie im Folgenden ausführlich analysiert.

Das Zwischenergebnis der Organisierungsanstrengungen, so einer
der Aktiven, fällt gleichwohl ambivalent aus: Zwar ist es gelungen,
einen stabilen Aktivenkreis im Betrieb aufzubauen und einen Betriebsrat zu wählen, der im Zusammenspiel mit den Aktiven wichtige
Ansprüche der KollegInnen durchsetzen konnte; allerdings gelingt
es der Unternehmensseite immer wieder, Spaltungen innerhalb der
Belegschaft zu organisieren – angesichts der hohen Belastung, die
aus der Gegenwehr folgten, und ausbleibender interessenpolitischer
Durchbrüche macht sich innerhalb der Belegschaft daher eine resig-
native Stimmung breit. »Bei uns führen Kämpfe zum Burnout, nicht
zum Erfolg. Das ist die dominante Deutung in der Belegschaft.« Dieser Zustand ist allerdings weniger auf Fehler im interessenpolitischen
Tagesgeschäft zurückzuführen, als auf eine grundsätzliche strategische

Fehleinschätzung durch die späteren Betriebsräte. Die Aktiven waren davon ausgegangen, dass das Management nicht nur über die nötigen Mittel, sondern auch den politischen Willen verfügte, um den Konflikt zu befrieden. Tatsächlich aber war das Gegenteil der Fall. Trotz der guten finanziellen Situation nimmt das Unternehmen die Forderungen der Aktiven als Anlass, ein ›blockierendes Exempel‹ zu statuieren. Dazu gehört auch die Drohung, den Standort innerhalb der nächsten zwei bis drei Jahren zu schließen. Dennoch oder gerade deshalb lassen sich aus diesem Organisierungsprojekt wichtige Lehren ziehen.

Für die Diskussion um Grenzen und Möglichkeiten der gewerkschaftlichen Erneuerung ist dieses Beispiel lehrreich, weil es sich um ein hochgradig flexibel und schlank agierendes Unternehmen handelt, das mit der eigenen propagierten Firmenphilosophie auf eine weitreichende »ideologische Vergemeinschaftung« zielt. Organisierung, so wurde in Kapitel 3.1 argumentiert, findet innerhalb betrieblicher Herrschaftsstrukturen statt, die Kontrolle über die Arbeitskräfte ausüben und diese gleichzeitig zu maximaler Arbeitsleistung motivieren. Bei Gasotec haben wir es mit einem besonderen Herrschaftsregime zu tun. Der Arbeitsprozess selbst macht es erforderlich, dass sehr gut qualifizierte Facharbeiter eingesetzt werden, die ihre Aufgaben relativ autonom erledigen. Um die Arbeitsleistung und die Flexibilität(sbereitschaft) sicherzustellen, die seitens der Belegschaft notwendig sind, damit die Geschäftsziele erreicht werden können, wurde eine eigensinnige Kontroll- und Motivationsstrategie entwickelt, in der direkte Disziplinierung (Sanktionen bei abweichendem Verhalten), indirekte Marktzwänge (absolute Kundenorientierung) und ideologische Indoktrination (Anhalten zum unternehmerischen Denken) kombiniert werden: Alle Beschäftigten werden auf unternehmerisches und kundenorientiertes Denken eingeschworen, um die Produktivität zu steigern und Interessenwidersprüche zwischen Beschäftigten und Management zu übertünchen.

Hochflexible Produktion und ideologische Vergemeinschaftung
Gasotec ist ein Unternehmen, das Streben herstellt. Der Betrieb, in dem die Aktiven arbeiten, ist Teil einer Holdingstruktur, in der 1600 Men-

schen weltweit arbeiten. Hier werden Werkzeuge produziert, die für
die Strebenfertigung an anderen Standorten genutzt werden. Innerhalb
von rund 7 Jahren wuchs die Belegschaft hier von 20 auf 80 KollegInnen an, wobei etwa die Hälfte als Werkzeugmacher in der Produktion
und etwa die Hälfte in der Verwaltung und Kundenbetreuung arbeitet. Während an anderen Standorten der Holding geringer qualifizierte
und angelernte Arbeitskräfte beschäftigt werden, arbeiten hier hoch
qualifizierte Facharbeiter. Insgesamt sind der Produktions- und Arbeitsprozess vor Ort auf permanente Kosteneinsparung, andauernde Verbesserung und hohe zeitliche Flexibilität ausgerichtet. Letzteres wird
durch Arbeitszeitkonten sichergestellt – auf eine Zeiterfassung wird
verzichtet, entscheidend ist, dass die anstehende Arbeit erledigt wird,
notfalls in der Freizeit. Laut internen Verlautbarungen erzielt Gasotec
eine sehr hohe Gewinnrate, die bei 10 bis 15 % liegt. Diese Rendite ist
allerdings noch nicht hoch genug, das Management zielt darauf ab, mit
denselben Mitteln noch mehr Output in kürzerer Zeit zu erwirtschaften: »Die wollen nicht mehr Leute in der Produktion einstellen, sondern nur die Produktivität weiter steigern. Darum sollen Schnittstellen
und Liegezeiten eingespart und alle Prozesse weiter optimiert werden.
Jetzt brauchen wir ab eingegangener Bestellung für die Lieferung des
ersten Werkzeugs 1,5 Wochen. Das ernsthaft ausgegebene Ziel des Managements ist es, das auf einen Tag zu drücken.« Hinzu kommt, dass
die Löhne für den Rest der Region zwar in Ordnung, im Vergleich zum
eigentlichen Flächentarif der IG BCE aber zu niedrig sind. »Das ist ein
Billigtarif für diese Region, weil die mal strukturschwächer war. Den
gibt es seit Anfang der 1990er.« Je nach Lohngruppe werden die Beschäftigten zwischen einem Viertel und einem Fünftel niedriger bezahlt
als vergleichbare Belegschaften im restlichen Bundesgebiet.

Das Management wird nach dem sog. »St. Gallener Management-
modell« (SGMM) ausgerichtet, einer Mischung aus »Toyotismus« und
anderen Managementstrategien der 1990er Jahre. Zentral ist die permanente Orientierung an Verschlankung und Optimierung, die Ein-
forderung kontinuierlicher Verbesserungsprozesse und der Verzicht
auf Hierarchien. Wesentlich ist für das SGMM, dass FirmeninhaberIn-
nen eine eigene unternehmerische Vision entwickeln, die als Firmen-

philosophie von den Beschäftigten übernommen werden soll. In der Strategie des Unternehmens soll diese Philosophie dann ihren Ausdruck finden. »Das ist eine ganz identitäre Geschichte. Die Manager reden immer nur über die Firmenphilosophie, das ist wie Indoktrination.« Im Mittelpunkt der Firmenphilosophie bei Gasotec stehen

a) Kunden- und Marktorientierung: Buchstäblich jeder Prozess wird daraufhin geprüft, ob die KollegInnen sich der Kundenwünsche bewusst sind. Die Arbeitsplätze, so eine der zentralen Botschaften, sind so lange sicher, wie die Kundenwünsche erfüllt werden.

b) Identität von Beschäftigten- und Unternehmensinteressen: Der Kunde ist der »Arbeitgeber«, von dem alle abhängen.

c) Verpflichtung jedes Mitarbeiters auf unternehmerisches Denken.

»Das sind die wichtigsten Punkte der Firmenphilosophie, wenn man über die Denkweise in der Belegschaft nachdenkt. Das sind Sachen, auf die wir immer wieder in unserer gewerkschaftlichen Arbeit stoßen, wenn wir mit den Kollegen diskutieren.«

Mit Blick auf die Firmenphilosophie handelt das Management ausgesprochen repressiv. Überlegungen der KollegInnen, die dieser widersprechen, dürfen im Unternehmen von den Beschäftigten nicht mehr ausgesprochen werden. »Das führt dazu, dass man sich in größeren Gruppen nicht mehr offen unterhalten kann, das geht nur noch im kleinen Kreis. Wenn zum Beispiel ein Kollege sagt, dass er nicht flexibel samstags arbeiten kann, dann bekommt er im Vorgesetztengespräch gesagt, dass er nicht kundenorientiert ist und man sich deshalb vielleicht voneinander trennen sollte.«

Allerdings: Die Wirkung dieser repressiven ideologischen Vergemeinschaftung ist nicht durchschlagend, es gibt auch Widersprüche, wie etwa anhand der Verpflichtung auf »unternehmerisches Denken« deutlich wird. »Liegt ja auf der Hand, dass das nicht so ist. Gerade Kollegen, die schon woanders gearbeitet haben und neu eingestellt werden, glauben das nicht – aber man darf es eben nicht offen sagen!« So werden andere Betriebserfahrungen der älteren Facharbeiter auch zu Ansatzpunkten für die gewerkschaftliche Organisierung. Allgemeiner gilt: Wie sich die Firmenphilosophie auf das Denken der Kollegen auswirkt, hängt von ihrer Stellung innerhalb des Produktionsprozesses an, wie sich etwa am Beispiel der eingeforderten »Kundenorientierung« verdeutlichen lässt. Daraus folgende Flexibilitätsanforderungen treffen insbesondere die Beschäftigten in der Werkstatt – da der Arbeitsprozess eine eigene Logik hat, die sich gegen permanente Zeitverdichtung und -flexibilisierung sperrt, kommt es zu Problemen. Beschäftigte hingegen, die in der Kundenbetreuung arbeiten, also permanent mit den Ansprüchen der Kunden arbeiten müssen, nehmen ihre Kollegen in der Werkstatt als nicht flexibel und schnell genug wahr. Die angenommene Identität zwischen Unternehmensinteressen und Mitarbeiterinteressen erscheint ihnen in der Wirklichkeit auch eher gegeben, da sie sich selbst mit den Auftraggebern auseinandersetzen. »Geht es den Kunden gut, dann geht es auch ihnen besser. Sind die Kunden unzufrieden, dann haben sie mehr Stress, kriegen Druck.«

Schritte der Organisierung

Erste Formen gemeinsamer Gegenwehr gab es gegen die Art und Weise, wie das Management versuchte, die Produktivität dauernd zu steigern. Damit gab es auch eine weiter verbreitete Unzufriedenheit innerhalb der Belegschaft: »Damals gab es viele Neue im Betrieb. Der verantwortliche Manager hat zu dem Zeitpunkt ganz offen den »Toyotismus« vertreten und so über seine Philosophie gesprochen. Dabei hat er dann auch Leute ausgegrenzt, die das nicht so gesehen haben. Neue in der Belegschaft wurden z. B. dazu verpflichtet, aufzuschreiben, was man verbessern könnte. Das ist den Leuten schon ziemlich auf die Nerven gegangen. Der ist zu den Einzelnen immer hin und hat die im Zweiergespräch dazu aufgefordert Verbesserungsvorschläge zu machen.« Hieran entzündete sich die erste »spontane Organisierung«, die darauf zielte, dieses Vorgehen zu unterbinden: »Wir haben uns dann in einer 5er-Gruppe dazu gestellt und das über Wochen. So haben wir verhindert, dass der weiter Zweiergespräche macht. Die Folge war, dass er das dann auch wirklich nicht mehr gemacht hat, nur noch in den Abteilungen, wo wir gar keinen Kontakt mehr hatten. Nach einem Dreivierteljahr war der dann auch weg aus dem Betrieb, weil er bei der Sache aus Sicht der Chefetage versagt hat. Das war für alle dann ein erstes positives Erlebnis.«

Insgesamt konnte der Aktivenkern an Fehlern des Vorgesetzten ansetzen, die Unmut in der Belegschaft schürten und so Anknüpfungspunkte für Gegenwehr schufen. Die Suche und das geschickte Ausnutzen solcher Fehler ist insofern ein wichtiger Moment für den Aufbau eines Aktivenkreises gewesen. »Der hat dann wirklich dumme Fehler gemacht. Da stand zum Beispiel ein Auftrag an, der in der normalen Arbeitszeit nicht zu machen war. Ist er zu einem Kollegen und hat den so bequatscht, dass der dann Sonntagsarbeit als Lösung vorgeschlagen hat. Ruft er die Kollegen zusammen und sagt ›das und das Problem hatten wir und der Jürgen hier hat vorgeschlagen, dass wir Sonntag arbeiten. Das ist eine super Idee‹. Na ja, und dann erzählt er zwei Tage später, dass er mit einem anderen leitenden Angestellten um ein Bier gewettet hat, ob er uns dazu bekäme, sonntags zu arbeiten. Das fanden die Leute natürlich super, kannst Du Dir ja vorstellen. Die Folge war dann, dass es bei uns in der Belegschaft eine wirklich ernsthafte Auseinandersetzung mit dem Toyotismus gab. Die Kollegen haben sich da gefragt, wie die es eigentlich schaffen, dass wir Sachen machen, die wir gar nicht machen wollen.« Dieser Kollegenkreis traf sich anschließend auch in der Freizeit und diskutierte darüber, ob und wie eine Betriebsratsgründung sinnvoll wäre. »Das waren die, die am meisten von den Versuchen des Vorgesetzten betroffen waren, die Produktion zu steigern.« Zusätzlich wurden noch andere Kollegen aus anderen Bereichen angesprochen.

Betriebsrat: Mehrheiten für eine Politik der Gegenmacht
Die Betriebsratsgründung ging schnell und reibungslos über die Bühne – unter anderem, weil das Management dieser Initiative ausgesprochen offen gegenüberstand. »Die dachten, das waren ihre Erfahrungen mit anderen Standorten, dass sie den Betriebsrat an sich binden könnten und dann so auch die Belegschaft im Sack hätten.« Dementsprechend ermunterte die Geschäftsführung KollegInnen, die ihr nahe standen, zu einer Kandidatur.

Die Mehrheit des neu gewählten Gremiums kam dann tatsächlich auch aus dem Angestelltenbereich und hatte ein gutes Verhältnis zum Management. Dennoch ging der Plan der Geschäftsführung nicht auf,

es entwickelte sich eine rund 1,5 Jahre andauernde Auseinandersetzung innerhalb des Betriebsrates über die Frage, in welchem Maße
man auf die Wünsche des Managements eingehen sollte: »Das war die
Frage, ob man wirklich alles macht, was die wollen, oder ob man eine
Stellvertreterpolitik im guten Sinne für die Kollegen macht, also insbesondere über die Einhaltung von Gesetzen wacht. Dabei muss man
sich das vor Augen führen. Da gab es Mitglieder im Betriebsrat, die mit
der Geschäftsführung befreundet waren. Die haben offen gesagt, dass
sie im Betriebsrat sind, um dafür zu sorgen, dass Gesetze übertreten
werden können und das nicht ans Licht kommt. Die haben auch damit
gedroht den Chef dabei zu unterstützen mir zu kündigen, wenn ich das
anders sehe.« Im Laufe der Auseinandersetzung gelang es allerdings
eine Mehrheit dafür zu gewinnen, um eine eigenständige Politik der
Geschäftsführung gegenüber zu entwickeln. Entsprechende Beschlüsse
führten dazu, dass der harte Kern der Betriebsräte, die eng mit der Geschäftsführung kooperierte, zurückgetreten ist. Im Laufe der Zeit entstand so ein kritisch und unabhängig agierender Betriebsrat. Um das zu
verhindern, setzte das Management auch auf Kooptation. Einem der
zentralen Aktiven im Betrieb wurde etwa ein Platz in der Geschäftsführung angeboten. Mittlerweile ist der Betriebsrat in der Lage, sich
dem Management gegenüber zu behaupten. »Aber das bleibt immer
defensiv. Wenn Leute angegriffen werden oder drangsaliert werden.
Da haben wir dann auch Erfolge. Aber richtig positive Veränderungen
kriegen wir nicht hin – mit Ausnahme einer guten Arbeitszeitregelung
und einer Regelung zur Eingruppierung.«

Wichtig ist bei alledem, dass die GewerkschafterInnen weithin ohne
Unterstützung von Hauptamtlichen der IG BCE Interessenpolitik machen. Ein Gewerkschaftssekretär, der den Betrieb betreute und die Aktiven in ihrer Arbeit unterstützte, wurde auf Druck der Unternehmensführung durch die IG BCE abgezogen: »Der Sekretär war zwar schon
älter, aber noch neu in der IG BCE. Der hat uns vor allen Dingen
moralisch unterstützt. Und dann war er plötzlich nicht mehr tragbar
vor Ort, weil er sich so mit dem Sozialpartner angelegt hat, und ist ver-
setzt worden. Gerüchteweise auf Initiative des Arbeitgeberverbandes,
die haben die Kooperation einfach mit ihm aufgekündigt.«

Dass überhaupt organisierte Gegenwehr möglich ist, liegt an strategischen Entscheidungen, die die aktiven Kollegen im Betriebsrat getroffen haben. Ein Teil hat einen Organizingkurs besucht, danach haben sie
damit begonnen, einen Aktivenkreis aufzubauen, der sich regelmäßig
trifft. Dabei gingen die Aktiven nach Plan vor. »Wir haben die Belegschaft erstmal in fünf Kategorien eingeteilt. Kategorie 1 waren die Leute, denen wir vertraut haben und von denen wir wussten: die sind auf
unserer Seite. Leute, die eine Art Meinungsführer waren. Kategorie 2
waren eher stille Kollegen, die aber für uns waren. Kategorie 3 waren
die Unentschlossenen, die wohl die Mehrheit der Belegschaft ausge-
macht haben. Kategorie 4 waren Kollegen, die wir schlicht neutralisie-
ren mussten, damit sie sich nicht gegen uns wenden würden. Und eine
wichtige war dann Kategorie 5: Die Kollegen, die wir aktiv bekämpfen
mussten, weil sie auf der Seite der Geschäftsleitung standen und auch aktiv auf die anderen Kollegen einwirken würden.« Viele 1:1-Gespräche
wurden anschließend geführt mit KollegInnen, die für den Aktivenkreis gewonnen werden sollten. »Organizing heißt zunächst einmal,
sich klar zu machen, wo man arbeitet, eine ›soziale Landkarte‹ anzufer-
tigen und festzuhalten, welche Freundes- und Kollegengruppen es innerhalb der Belegschaft – auch quer zu formalen Organisationsgrenzen
– gibt. Dann haben wir überlegt, wer in diesen Gruppen eigentlich die
›sozialen Leader‹ sind, und mit denen haben wir dann Einzelgespräche
geführt. Wenn die gut gelaufen sind, haben wir sie zu unseren Treffen
eingeladen. Klar gab es dabei auch Gesprächsabbrüche, war natürlich
nicht immer erfolgreich. Unser Ziel war dabei, möglichst in jeder informellen Gruppe im Betrieb eine führende Figur zu haben, um als
Aktive auch in die weitere Belegschaft hineinwirken zu können. Die
Grunderkenntnis dahinter ist, dass Du nicht alle in einer Belegschaft ba-
sisdemokratisch einbeziehen kannst, wohl aber die, an denen sich die
anderen orientieren. Das ist deshalb wichtig, weil die Geschäftsführung
das eigentlich auch so macht. Die kennen ja die wichtigen Leute in der
Belegschaft. Und wenn wir keinen engen Draht zu denen haben, dann
kann die Geschäftsführung die gegen uns ausspielen.«

Dieser strategische Aufbau eines Netzwerkes von Aktiven führte zu
ersten Erfolgen, die Mut zu mehr machten. Es gelang dem Betriebsrat,

im Zusammenspiel mit dem Aktivenkreis etwa die Übernahme einer Kollegin durchzusetzen, gegen die sich die Geschäftsführung gesperrt hat. »Das war eine ganz wichtige Kampagne. Da hat nicht nur der Aktivenkreis gemerkt, dass da was gemacht werden muss, da sind auch andere Leute gekommen und haben ihre Hilfe angeboten. Wichtig war das natürlich, weil wir da ein Ziel erreicht haben, das wir uns vorher gesetzt haben. Darauf können wir seither auch immer mal wieder verweisen, wenn wir mit Kollegen darüber reden, ob es sich überhaupt lohnt, sich zu wehren. Das ist wie eine Art Legende. Guckt, es geht doch. Die Geschäftsleitung, so nebenbei bemerkt, arbeitet auch mit solchen Legenden. Die hat Einzelne, von denen sie sagen kann, der oder die hat sich durch Fleiss und kooperatives Verhalten hochgearbeitet. Da könnt ihr doch sehen, dass das geht und was euch offen steht.«

Im schrittweise aufgebauten Aktivenkreis wirken auf stabilem Niveau rund 10 KollegInnen mit. Er trifft sich etwa einmal pro Monat für 2 bis 3 Stunden. Er ist das Rückgrat der Gegenwehr – auch, weil durch die Einbindung maximal vieler ›sozialer Leader‹ ein enger Draht zur Belegschaft gehalten werden kann. Das ist nicht nur wichtig, weil so die Stimmung innerhalb der Belegschaft gut erfasst werden kann, sondern auch, weil die Wirkung, die gegen die Aktiven gerichtete Aktionen der Geschäftsführung bei den KollegInnen hinterlassen, schnell erfasst und bearbeitet werden kann. Wichtig ist für den Kreis ein kollektiver Arbeitsstil, die Formulierung konkreter Zwischenziele und die kritische Verzahnung mit der Betriebsratsarbeit: »Wir einigen uns im Kreis auf solche Ziele und überlegen dann die Schritte, wie wir effektiv Druck aufbauen können, um die durchzusetzen. Und das machen wir dann auch als Kreis. In dem Aktivenkreis diskutieren wir auch ganz offen unsere Betriebsratsarbeit. So sind wir dann auch auf einer Augenhöhe, die anderen kennen dann unsere Arbeit im Gremium und können uns auch kontrollieren. Das ist nicht schlecht, weil wir dann sehen, ob wir uns als Betriebsräte verselbständigen.« Ein konkretes betriebspolitisches Projekt ist etwa die Durchsetzung einer Eingruppierungsregelung, bei der möglichst alle Beschäftigten dieselbe Lohngruppe (8) haben sollen – ein Anliegen, mit dem sie lange sowohl an der Geschäftsführung wie an der IG BCE gescheitert sind, bevor sie es schließlich im Herbst 2015 durchsetzen konnten. Wichtig für die Arbeit des Aktivenkreises ist, dass jeder Einzelne Verantwortung für einzelne Aktivitäten übernimmt und so praktisch an der Politik beteiligt ist. Über seine im engeren Sinne betriebspolitische Arbeit hinaus wirkt der Aktivenkreis daran, eine Kollegengemeinschaft zu schaffen. Soziale Events, wie etwa gemeinsames Paintball-Shooting oder gemeinsame Kart-Rennen, finden daher regelmäßig statt.

Erfolge und Fehler

Die aktiven Gewerkschaftsmitglieder konnten so im Betrieb einzelne Erfolge feiern. Dazu gehört etwa die bereits erwähnte erzwungene Übernahme einer gewerkschaftlich engagierten Kollegin, die im Unternehmen ausgebildet und seitens der Geschäftsführung durch einen externen Bewerber ersetzt werden sollte. Auch im betrieblichen Alltagsgeschäft beweisen die GewerkschafterInnen ihre Gegenmacht, etwa indem mehrfach durchgesetzt werden konnte, dass Abmahnungen und Einträge in Personalakten durch die Geschäftsführung zurückgenommen werden mussten. Hier konnten wichtige Akzente gesetzt werden. Dazu gehört auch die Verhandlung einer Betriebsvereinbarung für flexible Arbeitszeiten, die an der Flexibilitäts- und Leistungsdruckproblematik innerhalb des Betriebes ansetzt. Zur Erinnerung: Nach Dafürhalten der Geschäftsführung galt Vertrauensarbeitszeit – in jedem Fall aber musste die anstehende Arbeit erledigt werden, zur Not in der Freizeit. Den Flexibilitätsspielräumen wurden durch die Betriebsvereinigungen immerhin, wenngleich weite, Grenzen gesetzt. Flexible Arbeitszeiten gelten in der Produktion nunmehr in der Zeit von 6 bis 17 Uhr, im kaufmännischen Bereich auf Drängen der dort Arbeitenden von 6 bis 22 Uhr.

Ein großer Forderungserfolg steht aus der Perspektive der Aktiven allerdings noch aus, wenngleich mit der Durchsetzung einer Eingruppierungsvereinbarung ein wichtiges Ziel erreicht werden konnte. Erfolge der Aktiven versucht die Geschäftsleitung gezielt zu verhindern, um einen Ausstrahlungseffekt zu unterbinden. Das zeigte sich etwa in den Verhandlungen um die Eingruppierungen, die die Geschäftsleitung über eine lange Phase zu verhindern suchte. Dieser Punkt ist von zentraler Bedeutung, denn dieser Rückzug ist weniger auf inhaltliche Konflikte während der Verhandlungen, als auf eine grundsätzliche Entscheidung der Unternehmensführung zurückzuführen. In gewissem Sinne geht es um die Sicherung von UnternehmerInnenmacht und die Verhinderung von möglicherweise ausstrahlenden und daher ggf. in der Holding Schule machenden Beispielen: »Für unser Management ist das ein Prinzip. Es lagen schon viel früher als im Herbst letzten Jahres Eingruppierungsvorschläge, schon gute Verhandlungsergebnisse vor, aber die wollten lange einfach nicht abschließen. Wir wären ja ein positives Beispiel in der Holdingstruktur. Sind wir ja jetzt auch.« Solche Ausstrahlungseffekte der Gewerkschaftsarbeit sollen insgesamt verhindert werden.

Zu diesem Zweck greift die Geschäftsführung zu verschiedenen Mitteln: »In dem Moment, in dem das ausstrahlt in die anderen Belegschaften, da geht dann bei uns auch das Bossing los. Da greifen die uns auch ganz persönlich an. Den Mirko schmeißen sie zum Beispiel mit Arbeit zu, einem anderen Aktiven verweigern sie einen Arbeitsplatz, der seiner Qualifikation auch entspricht. Oder bei mir, meinen Arbeitsplatz haben sie unter eine große Klimaanlage gestellt, so dass es da eigentlich immer kalt ist.« Neben derartigen Schikanen setzte das Management verschiedene Male darauf, aus Spannungen oder unterschiedlichen Interessen in der Belegschaft manifeste Spaltungen werden zu lassen bzw. relevante Belegschaftsteile gegen den Betriebsrat aufzubringen. Ein Beispiel ist eine im Sommer 2015 von der Geschäftsleitung mitinitiierte Unterschriftenaktion, mit deren Hilfe das Vorgehen des Betriebsrats durch die Belegschaft kritisiert werden sollte – und tatsächlich auch wurde. Der Initiator »überzeugte« einen Großteil der Belegschaft davon zu unterschreiben, indem er darauf aufmerksam machte, die Liste werde später der Geschäftsleitung vorgelegt, Verweigerer würden dieser also bekannt gemacht. Den Betriebsräten gelang es dennoch, durch mühsame Eins-zu-Eins-Gespräche mit den KollegInnen das Blatt zu wenden. In gewissem Sinne entfaltet sich so ein betrieblicher Stellungskrieg, in dem die Managementseite gezielt versucht, die Aktiven zu behindern und zu isolieren.

Als wichtiger Fehler kann in diesem Zusammenhang gelten, dass die Aktiven es versäumt haben, frühzeitig Kontakte in die Belegschaften der anderen Betriebe der Holding bzw. in Belegschaften von Werkvertragsfirmen zu knüpfen. Das führte zu ihrer Isolation und macht es der Unternehmensleitung leicht, Stimmung gegen die Aktiven bei Gasotec zu machen.

Der größte gewerkschaftliche Erfolg besteht trotz des repressiven Vorgehens der Geschäftsleitung in der Veränderung des betrieblichen Kräfteverhältnisses und einer damit verbundenen neuen Kultur im Betrieb: »Mag sein, dass wir nicht unbedingt durchsetzen konnten, was wir wollten. Aber ich finde etwas anderes wichtiger. Die Geschäftsleitung kann nämlich auch nicht einfach machen, was sie will. Und das stört sie. Das ist zum einen so, weil es uns als Aktive und als Betriebsrat gibt. Aber durch die Auseinandersetzungen hier haben sich ja auch die Kollegen verändert. Also die machen auch nicht mehr einfach alles mit. Und das schränkt die Geschäftsleitung dann eben auch ein, wenn es um so Sachen wie flexible Arbeitszeiten geht, um Aufträge auch knapp zu schaffen.«

Ein grundsätzlicher strategischer Fehler der Aktivengruppe bestand, wie oben erwähnt, in der Fehleinschätzung des Managements bzw. der Motive der Unternehmensführung. Nicht zuletzt die für den ganzen Organisierungsprozess zentralen Aktiven haben angenommen, das Management würde zentralen Forderungen angesichts der guten wirtschaftlichen Lage des Unternehmens nachgeben, um die möglichen Konflikte schnell zu befrieden. Fast das genaue Gegenteil ist allerdings der Fall, im Fokus des Managements steht der Erhalt der Kapitalmacht. »Die könnten natürlich leicht erfüllen, was wir wollen. Ich meine: Einem Unternehmen, in dem man sich gegenseitig die Firmenwagen hinterherwirft, geht es ja kaum schlecht. Ich glaube eher, die schätzen uns in gewissem Sinne einfach richtig ein. Die glauben, uns kann man sowieso nicht befrieden, indem man unsere Forderungen erfüllt, weil wir dann mehr fordern würden. Und das stimmt ja auch. Der Stück vom Kuchen, den wir wollen, der würde ja immer größer werden. Warum sollte man da auch selbstgenügsam sein?« Aus diesem Fehlurteil folgte eine klare Unterschätzung des Drucks, der auf die Aktiven ausgeübt werden sollte. »Die machen unheimlich viele Manöver, und unter dem Druck schmeißen KollegInnen natürlich auch hin. Da sind viele mürbe in der Belegschaft.«

Schlussfolgerungen

Eines zeigt das Beispiel Gasotec ganz deutlich: Auch in Betrieben, in denen das Management auf eine Mischung aus Repression und vereinnehmender Vergemeinschaftung setzt (»Wir sind alle Unternehmer«), ist es nicht nur möglich, kleine gewerkschaftliche Kreise, sondern erfolgreich auch Mehrheiten in den Belegschaften zu organisieren. Ausgehend von den konkreten Problemen, wie sie im Arbeitsalltag entstehen, können Widersprüche im Handeln von Vorgesetzten ausgenutzt werden. Grundlegende Voraussetzung ist aber ein gezieltes und strategisches Vorgehen der aktiven Organisierer einerseits, ein langer Atem andererseits. Nicht schnelle Geländegewinne, sondern ein langandauernder Stellungskrieg wird in diesem Fall sichtbar. Im Ringen um die Unterstützung ihrer KollegInnen traf der Aktivenkreis auf eine Geschäftsführung, die ebenso ausdauernden Gegenwind machte: Nicht nur durch die besonderen Managementmethoden, sondern durch wiederholte Angriffe auf die späteren Betriebsräte und das Ausnutzen von Spaltungslinien innerhalb der Belegschaft. In der Belegschaft ebenso wie innerhalb des engeren Kreises der gewerkschaftlichen UnterstützerInnen versuchte sie Widersprüche und Spannungen zu schüren.

Angesichts dieses zum Teil zermürbenden Stellungskrieges wird deutlich, wie wichtig der gezielte Aufbau einer Aktivenbasis ist. Auch das erfordert nicht nur einen langen Atem, weil immer wieder Überzeugungsarbeit geleistet, Vorbehalten begegnet, Ängste verarbeitet und gezielte Verunsicherungen durch die Geschäftsführung abgefangen werden müssen; auch in diesem Punkt ist ein strategisches Vorgehen nötig: Wer sind die sozial anerkannten Persönlichkeiten im Betrieb? Unterstützen sie die Organisierung? Gibt es einen dauerhaften Kontakt zu ihnen?

Dass sich ein zermürbender Organisierungsprozess und Stellungskrieg entwickelte, liegt in der gleichzeitigen interessenpolitischen

Klarheit wie in der wirtschaftlichen Klarsicht der Geschäftsführung begründet. Die Aktiven irrten mit ihrer Annahme, die Geschäftsleitung würde ihre Forderungen erfüllen, sofern sie nur genug Schwierigkeiten machen würden. Sicherlich, die Geschäftsleitung hätte den Konflikt am Standort relativ einfach befrieden können. Die politische Härte der Geschäftsführung erklärt sich zugleich machtpolitisch wie wirtschaftlich. Der erfolgreiche Aufbau gewerkschaftlicher Gegenmacht und betrieblicher Mitbestimmung schränkt nicht nur die Flexibilitätsspielräume des Unternehmens ein, sondern dürfte als Beispiel innerhalb des Unternehmens auch Schule machen.

Wenngleich die zu Wort gekommenen Aktiven selbst nicht euphorisch sind, so sind die Erfolge doch beträchtlich. Mit dem Aufbau einer kleinen, aber nachhaltigen Aktiven- und UnterstützerInnenbasis, mit der Etablierung eines handlungs- und gegenmachtfähigen Betriebsrates und der Durchsetzung von Betriebsvereinbarungen wurde bereits viel erreicht. Als vielleicht größter Erfolg kann gelten, dass es den Aktiven durch ihre grundsätzlich parteiliche Haltung und ihre Standhaftigkeit gelungen ist, das Vertrauen und die Sympathien auch solcher Kollegen zu gewinnen, die häufig nicht ihre Standpunkte teilen. Solidarität und Akzeptanz trotz Meinungsverschiedenheit – das ist angesichts einer Geschäftsführung, die gezielt auf Belegschaftsspaltungen setzt, ein hohes Gut. Dennoch: Bisher handelt es sich um eine Art »prekärer Gegenmacht«. Der Geschäftsführung gelingt es immer wieder, Pessimismus in der Belegschaft und Zwietracht zwischen Belegschaftsteilen und Aktivenkreis zu schüren. Eine Lösung dieses Problems ist schwierig. So paradox es allerdings klingen mag: Letztlich dürften lediglich kleine und wiederholte Erfolge im zermürbenden betrieblichen Stellungskrieg, die permanente und gezielte Sicherung des UnterstützerInnenkreises und die Platzierung von »Erfolgsmythen des Interessenhandelns« (Geschichten über Erfolge des Betriebsrates bzw. der Gewerkschaftsaktivisten, die KollegInnen sich noch lange erzählen können) dabei helfen, die gewerkschaftliche Organisationsmacht im Betrieb zu konsolidieren. Es kann kaum überbetont werden: Ein bewusster Umgang mit den betrieblichen Kräfteverhältnissen ist dabei zu jedem Zeitpunkt der Auseinandersetzung nötig. Das bedeutet nicht nur, die eigenen Kräfte zu kennen und mit den noch unsicheren KollegInnen zu diskutieren und zusammenzuarbeiten; es heißt auch, die Gegenseite aufmerksam zu beobachten, um deren Widersprüche, Schwächen und Fehler ausnutzen zu können.

Da es zum festen Waffenarsenal der Geschäftsführung gehört, die Belegschaft zu verunsichern und mögliche Spaltungen zu tatsächlichen zu machen, ist eine intensive Informations- und Vertrauensarbeit unerlässlich. Dabei stehen die Aktiven allerdings vor einer eigensinnigen Herausforderung, die zu unterschätzen mühevolle Erfolge wieder zerstören kann: Einerseits ist es wichtig, die Kolleginnen und Kollegen immer wieder über die Arbeit der Aktiven bzw. des Betriebsrates auf dem Laufenden zu halten. Ein gewerkschaftliches Bewusstsein kann sich in der Belegschaft nur dann bilden, wenn sie dauerhaft über die Konflikte zwischen Betriebsrat und Geschäftsführung informiert wird. Nur wenn das gelingt, kann sich, wie es einer der Aktiven formulierte, »ein Bewusstsein für die Arbeit und den Kampf bei den übrigen KollegInnen bilden. Nur dann können wir sie dafür gewinnen.« Gleichzeitig drohen Verdruss und Überforderung. KollegInnen wünschen sich i. d. R. nicht anhaltende und allgegenwärtige Konflikte. Permanentes Kräftemessen und anhaltende Streitigkeiten zu verkraften, fällt einer Mehrheit schwer. Hier wird ein Balanceakt sichtbar, den konfliktorientierte Gegenmachtpolitik meistern muss. Gelingt dies nicht, dann droht die Unterstützung durch die Belegschaft auch dann zu zerrinnen, wenn ihre Sympathien prinzipiell den gewerkschaftlich Aktiven gehören. In den Worten eines der Aktiven: »Dann kann es sein, dass sie zwar den Konflikt verstehen und sich eigentlich auch auf der Seite des Betriebsrats sehen, sich aber trotzdem gegen ihn stellen, weil sie der Meinung sind, dass ohne den Widerstand von aktiven KollegInnen und ohne die Betriebsratsarbeit wieder mehr Ruhe im Betrieb einkehrt.«

7.3.3 Erneuerung selbstgemacht – Organisierung bei H&M

Ein weiteres Beispiel für eine Organisierung in Eigenregie ist der Aus- und Aufbau von gewerkschaftlicher Organisationsmacht im Handelsunternehmen H&M (Fütterer/Rhein 2015). Exemplarisch zeigen sich hier die gewerkschaftlichen Organisierungsmöglichkeiten, die m. E.

auch in anderen prekären Wirtschaftsbereichen bestehen (Kap. 6). Im Fall H&M organisierte sich ein Belegschaftstyp, der vor nicht allzu langer Zeit eher als gewerkschaftlich schwer erreichbar galt: Größtenteils arbeiten im Unternehmen junge Frauen, viele mit Migrationshintergrund. Die Löhne und Arbeitsbedingungen sind so schlecht, dass von prekären Beschäftigungsverhältnissen gesprochen werden muss. Unbefristete Vollzeitstellen sind eher die Ausnahme (ebd., 15). Verbunden ist diese Prekarität mit einer Personal- und Unternehmenspolitik, die mit Hilfe gezielter Personalpolitik (Personalauswahl, informelle Beteiligungsformen, Karriereplanung ermöglichende Aus- und Weiterbildung) auf eine ideologische Integration der Beschäftigten zielt (ebd., 16). Das zeigt durchaus Wirkung, denn Beschäftigte kontrollieren und disziplinieren sich gegenseitig im Alltag. Probleme werden eher individualisiert, denn kollektiv erlebt (ebd., 17). Mehr noch, in den Köpfen vieler entsteht eine Art »Harmoniesucht«. Ein Betriebsrat lässt wissen: »H&M macht das ja ganz geschickt: dieses Wohlfühl-Feeling zu erzeugen. Jeder hat sich lieb und Konflikte sind was Böses. Probleme gibt es nicht, beziehungsweise wenn, dann sind es deine persönlichen Probleme und keine systematischen. Wenn also zehn Prozent der Leute krank sind, dann haben wir es mit zehn Prozent Minderleistern zu tun, aber nicht mit einer krank machenden Arbeitsorganisation.« (ebd., 30)

Die Betriebsräte des Unternehmens haben vor diesem Hintergrund ein eigenes Organisierungskonzept ausgearbeitet, um die noch begrenzte betriebliche Mitbestimmung und die gewerkschaftliche Basis zu verbreitern. Um der Gegenwehr der Geschäftsleitung zu begegnen und der auf ideologische Vergemeinschaftung zielenden Unternehmenspolitik etwas Wirksames entgegenzusetzen, entwickelten sie ein Patensystem, in dem bereits gewerkschaftlich Aktive aus der H&M-Belegschaft bei der Organisierung interessenpolitisch unerschlossener Filialen halfen (ebd., 2 f.). Wie in den beiden zuvor diskutierten Beispielen der gewerkschaftlichen Erneuerung, so wurden auch bei H&M betrieblich Aktive, die strategisch klug bestehende institutionelle Machtressourcen der Betriebsverfassung ausnutzen (ebd., 14), zu den Motoren der Organisierung.

Entscheidend für den Erfolg dieser Kampagne war es, dass es den Aktiven innerhalb der betrieblichen Konfliktarena gelungen ist, der Vergemeinschaftungspolitik des Unternehmens alternative Deutungen der vorliegenden Konflikte entgegenzusetzen und dass sie »in der Lage waren, diese Deutungen und die damit verbundene Praxis in Teilen der Belegschaft zu verankern.« (ebd., 48). Dies zeigt erneut, wie wichtig eine entwickelte und gepflegte Deutungsmacht (Kap. 3.2.4) für das Gelingen von Organisierungskampagnen ist: Sicherlich erklären Erfolge in betrieblichen Deutungskämpfen alleine noch nicht, weshalb Kampagnen gelingen – ohne Deutungserfolge, die die betriebliche Realitäten nicht nur als ungerecht wahrnehmbar machen, sondern auch als veränderbar erscheinen lassen, dürfte solidarische Interessenpolitik aber in jedem Fall blockiert werden. In diesem Fall bedeutete es, systematisch der unternehmerischen Herrschaftsstrategie entgegenzuwirken, die durch Firmenphilosophie und weiche Beteiligungsangebote der Entstehung kollektiver Widerspruchserfahrungen (›Wir gegen die‹) vorzubeugen suchte.

Auf dieser Grundlage gelang es den Aktiven bzw. den PatInnen, bis dato unorganisierte KollegInnen zu motivieren und sie dabei zu unterstützen, selbst aktiv zu werden – mit anderen Worten: Ein Stück gewerkschaftlicher Gegenmacht aufzubauen (ebd., 48f.). Ähnlich wie in den oben geschilderten Fällen aus dem Organisationsbereichen der IGM und der NGG waren auch hier Unzufriedenheiten und Widerspruchserfahrungen (ebd., 18) in den Belegschaften Ansatz- und Ausgangspunkte der Interessenpolitik, die sich aber kaum von selbst in Selbstorganisierung übersetzten. Insofern kann der »Fall H&M« auch als ein Beispiel dafür gelten, wie die widersprüchlichen Solidaritäts- und Mobilisierungspotenziale, die in Kapitel 6 für die Metall- und Elektroindustrie sowie den Großhandel nachgezeichnet wurden, zur Entfaltung gebracht werden können. Am Ausgangspunkt der erfolgreichen Organisierungsstrategie standen zwei wichtige Momente. Zum einen zeigten einzelne Erfolge in kleineren lokalen Konflikten, dass Verbesserungen grundsätzlich möglich sind und – als Argument in Diskussionen mit KollegInnen nicht zu unterschätzen – sich der Konflikt lohnen kann. Zum anderen stellten sich die Betriebsräte die

Frage, weshalb sie selbst bis dato interessenpolitisch kaum erfolgreich waren, das Unternehmen sich aber weithin durchsetzen konnte. Dies war der Beginn einer strategischen Umorientierung (ebd., 21).

Initiiert wurde der Organisierungsprozess 1999 durch den Gesamtbetriebsrat[19], der damals aus 7 Mitgliedern bestand, in Zusammenarbeit mit weiteren KollegInnen der Belegschaft, die gewerkschaftlich aktiv waren. Betriebsräte gab es bei H&M zwar bereits seit den 1980er Jahren, zunächst agierten sie allerdings als Co-Manager. Das galt auch für den Gesamtbetriebsrat. Ähnlich wie im oben diskutierten Fall Gasotec führten erst interne Auseinandersetzungen innerhalb des Gremiums zu einer neuen strategischen Ausrichtung (ebd., 19 f.). Der nunmehr konfliktorientierten Mehrheit gelang es bis heute, rund 100 neue Betriebsräte im Unternehmen zu gründen (ebd., 29). Der Gesamtbetriebsrat wuchs so auf 40 Mitglieder an, aus deren Kreis sich die PatInnen in den vergangenen Jahren rekrutierten. Motiviert wurden die Betriebsräte dabei nicht allein durch den Wunsch, die Arbeits- und Lohnbedingungen ihrer KollegInnen zu verbessern; die weitere Organisierung diente ihnen auch als Mittel zum Zweck, um den Gesamtbetriebsrat insgesamt durchsetzungsfähiger zu machen (ebd. 21).

Betriebsräte agieren im Patensystem als Organisierer ihrer KollegInnen. Sie gehen in die noch schlecht organisierten Filialen, in denen es noch keine betriebliche Mitbestimmung gibt, diskutieren über Probleme und legen ihren KollegInnen nahe, welche Vorteile die Gründung eines Betriebsrates hätte. Vertrauen und Vertrautheit spielen dabei eine besondere Rolle. Nicht ein fremder Gewerkschaftssekretär, sondern KollegInnen, die mit dem Unternehmen und dessen Kultur vertraut sind, suchen das Gespräch (ebd., 38). In den Worten eines Betriebsrates: »Man kann die Leute gewinnen, indem man ihnen die Möglichkeit gibt, einen Menschen vor sich zu sehen. Weil der persönliche Bezug eine ganz wichtige Rolle spielt.« (ebd., 24). Überredet wird auch in dieser Strategie niemand. Die freie

---

19 Betriebsräte bestehen in mehreren Filialen des Unternehmens, aus ihren Reihen bildet sich ein Gesamtbetriebsrat.

Entscheidung zum Aktivwerden wird auch hier, ähnlich wie in den Fällen der gewerkschaftlichen Erneuerung in Ostdeutschland, zur Emanzipationsschwelle: »Wenn die (Kollegen, T. G.) nicht hundert Prozent davon überzeugt sind, das zu tun, dann werde ich sie niemals dazu überreden. Ich verheimliche auch nicht die Komplikationen. Die Gefahr ist zu groß, dass sie aus einer Überredung heraus einen Betriebsrat gründen und dass sie nach einem halben Jahr, weil sie dem Druck nicht standhalten können, das Amt niederlegen« (ebd., 25).

Entscheiden sich die noch Unorganisierten allerdings dazu einen Betriebsrat zu gründen und sich im Betrieb zu organisieren, dann werden sie durch den Gesamtbetriebsrat im weiteren Vorgehen unterstützt und beraten. Dazu gehören nicht nur Tipps zum Verfahren. Wichtig ist vielmehr in den einzelnen Phasen der Organisierung die fast zwangsläufig auftauchenden Ängste und Zweifel der neuen Aktiven offen und ehrlich zu bearbeiten – Prozesse, die nur möglich sind, wenn zuvor ein entsprechendes Vertrauensverhältnis entstehen konnte. Denn die Organisierungsanstrengungen trafen insbesondere in den ersten Jahren auf deutlichen Gegenwind der Geschäftsführungen, etwa durch einschüchternde Einzelgespräche oder gezielte Benachteiligung von Aktiven (z. B. keine Lohnerhöhungen, schlechte Arbeitszeiten) (ebd., 28). »Räume für Zweifel und Ängste« waren und sind insofern wichtige Momente für den Organisierungsprozesses, als im ehrlichen Reden über Probleme, Sorgen und Ängste auch ein Gefühl der Zusammengehörigkeit und der praktischen Solidarität erlebt werden kann (ebd., 26). Konflikte mit Vorgesetzten und Geschäftsleitungen zu erfahren, mag das eine sein, das Erleben einer solchen Kultur der Gleichwertigkeit und Gegenseitigkeit ist das andere wichtige Moment bei der Herausbildung einer lebendigen Solidargemeinschaft (ebd., 27). Ähnlich wie bei Auseinandersetzungen im Fall Gasotec (siehe oben) wird hier insofern ein hegemoniepolitischer Stellungskrieg sichtbar: »Darin greifen (die Aktiven, T. G.) das ›unternehmerische Wir‹ auf und schaffen daraus ein ›Wir der Beschäftigten‹. In gewisser Weise wird inklusive Solidarität erst möglich, indem die Versuche des Unternehmens, eine Gemeinschaft zu konstruieren, zurückgewiesen werden: Dem Unternehmen als Einheit, das für den Erfolg zusammenstehen müsse, wird ein Wir entgegengesetzt, das Bedürfnisse der Beschäftigten in den Vordergrund stellt. Es beruht auf einer gemeinsamen Auseinandersetzung mit Erfahrungen von Ausgrenzung und Ausbeutung, auf der Erkenntnis, gemeinsame Interessen zu haben, sowie auf emotionaler Bindung.« (ebd., 27)

In den ersten Jahren versuchten die Betriebsräte tatsächlich, in erster Linie Filialen von außen zu erschließen, mittlerweile ist es möglich – auch weil die erfolgreiche Politik der Betriebsräte auf unorganisierte Filialen ausstrahlt –, eher Impulse aus den Belegschaften aufzugreifen. Dass die Erfolge sich herumgesprochen haben, war allerdings kein Selbstläufer, sondern auch eine Folge der Informations- und Diskussionsstrategie, die die Aktiven ausgearbeitet haben, etwa durch die Publikation einer eigenen Zeitung für H&M-Beschäftigte (den »Trendsetter«) oder die Pflege Sozialer Medien wie Facebook (ebd., 22 f.)

Aus der erfolgreichen Gründung von Betriebsräten folgten nicht nur vielfältige Verbesserungen, etwa weniger Willkür der Geschäftsleitung bei der Personaleinsatzplanung oder bessere Stundenlöhnerregelungen (ebd., 35); es ging auch eine Lernbewegung daraus hervor, in der Beschäftigte zunehmend selbstbewusst und aktiv wurden. Gelernt wurde aber nicht nur der aufrechte Gang im Betrieb. Vielmehr wurde ein konkreter Emanzipationsprozess ausgelöst, dessen zentrales Moment der Aufbau gewerkschaftlicher Macht im Betrieb war. Diese lebendige Gewerkschaftsmacht ist insofern nicht nur das Ergebnis von Engagement, sie ist auch eine Triebkraft der politischen Selbstveränderung und der solidarischen Vergemeinschaftung einer Belegschaft, die die Unternehmensseite zu individualisieren und zu spalten suchte. So wurde eine neue Art der »proletarischen Öffentlichkeit« geschaffen, es sind »Räume entstanden (…), (um) anders über die eigenen Arbeitsbedingungen nachzudenken, gewerkschaftliches Bewusstsein zu schaffen, über betriebliche Strategien zu diskutieren, inklusive Solidarität aufzubauen und entsprechend anders im Betrieb zu handeln (…).« (ebd. 49).

7.4
Innovative Organisierung und Arbeitskämpfe

In den vorherigen Beispielen wurde das strategische Vorgehen ehrenamtlich Aktiver diskutiert. Dabei wurde die Bedeutung sichtbar,
die das hegemoniepolitische Ringen um betriebliche Mehrheiten
und die demokratische Aushandlung zwischen verschiedenen Belegschaftsteilen für den Aufbau lebendiger Gewerkschaftsmacht haben.
Im Folgenden wird die Perspektive gewechselt. Im Fokus stehen abschließend nun einige Tarifkampagnen aus dem Dienstleistungsbe-
reich, die Anregungen für die gewerkschaftliche Erneuerung bieten
können.

Schleckerkampagne 1994/95
Ein frühes Beispiel gewerkschaftlicher Erneuerung war die Schlecker-
Kampagne 1994/95[20], die von der damaligen HBV (später ver.di) in
Mannheim/Heidelberg ins Leben gerufen wurde. Mit dem Schlecker-
Konzern wurde dabei ein Unternehmen aufs Korn genommen, das
nicht nur ein ausgesprochen repressives und einschüchterndes Be-
triebsregime pflegte, sondern wirtschaftlich stark dastand. Die tieferen Ursachen der Organisierungs- und Druckkampagne waren die
schlechten Arbeitsbedingungen, die autoritäre Personalführung und
die niedrigen Löhne, die den überwiegend weiblichen Beschäftigten
gezahlt wurden. Ein wichtiges Moment der gewerkschaftlichen Erneuerung war dabei, dass die HBV versuchte, die Auseinandersetzungen mit der Unternehmensführung (dem Paar Schlecker) im Rahmen
der Kampagne in einen breiteren gesellschaftlichen Zusammenhang
zu stellen, Bündnisse mit anderen Gruppierungen und Organisationen zu schließen und so in der Öffentlichkeit Deutungshoheit zu er-
ringen. Im Kern ging es dabei, auf der Grundlage einer soliden Arbeit
mit den Beschäftigten, um eine Erweiterung des gewerkschaftlichen
Ansatzes hin zum Selbstverständnis, selbst Teil einer breiteren gesell-

---

20 Die folgende Darstellung basiert auf Informationen aus zwei Informations-
    bänden der HBV/ver.di (Huckenbeck u. a. 2007; Huhn 2001).

schaftlichen Bewegung zu sein. Zentral dafür war, wie die Konflikte um Lohn- und Beschäftigungsbedingungen im Zuge der Kampagne »gerahmt« wurden: Die Ziele, die Löhne zu erhöhen und betriebliche Mitbestimmung einzuführen, wurden etwa in Zusammenhang gebracht mit dem gesellschaftlichen Thema der Frauendiskriminierung (überwiegend arbeiteten Frauen bei Schlecker) und dem Eintreten für menschliche Würde, wodurch beispielsweise Anknüpfungspunkte für Frauengruppen oder Kirchenvertreter geschaffen wurden, die in unterstützende Solidaritätsnetzwerke eingebunden wurden. Neben der »Verbreiterung« der Themen durch alternative »Rahmungen« traten weitere Vorgehensweisen, die über die tradierten betriebs- und tarifpolitischen Handlungsansätze hinauswiesen. Nachdem Kontakte zu Betroffenen aufgebaut worden waren, wurde etwa der Austausch zwischen ihnen außerhalb der kleinteiligen Filialen sichergestellt; wurden systematisch Informationen über das Unternehmen recherchiert; wurde ein Solidaritätsnetz geknüpft, das über den Kreis der Beschäftigten und des politisch nahen Gewerkschaftsmilieus hinausreichte; begannen die Aktiven mittels wöchentlicher Pressekonferenzen eine skandalisierende Öffentlichkeitsarbeit, die die Verhandlungen mit dem Unternehmen begleiteten; pflegte die Gewerkschaft Kontakte zu PolitikerInnen aus der Region, die dazu aufgefordert wurden, die Anliegen der Kampagne zu unterstützen; schließlich wurde ein System aus Patenschaften etabliert, die KirchenvertreterInnen und PolitikerInnen für aktive Beschäftigte übernahmen, um diese vor der Repression der Geschäftsführung zu schützen. Insgesamt gelang es der HBV so, einen wachsenden Teil der Beschäftigten zu überzeugen, zur Teilnahme an der Kampagne zu motivieren, eine breitere zivilgesellschaftliche Unterstützung zu schaffen und das Unternehmen öffentlich unter Druck zu setzen. Schließlich trat das zu Beginn vielleicht noch Unwahrscheinliche ein: Der mächtige Schlecker-Konzern lenkte ein. Es folgten Betriebsratsgründungen und Tarifvertrag.[21]

---

21 Die Kampagnenarbeit wurde zwischenzeitlich weiter systematisiert. Die Organisation Organisierung & Kampagnen (ORKA) http://www.orka-web.de spielt dabei eine wichtige Rolle. Diese Systematisierung für die Alltagspraxis findet etwa ihren Ausdruck im Leitfaden »Stärker werden! Mobilisierungs-

Tarifbewegung Einzelhandel 2013

Einen weiteren Einblick in die Möglichkeiten gewerkschaftlicher Erneuerung bietet die 8 Monate dauernde Tarifbewegung im Einzelhandel, die im Jahr 2013 stattfand. Allein die nackten Mitgliedergewinne
deuten dies an. Im Zuge des Konfliktes traten rund 32.000 Beschäftigte ver.di bei. Wichtiger ist aber: Hier wehrten sich Belegschaften
in einer hochgradig prekarisierten Branche gegen einen koordinier-
ten Frontalangriff der Arbeitgeber. Durch die Aufkündigung der
Mantel- und Entgelttarifverträge versuchten diese, das Lohnniveau
beträchtlich zu senken (Schneider 2014, 9). Dass ein größerer Teil
der Betroffenen in einer Branche mit überwiegend Teilzeitarbeits-
verhältnissen, einem großen Anteil von Niedriglohnbeschäftigten
und einer Arbeitszeitorganisation, die Austausch im Betriebsalltag
nur schwer zulässt, zum Arbeitskampf bereit war, deutet zumindest
an, dass und wie auch unter ungünstigen Bedingungen Gegenmacht
organisiert werden kann. Darüber hinaus lassen Erfahrungen, die
während der Tarifbewegung mit Solidaritäts- und Unterstützungs-
arbeit durch Studierende und Beschäftigte anderer Gewerkschaften
oder ver.di-Fachbereiche gemacht wurden, zumindest die Kraft er-
ahnen, die eine gewerkschaftliche Politik der inklusiven Solidarität
freisetzen kann.

Niedrige Löhne und flexible Arbeitszeitarrangements gehören zu
den tragenden Säulen des Geschäftsmodells im Einzelhandel. Der
Einzelhandel bietet ein hervorragendes Beispiel für die Konzentration von Kapital, auf den ersten vier Plätzen der vier reichsten
Deutschen stehen Familien, die im Handel investieren, die Familie
Albrecht (Aldi), Brenninkmeijer (C&A), Schwarz (Lidl und Kauf-
land) und Otto (OTTO und ECE) (Kobel 2014, 12 f.). Dem gegenüber stehen weitgehend prekarisierte Belegschaften, immerhin rund
ein Drittel der Beschäftigten arbeitete 2010 für Löhne, die unter der
Niedriglohnschwelle lagen (Behruzi 2014, 90).

kampagnen für Tarifrunden«, der von ver.di herausgegeben und Georg Wiss-
meier (ver.di-Bereich »MitgliederEntwicklung«) und Mitarbeitern von ORKA
erstellt wurde (ver.di 2014).

Angesichts stagnierender Umsätze und dem Unvermögen der Konzerne, neue Käuferschichten zu erreichen, entstand eine »Vernichtungskonkurrenz«, die weitestgehend auf dem Rücken der Beschäftigten ausgetragen wird. Ein normaler Schritt war und ist dabei die Flucht aus der Tarifbindung. Als weiterer Eskalationsschritt in dieser Konzernstrategie kann allerdings der Versuch der tarifgebundenen Unternehmen gelten, die Mantel- und Entgelttarifverträge flächendeckend aufzukündigen, »um Lohnsenkungen für Tätigkeiten an der Kasse und bei der Warenpräsentation, um weitere Möglichkeiten zur Flexibilisierung der persönlichen Arbeitszeiten und um die Reduzierung der dazu in den Tarifverträgen verankerten Mitbestimmungsrechte der Betriebsräte, um die Streichung von Nachtarbeitszuschlägen für Nichtverkaufstätigkeiten wie Auffüllen und Inventuren (durchzusetzen).« (Kobel 2014, 20) ver.di reagierte auf diesen Vorstoß mit Betriebsversammlungen, die an vielen Orten zu einem Kristallisationskern großer Empörung der Beschäftigten wurde.

Zwar wurden die Streikenden im Rahmen der sich anschließenden Tarifbewegung kaum durch andere Gewerkschaften oder andere ver.di-Fachbereiche unterstützt (Born 2014, 35); gleichwohl konnten aber punktuell wichtige Erfahrungen mit der Unterstützungs- und Solidaritätsarbeit durch andere gesellschaftliche Gruppen gesammelt (de Vries 2014) werden. Sie deuten an, wie ermächtigend Solidaritätsarbeit bzw. weit geknüpfte Solidaritätsnetzwerke wirken können. Beispiele waren etwa die »Gewerkschafter gegen Stuttgart 21« bei Aktionen in Stuttgart (Stamm/Hägele 2014, 51), ein gewerkschaftlicher UnterstützerInnenkreis in Hannover oder linke Studierende in Berlin. Die kontinuierliche Streikunterstützung durch sozialistische Studierende bei H&M in Berlin stärkte, wie einer der Aktiven es formuliert, den Streikenden nicht nur den Rücken und bot nützliche Hilfen (etwa in der Öffentlichkeitsarbeit), sondern bestätigte sie darin einen gerechten Kampf zu führen – ein nicht zu unterschätzender Aspekt in kräftezehrenden Auseinandersetzungen. Darüber hinaus weitete die Zusammenarbeit die Perspektive der Streikenden: »Auch die Gespräche im Pausenraum haben sich in dieser Zeit geändert. Plötzlich wurde nicht mehr über unanständige Kunden gelästert oder über das TV-Programm vom Vortag. Die KollegInnen redeten jetzt über Krisenproteste der Blockupy-Bewegung vor der EZB, sie stellten das System in Frage, sie sprachen über die Bundestagswahl und Parteien. (...). Sie redeten darüber, welche Eskalationsstufen man in den Streik einbauen könne (...) und entdeckten ihre Stärke gegenüber dem Arbeitgeber. Ich beschreibe diesen Prozess während der Tarifrunde gerne als »Emanzipation der Arbeiterklasse« bei uns im Betrieb.« (Richter 2014, 45) Die Tarifbewegung im Einzelhandel war ein Defensivkampf unter ungünstigen Vorbedingungen – und dennoch ein deutlicher Erfolg. Dies nicht nur, weil die Hauptforderungen der Arbeitgeber abgewehrt werden konnten und ver.di sich als handlungsfähige Gegenmacht beweisen konnte, sondern auch weil Erfahrungen mit einer lebendigen Streikbewegung ermächtigend auf die Beschäftigten und ihre UnterstützerInnen wirkten: »Durch die vielfältigen öffentlichen Aktionen, kreative Streikstrategien wie z. B. Streiks aus dem laufenden Geschäft, Flashmob-Aktionen oder Rein-Raus-Streiks ist es ver.di gelungen, die größten Angriffe abzuwehren. In NRW haben sich insgesamt 20.000 Beschäftigte aus über 200 Betrieben an den Streikaktionen beteiligt (...). Das Entscheidende ist, ob eine Gewerkschaft trotz der ungünstigen Situation in der Branche bereit ist, sich auf diese Auseinandersetzung einzulassen. Würde sie sich nicht darauf einlassen, hätte sie nur die Möglichkeit, zu kapitulieren oder sich bestenfalls auf faule Kompromisse einzulassen. Dass es einen anderen erfolgreichen Weg gibt, hat nicht zuletzt die Auseinandersetzung im Einzelhandel gezeigt.« (Born 2014, 38)

Streik in Sozial- und Erziehungsdiensten 2015
Das letzte Beispiel bietet die Tarifbewegung in den Sozial- und Erziehungsdiensten, insbesondere der ErzieherInnen in den Kitas, die in vielerlei Hinsicht bemerkenswert war. Außergewöhnlich war zunächst, dass es sich um eine Aufwertungsrunde handelte, in der die offensive Forderung nach einer materiellen Besserstellung der Beschäftigten mit der gesellschaftspolitisch zu beantwortenden Frage verbunden wurde, was Pflege- und Erziehungsarbeit in unserer Gesellschaft wert ist bzw. wert sein sollte. Medium dieser gesellschaftspolitischen Rahmung

einer gewerkschaftlichen Kernforderung nach mehr Entgelt war eine breite Kampagne unter dem Motto »Soziale Arbeit ist mehr wert!«, die in Medien und in der Öffentlichkeit auf erhebliche Sympathien gestoßen ist. Von großer Bedeutung dürfte, wie Yalcin Kutlu betont, dabei sein, dass diese Aufwertung als Moment eines Kampfes um soziale Anerkennung betrachtet werden kann, »der gegen die tradierte gesellschaftliche Abwertung von Reproduktionstätigkeiten opponiert.« (Kutlu 2015, 126) Die Bewegung selbst – in ihrer Vorbereitung und Durchführung – erlebte ein hohes Maß an Beteiligung seitens der Beschäftigten. Insgesamt riefen ver.di, GEW und Beamtenbund im Mai 2015 rund 240.000 Beschäftigte zum Streik auf. In den internen Abstimmungen bei ver.di und der GEW hatten sich zuvor weit über 90 % der Beschäftigten für einen Arbeitskampf ausgesprochen (ebd., 126). Das dürfte einerseits der erheblichen Empörung geschuldet sein. Andererseits wurde, das ist die zweite Besonderheit dieser Auseinandersetzung, die Tarifbewegung mit Hilfe von Delegiertenstrukturen durchgeführt, die die normalen Tarifkommissionen ergänzten. Dieses Experiment mit basisdemokratischen Strukturen, so ein Landesbezirksvorstandsmitglied von ver.di in NRW, habe deutlich zu einer höheren Beteiligung an Streiktagen und Aktionen geführt, wie etwa am Beispiel Düsseldorfs angedeutet werden kann. Rund 2.300 Menschen arbeiten dort in den Sozial- und Erziehungsdiensten (inklusive der Beschäftigten mit Verwaltungstätigkeiten). Von diesen haben sich rund 700 am Streik beteiligt, es fanden Demonstrationen mit 500 bis 600 TeilnehmerInnen statt und auch andere kollektive Aktionen fanden in der Regel regen Zuspruch. Im Rahmen der Tarifbewegung und innerhalb der Bottom-Up-Entscheidungsstrukturen entstand offenbar auch neues gewerkschaftliches Selbstbewusstsein: Nachdem von der ver.di-Führung ein Schlichtungsverfahren angeregt wurde, wurde der anschließende Schlichtungsvorschlag mit großer Mehrheit der Bundesdelegiertenkonferenz abgelehnt, woraufhin sich die ver.di-Führung und Streikdelegierte auf eine Mitgliederbefragung einigen konnten. Rund 58 Prozent der Mitglieder stimmten schließlich zu. An der Bewertung des Abschlusses scheiden sich dennoch die Geister. Nicht wenige unzufriedene Stimmen wurden laut.

Anregend wirkt an dieser Kampagne nicht nur ihre demokratische Form, sondern dass sie in gesellschaftliche Deutungskämpfe eingegriffen hat: Welche Arbeit ist wichtig? Was ist sie uns wert? Gesellschafts- und unmittelbare Interessenpolitik wurden in der Kampagne so miteinander verknüpft, dass der gewerkschaftliche Kampf als Kampf »für uns alle«, für eine bessere Gesellschaft (mit besserer Sorge für unsere Kinder) erkennbar wurde. Diese Auseinandersetzung um das »gesellschaftliche Allgemeininteresse« ist äußerst wichtig, werden Forderungen zur Verbesserung der Arbeits- und Lebenssituation einzelner Beschäftigtengruppen doch oft von der Gegenseite als »borniert Einzelinteressen« denunziert. Gerade in Sektoren, in denen Bürger unmittelbar von Arbeitskämpfen betroffen sind (z. B. bei der Bahn, in der Gesundheitsbranche oder in der Luftfahrt) kann dieser Deutungskampf ›ums Ganze‹ für den (Miss-)Erfolg einer Kampagne von zentraler Bedeutung sein.

7.5
Grenzen der Erneuerung von Gewerkschaftsmacht

Dass es gelungen ist, den Rückgang der Mitgliederzahlen der DGB-Gewerkschaften zu stoppen und dass Einzelgewerkschaften wie die IG Metall und NGG Zuwächse feiern konnten, ist ein gutes Zeichen, denn wachsende Mitgliederzahlen stärken finanziell die Organisationsmacht und können zumindest potenziell zu einer Stärkung der lebendigen Beschäftigtenmacht beitragen. Aber zu größerer gewerkschaftlicher Durchsetzungsfähigkeit führt dies allein noch nicht. Mitgliederzuwächse reichen dafür nicht. Die gewerkschaftliche Durchsetzungsfähigkeit steht und fällt mit der Art und Weise, wie diese Mitglieder Gewerkschaftsarbeit organisieren können, daran beteiligt oder zur Beteiligung angeregt werden. Kurz: Für die Stärkung wirklicher Beschäftigtenmacht ist entscheidend, ob eine lebendige gewerkschaftliche Basis geschaffen wird; ob es ehrenamtlich Aktiven gelingt, einen größeren Kreis der KollegInnen für die gewerkschaftliche Arbeit im Betrieb zu interessieren und dafür zu mobilisieren; ob Hauptamtliche dazu in der Lage sind, Betriebsräte und andere Gewerkschafts-

mitglieder zu einer lebendigen betrieblichen Gewerkschaftsarbeit und
in der lokalen Gewerkschaftsgliederung zu motivieren und dafür demokratische Beteiligungsmöglichkeiten zu schaffen; ob sie es schaffen,
politische Diskussionen über die Strategien vor Ort zu eröffnen; ob
Hauptamtliche, die in den nachgelagerten gewerkschaftlichen Apparaten arbeiten, Gewerkschaftssekretäre und Ehrenamtlichen vor Ort
effizient dabei unterstützen und sie dazu – etwa infrastrukturell, durch
Dienstleistungen oder zusätzliche Ressourcen – befähigen können.
Ob all dies gelingt, ist schwer abzusehen. KritikerInnen immerhin
zeigen sich skeptisch. Sie weisen darauf hin, dass die oben beschriebenen Erneuerungsbewegungen »Organizing« und »bedingungsgebundene Gewerkschaftsarbeit« Gefahr laufen, auf reine »Mitgliedermach-
Ansätze« reduziert zu werden. Sollte sich das bewahrheiten, dann
hätten wir es tatsächlich weniger mit gewerkschaftlicher Erneuerung
als mit neuen »Top-Down-Aktivierungstechniken« zu tun, die kaum
als politischer Fortschritt und als nachhaltiger Beitrag zum Wiederaufbau von Gewerkschafsmacht gewertet werden könnten.

Mittelfristige Veränderungen der Organisationskulturen?
Wohlgemerkt, diese Sorge wird von Ehrenamtlichen wie Hauptamtlichen gleichermaßen ausgedrückt. Grundsätzlich muss allerdings
für den jetzigen Zeitpunkt als offen gelten, wie sich die Förderung
von Selbsttätigkeit der (potenziellen) Mitglieder und die angestrebte
eigene Konfliktbereitschaft auf die Arbeitsbeziehungen und auf das
Binnenverhältnis zwischen Hauptamtlichen, Mitgliedschaft und Belegschaften auswirken werden. Möglicherweise finden sich hier Triebkräfte einer gewerkschaftlichen Erneuerung, die nicht sofort sichtbar
werden und eher einer »Hefe« gleichen, die ihre Wirkung nachge-
lagert entfaltet. Dabei sollten mögliche Beharrungskräfte innerhalb
der Gewerkschaften gleichwohl nicht unterschätzt werden, die auch
mit bürokratischen Strukturen und Routinen verbunden sind (Kap.
3.2.2). Denn angesichts unnachgiebiger Kapitalstrategien mag es zwar
notwendig erscheinen, Belegschaften stärker an der Entwicklung von
gewerkschaftlichen Zielen, Forderungen und Handlungsansätzen zu
beteiligen und Gewerkschaftsmitglieder als Akteure »anzurufen« und

zu stärken, wie es ein Gewerkschaftsfunktionär am Rande einer Konferenz einmal formulierte – gleichzeitig öffne man damit möglicherweise aber, wie er weiter wissen ließ, auch eine »Büchse der Pandora« weitergehender Beteiligungsansprüche der ehrenamtlich Aktiven, die nicht nur gewohnte gewerkschaftliche Routinen hinterfragen, sondern auch die Verpflichtungsfähigkeit gegenüber verhandelten Ergebnissen wenn nicht untergraben, so doch erschweren könnten. »Kampagnen und Organizing-Projekte enthalten (...) aus der Sicht der Apparate das Problem, dass der Dampf unter Umständen außer Kontrolle geraten kann. Wenn man fragt, wo der Schuh drückt, muss man mit überraschenden Antworten rechnen. (...) Das Problem betrifft, weil es strukturell angelegt ist, große und kleine Funktionäre, Betriebsräte und Vertrauensleute, Hauptamtliche und Ehrenamtliche, informelle und auch formelle Gewerkschaftschefs.« (Birke 2010, 180).

Wünschenswerte praxisorientierte Austausch- und Lernräume für Aktive
Die Stabilisierung von Mitgliederzahlen, spür- und belegbare Betriebs- und Gesellschaftskritiken in Belegschaften und vielfältige Lernbewegungen in Betrieben und Gewerkschaften stellen Hoffnungsschimmer innerhalb einer noch anhaltenden Phase der gewerkschaftlichen Defensive dar. Wünschenswert und produktiv wäre vor diesem Hintergrund, wenn eine Gewerkschaftsöffentlichkeit geschaffen würde, in der die bisher gemachten Erfahrungen – ob nun in Organizingprojekten, konfliktbezogenen Tarifkampagnen oder in konkreten betrieblichen Auseinandersetzungen – systematisch von Haupt- und Ehrenamtlichen daraufhin diskutiert und ausgewertet werden könnten, was lernenswert und verallgemeinerbar ist. Solche Lernräume für die haupt- und ehrenamtlich Aktiven vor Ort könnten die Form von Erfahrungs- und Ideenwerkstätten bzw. um diese herum organisierter Tagungen annehmen und zu Startpunkten verallgemeinerten Organisationslernen werden. Bisher spielen entsprechende praxisorientierte Lernräume für Aktive, zumindest im Verhältnis zu den Ressourcen der Gewerkschaften, eine nur nachgeordnete Rolle. Gute Gründe dafür gibt es nicht. Nachfrage für entsprechende Veranstaltungen scheint es jedenfalls zu geben, wie etwa die »Streikkonferenzen« der Rosa

Luxemburg Stiftung zeigen. Die zweite dieser Konferenzen, die 2014 stattfand, bot immerhin knapp 700 Menschen einen Raum, um sich über betriebliche Organisierung, Kampagnenarbeit, Tarifpolitik und Streikerfahrungen auszutauschen. Es ist eigentlich unverständlich, dass derartige Lernräume nicht regelmäßig innerhalb der Gewerkschaften geöffnet werden.

So muss zumindest für den jetzigen Zeitpunkt gelten: So sehr aus diesen positiven Trends und Beispielen gelernt werden kann und so sehr sie zum praktischen Ausgangspunkt für die Erneuerung von Gewerkschaftsmacht gemacht werden sollten, so sehr bleiben sie bislang noch isoliert. Neben dem Mangel an offenen Lernräumen, dem Festhalten relevanter Teile der Gewerkschaftsbewegungen am Status Quo oder gar der Orientierung an Strategien des Co-Managements liegt dies auch an einer fehlenden Alternativkonzeption von Gewerkschaftsarbeit. Damit sind nicht die einzelnen »Philosophien« oder »Logiken« gemeint, deren einzelne Neuansätzen sicherlich unterliegen, sondern eine praktisch werdende Alternativvision von Gewerkschaftsarbeit, in die diese eingebunden werden können.

Spaltungen statt solidarischer Vereinigung?
Letzteres zeigt sich vielleicht allzu deutlich an den Konflikten, die in der jüngeren Vergangenheit zwischen ver.di und IG Metall (ähnlich etwa zwischen ver.di und der GEW) um tarifpolitische Zuständigkeiten ausbrachen[22] – zwischen genau den Organisationen also, die in den letzten Jahren die meisten Erfahrungen mit innovativen Formen der Organisierungs- und Tarifpolitik sammeln konnten. Dieser Konflikt schwelte in der Vergangenheit, trat 2014 und 2015 allerdings klarer hervor.

Konflikte und Reibungen zwischen Einzelgewerkschaften sind selbstverständlich nicht neu, wie etwa der Fall GDL-EVG zeigt. Vor dem Hintergrund der langjährigen Mitgliederverluste und angesichts eines Zentralisierungsprozesses, durch den IG Metall und ver.di selbst

---

22 Sehr lesenswert ist der Diskussionsbeitrag von Frank Deppe (Deppe 2015a) zu diesem Problem.

je zu Multibranchengewerkschaften (»kleine DGBs«) im DGB wurden, wächst die Konkurrenz zwischen beiden um potenzielle Neumitglieder und tarifpolitische Zuständigkeiten – eine Konkurrenz, die die Existenz bzw. die Funktionstüchtigkeit einer solidarischen Gesamtorganisation DGB ernsthaft in Frage stellt. Dieser Wettbewerb wurde genährt durch den Versuch beider Organisationen, den Mitgliederrückgang aufzufangen und die eigene Tarifzuständigkeit aufrecht zu erhalten. ver.di experimentiert dafür mit einem Begriff der »expansiven Dienstleistungen«, durch den auch Tätigkeiten und Bereiche als potenzielle Erschließungsbranchen in den Blick geraten, die ebenfalls von anderen Gewerkschaften beansprucht werden. Umgekehrtes gilt für die IG Metall, die mit der Entwicklung eines neuen Betriebsbegriffs (Wertschöpfungskettenansatz) beispielsweise Logistiker und Entwicklungsdienstleister in den Blick fasst, die auch ver.di gerne organisieren möchte (Deppe 2015a). Natürlich ist der Konflikt innerhalb des DGB nicht allein auf den Wettbewerb um Mitglieder und tarifpolitische Zuständigkeit zu reduzieren, er dürfte aber eine zentrale Rolle spielen. KritikerInnen, denen an einer solidarischen Einigung der Gewerkschaften gelegen ist, sprechen deshalb von der drohenden gegenseitigen Kannibalisierung der DGB-Gewerkschaften. Die Zentralisierung der Gewerkschaften im DGB (Multibranchengewerkschaften) und die objektiven sozialökonomischen Klassen- und Belegschaftsfragmentierungen, deren Ursachen in Kapitel 5 herausgearbeitet wurden, boten dabei den Humusboden des Streits. Nicht die Zentralisierung an sich ist dabei das Problem, sondern die »Zentralisierung in Konkurrenz«, der nicht durch Ausweitung solidarischer Kooperations- und Aushandlungsbeziehungen zwischen den Organisationen entgegengewirkt wird. Mittlerweile sind die offenen Konflikte zwar durch Abkommen beseitigt worden; zwischenzeitlich aber hielten auch langjährige Hauptamtliche und alte Gewerkschaftsintellektuelle tiefe Zerwürfnisse oder gar eine Ende des DGB für möglich. M. E. ist es jedenfalls offen, ob die Beilegung des offenen Konfliktes auch mit der Beseitigung der tieferliegenden Spannungen einhergehen wird.

Überschattet wurde dieser Großkonflikt durch ein Tarifeinheitsgesetz der Koalition aus CDU und SPD, das seit Juli 2015 grundgesetz-

widrig in die Koalitionsfreiheit der Lohnabhängigen eingreift, um die
Tarifzuständigkeiten streitender Gewerkschaften zu klären. Das Gesetz
sieht vor, dass faktisch nur mehr die mitgliederstärkste Gewerkschaft
in einem Unternehmen/einer Branche Tarifpolitik betreiben kann.
Faktisch wird einem anderen Teil der Beschäftigten das Recht auf eine
eigenständige Interessenpolitik vorenthalten. Es ist unerheblich, wel-
chen Inhalt diese hätte – das Recht von Lohnabhängigen, sich autonom zu organisieren, wird zwar nicht de jure, wohl aber de facto in
Frage gestellt. Detlef Hensche, langjähriger Gewerkschaftssekretär der
IG Druck und Papier und ehemaliger Vorsitzender der Gewerkschaft
IG Medien fasst die Wirkung des Gesetzes wie folgt zusammen: »Das
Gesetz verletzt die Koalitionsfreiheit der Gewerkschaft, deren Tarifvertrag die rechtliche Geltung versagt wird. Der Gesetzgeber entzieht der
Gewerkschaft das Recht, die Arbeitsbedingungen ihrer Mitglieder (…)
auszuhandeln (…). Die Mitglieder verlieren den Schutz des Tarifver-
trags. Damit wird eine der wichtigsten gewerkschaftlichen Funktionen
(…) beseitigt. Überdies zielt der Gesetzentwurf auf das Streikrecht der
Minderheitsgewerkschaft. In der Gesetzesbegründung spricht die Bundesregierung die Erwartung aus, dass die Gerichte Streiks um Tarifverträge untersagen, die mangels Mehrheit verdrängt werden, also nicht
gelten. (…). Das Gesetz zielt nach Inhalt und Begründung unüberseh-
bar auf die Aktivität streikfähiger und streikbereiter Berufsverbände.
Sie sollen rechtlich diszipliniert und ruhiggestellt, ja um ihre Existenz-
berechtigung gebracht werden. Auch wer Berufsverbände und ihre
tendenziell exklusive Interessenverfolgung für den falschen Weg hält
und für das einheitsstiftende Organisationsmodell und Selbstverständnis der Industriegewerkschaft eintritt, kann den Gesetzentwurf nicht
gutheißen.« (Hensche 2014, 3 f.) Welchen Sinn aber hat eine Gewerk-
schaftsmitgliedschaft, wenn der jeweilige Verband keine Tarifpolitik
machen kann, durch die die eigenen Interessen verwirklicht werden
können? Offiziell soll das Gesetz die Pluralisierung der Tarifpolitik verhindern – ein Gesetz aber, das etwa die Verbandsmitgliedschaft von
Unternehmen vorschreibt (in dieser Logik immerhin ein konsequenter
Schritt, um der Verbandsflucht von Unternehmen beizukommen), ist
allerdings nicht in Planung. Tatsächlich stehen im Hintergrund des Ge-

setzes Ängste innerhalb des Arbeitgeberlagers vor einer Zunahme von Arbeitskämpfen, wie etwa prominent die der Gewerkschaft Deutscher Lokomotivführer (GDL). Es ist interessant die Argumente weiterzudenken, die von PolitikerInnen von SPD und CDU, von Unternehmensfunktionären sowie selbst von einzelnen Gewerkschaftsfunktionären vorgetragen wurden, um die »Unverhältnismäßigkeit« dieser Arbeitskämpfe und – vorsichtiger – die notwendige Einschränkung des Streikrechtes (Tarifeinheitsgesetz) zu begründen: Derartige Streiks schadeten dem Gemeinwohl, sie zögen volkswirtschaftlichen Schaden nach sich. Aber nur ein Streik, der schadet (einem Unternehmen oder einer ganzen Branche), taugt überhaupt zur Durchsetzung von Interessen. Schadet er nicht, dürfte das Gegenüber keinerlei Grund haben, auf die Forderung der Beschäftigten einzugehen. Welchen Schaden etwa bereitet ein Streik in der Automobilzulieferkette, wenn dadurch die Montagebänder mehrerer Endhersteller wie VW, BMW oder Mercedes stillstehen (was bei Just-in-Time- und Just-in-Sequence-Fertigung schnell der Fall wäre)?

Die Vorsitzenden der IGM und der IG BCE unterstützten diesen tiefen Einschnitt in die gewerkschaftlichen Freiheiten. Es dürften nicht zuletzt die DGB-internen Konflikte gewesen sein (neben denen zwischen Berufsgewerkschaften wie der GDL und DGB-Gewerkschaften wie der EVG), die die Bundesvorstände beider Gewerkschaften dazu gebracht haben, diese Einschränkung gewerkschaftlicher Freiheiten zu unterstützen. Wie auch immer man die Politik der Berufsgewerkschaften bzw. die Strategien der streitenden DGB-Gewerkschaften beurteilen mag, eines steht fest: Hier treten deutliche politische Spaltungslinien innerhalb der Gewerkschaftsbewegung hervor, die auf den sozialen Spaltungen aufsetzen, die ausführlich in Kapitel 5 erörtert wurden.

8.
Organisieren, kämpfen, gewinnen

Gewerkschaft als Bewegung

Die Neoliberalisierung des Kapitalismus führte zu einer empfindlichen Schwächung der Lohnabhängigenmacht (Kap. 4). Nach dem Ende der langen Nachkriegsexpansion, die sozialpartnerschaftlichen Gewerkschaften große organisations- und tarifpolitische Erfolge bescherte (Kap. 4), setzten Suchbewegungen und Krisenlösungsversuche bei den politischen und ökonomischen Eliten ein, die zu einer tiefgreifenden Veränderung des gewerkschaftlichen Kampffeldes führten. Eine langandauernde Defensive der Gewerkschaften war die Folge. Das Zwischenergebnis ist eine prekarisierte Arbeitsgesellschaft, für die eine sich entgrenzende Macht des Kapitals über die lebendige Arbeit charakteristisch ist. In ihr arbeiten mehr Menschen als je zuvor lohnabhängig, die Fragmentierungslinien zwischen den verschiedenen Gruppen der abhängig Beschäftigten sind jedoch erheblich. Die Gefahr besteht, dass aus ihnen echte interessenpolitische Spaltungen werden – dass der Offensive des Kapitals nicht durch eine Offensive der Lohnabhängigenmacht, sondern durch zersplitternde und auf exklusiver Solidarität beruhende Bewahrungskämpfe begegnet wird.

Ich habe darauf verzichtet Erfolge, Niederlagen und Grenzen sozialpartnerschaftlicher Gewerkschaftspolitik detailliert zu analysieren. Wie immer man sie auch bewerten mag, der lange Blick zurück zeigt – legt man Organisationsgrade, Tarifpolitik, die Entwicklung

der gewerkschaftlichen Organisationsmacht und die gesamtgesellschaftlichen Kräfteverhältnisse als Maßstab zu Grunde –, dass sie
der disziplinierenden und fragmentierenden Expansion der Kapitalmacht nicht wirksam entgegenwirken konnte. Mehr oder weniger
stillschweigend setzte sich diese Einsicht in Teilen der Gewerkschaftsbewegung durch, wie der Blick auf Experimente mit neuen Formen
der Gewerkschaftspolitik gezeigt hat. Sie entstanden nicht selten in
lokalen Gewerkschaftsgliederungen oder in Betrieben, wurden aber
auch durch Gewerkschaftsvorstände ins Werk gesetzt. Gleichwohl
bleiben diese Ansätze bisher vereinzelt, zuweilen werden sie sogar
auf reine Instrumente zur Mitgliedergewinnung reduziert. Wo das
der Fall ist, stehen sie einer wirklichen Erneuerung gewerkschaftlicher Macht im Weg.

Aus den oben erörterten Lernbewegungen und aus gegenmachtorientierten Traditionen, lässt sich allerdings durchaus eine kohären-
tere Alternative zur sozialpartnerschaftlichen Gewerkschaftspolitik
herausschälen. In der internationalen Debatte wird sie als Social
Movement Unionism bezeichnet, worunter man im Deutschen »Gewerkschaft als Bewegung« verstehen kann. »Die Gewerkschaft als Bewegung« unterscheidet sich vom »sozialpartnerschaftlichen Gewerkschaftsmodell« in einigen zentralen Punkten, die ich abschließend zur
Diskussion stellen möchte.

Ob eine solche »Gewerkschaft als Bewegung« entsteht und wie
sie genau aussehen wird, ist von Experimenten in den Betrieben, von
gemeinsamen Erfahrungen und daraus folgenden Lernbewegungen
abhängig. Ein wichtiger Zwischenschritt wäre deshalb die Vernetzung
möglichst vieler Gewerkschaftsaktiver über die Grenzen ihrer Einzelgewerkschaften hinaus. Nicht zuletzt wird es davon abhängen, ob
gemeinsame Austausch- und Lernräume für Aktive geöffnet werden
können, von denen in Kapitel 7 abschließend die Rede war. Gewerkschaftspolitik lässt sich nicht am Schreibtisch erfinden. Möglicherweise können die folgenden Thesen aber zur Diskussion über notwendige Schritte beitragen.

Um Missverständnissen vorzugreifen: Anders als in der bishe-
rigen deutschen Debatte manchmal unterstellt wird, bestehen die

Unterschiede zum sozialpartnerschaftlichen Ansatz nicht darin, ob
bestimmte Institutionen der Arbeitsbeziehungen (etwa Betriebsräte)
genutzt oder ignoriert, ob bestimmte Organisationsstrukturen (z. B.
ein handlungsfähiger hauptamtlicher Funktionärskörper) ausgebildet
oder vernachlässigt werden. Die »Gewerkschaft als Bewegung« kann
Gesetze nicht ignorieren und muss alle Mittel nutzen, um Beschäftigteninteressen effizient zu vertreten. Insofern geht es nicht darum, Gewerkschaften, die erhebliche Organisationsmacht und institutionellen
Einfluss gewonnen haben, auf den organisatorischen Stand einer sozialen Bewegung zurückzuschneiden. Das wäre ein Rückschritt. Der
Hauptunterschied zum »sozialpartnerschaftlichen Gewerkschaftsmodell« besteht vielmehr in der grundlegenden Ausrichtung der Arbeit,
in der strategischen Orientierung gewerkschaftlicher Politik (Moody
1997a, 58). Wichtig sind der Aufbau von Lohnabhängigenmacht in
den Betrieben, die Orientierung an klassenweiter Solidarität, eine
transformatorische Vorstellung von Gewerkschaftspolitik, ein dezi-
diert gesellschaftspolitischer Anspruch und ermächtigende gewerkschaftliche Bildungsarbeit. Gegenmacht und umfassende Solidarität
sind insofern Schlüsselmomente für »Gewerkschaften als Bewegung«,
die Ermutigung der Beschäftigten zur »gewerkschaftlichen Selbsttätigkeit« ein zentrales Mittel.

8.1
Gegenmacht und betriebliche Organisationsmacht

Gewerkschaft als Gegenmacht | Mit älteren gewerkschaftspoliti-
schen Ansätzen teilt der Ansatz, dass er strategisch auf den Aufbau
autonomer Gegenmacht setzt. Diese zielt, wie der Erste Bevollmäch-
tigte der IG Metall Köln-Leverkusen, Witich Roßmann, es ausdrückt,
»auf die selbstbestimmte Kontrolle der Arbeits- und Lebensverhält-
nisse von Arbeitnehmern gegenüber den Zugriffen des Kapitals auf
Arbeitszeit und Arbeitsleistung, und sie äußert sich ökonomisch als
Errichtung von Verwertungsschranken für das Kapital […] und politisch als Einschränkung der Direktionsmacht des Kapitals.« (Roßmann 2001, 378) Die in Kapitel 6 dargestellten Betriebs- und Ge-

sellschaftskritiken, so wenig repräsentativ sie auch sein mögen, legen Unzufriedenheiten mit permanent auf Produktivitätssteigerung zielenden Rationalisierungsstrategien und rein instrumenteller Vernutzung der Arbeitskraft frei, die einer solchen Gegenmachtorientierung den Boden bereiten. Klar ist: Aufgrund der strukturellen Abhängigkeit der Beschäftigten von der Akkumulation des Kapitals (Kap. 3.4) findet diese Gegenmacht auf betrieblicher Ebene ihre Grenze i. d. R. in der Wettbewerbsfähigkeit. Das ist der Grund, weshalb konsequente betriebliche Gegenmachtpolitik nicht in einem Betriebssyndikalismus enden kann, sondern ein wichtiger Schritt auf dem Weg zu überbetrieblichen Solidaritätspolitiken ist.

Diese Gegenmachtausrichtung ist in Industrie- und Dienstleistungssektoren gleichermaßen sinnvoll. Allerdings gibt es zwei wichtige Besonderheiten. Ist der Staat Arbeitgeber, treffen die Interessen der Beschäftigten auf Vertreter der öffentlichen Hand – in vielen Bereichen prallen sie dabei auf eine Wirklichkeit unterfinanzierter Haushalte (etwa in den Kommunen), die sich auf neoliberale Steuerpolitik zurückführen lässt. In etlichen Dienstleistungsbranchen, ob sie nun staatlich oder privat organisiert werden, wird darüber hinaus »soziale Infrastruktur« bereitgestellt, die für einen großen Teil der Bevölkerung wichtig ist. Bahnen und KiTas sind lediglich prominente Beispiele. Arbeitskämpfe treffen nicht nur die Geschäftsführungen, sondern zugleich die Bevölkerung. Zumindest in diesen Sektoren, wenn nicht in allen, wäre konsequente Gegenmachtpolitik im Interesse der Beschäftigten mit der Arbeit an Solidaritäts- und Unterstützungsnetzwerken zu verbinden, um die Diskussion mit der Bevölkerung zu suchen und deren Unterstützung gewerkschaftlicher Forderungen zu ermöglichen.

Organisationsmacht in den Betrieben aufbauen | Vor diesem Hintergrund wären Organisierungsstrategien in erster Linie darauf auszurichten, die Möglichkeit und die Fähigkeit der Beschäftigten, Macht in den Betrieben auszuüben, zu stärken. Das sozialpartnerschaftliche Gewerkschaftsmodell basiert zu guten Teilen darauf, dass die Konfliktführung weitestgehend aus den Betrieben auf die überbetriebliche Ebene verlagert wird. Die defensive Verbetrieblichung der Tarifpolitik und die gewerkschaftliche Organisierung im Rahmen betrieblicher Tarifbewegungen, die in Abschnitt 7.3 dargestellt wurden, kehrt diesen Prozess um. In der Defensive gehen damit oftmals Ohnmachtserfahrungen einher, weil Auseinandersetzungen verloren werden. Das muss allerdings nicht so sein, wie etwa die Beispiele erfolgreicher betrieblicher Tarifpolitik zeigen, bei denen Organisierungsbewegungen aus den Belegschaften selbst entsprungen sind und die zu einer Verbesserung der Lohn- und Arbeitsbedingungen geführt haben. Solche erfolgreichen betrieblichen Konflikte können das Bewusstsein für die eigene Macht reifen lassen. »Diese Art von Macht beginnt am Arbeitsplatz […] und in der Gewerkschaft vor Ort. Mitgliederbeteiligung, die Rechenschaftspflichtigkeit der Führung und Gewerkschaftsdemokratie sind unverzichtbare Momente einer Macht, die von Millionen von Menschen an einem Platz und auf eine Weise ausgeübt werden kann, die das Kapital beeinflussen. Der gelegentliche Tarifstreik ist wichtig, reicht aber nicht aus. Hände und Verstand der Lohnabhängigen müssen nicht nur die Produktion, die Distribution von Waren und das Gewährleisten von Dienstleistungen zu bestimmten Zeiten unterbrechen, sondern müssen dabei sein, um sie zu jeder Zeit zu kontrollieren. Es ist eine Macht, die Zirkulation des Mehrwerts zu regulieren, der das Lebenselixier des Kapitals ist. […]. Starke und lebendige Organisationsstrukturen im Betrieb und am Arbeitsplatz sind das wichtigste Prinzip gewerkschaftlicher Erneuerung.« (Moody 2007, 234 f.) In diesem Zusammenhang können Organizingprojekte und andere Revitalisierungsansätze eine wichtige Rolle spielen, die darauf ausgerichtet sind die Selbsttätigkeit und Durchsetzungsmacht der Lohnabhängigen systematisch zu fördern und zu stärken. Was banal klingt, ist trotzdem richtig: Ohne das betriebliche Engagement von Beschäftigten, die als Alltags-Organizer wirken (Kap. 7.3), die der Gewerkschaft nicht nur ein Gesicht geben, sondern auch die lebendige Vernetzung im Betrieb sicherstellen, die letztlich die spürbare Gewerkschaft ausmacht, droht die Erneuerung gewerkschaftlicher Macht zu scheitern. Gerade für junge und konfliktorientierte Gewerkschaftssekretäre ist das eine zentrale Einsicht, die ihre Arbeit aber nicht erleichtert. Ihre Alltagserfahrung ist häufiger geprägt von Belegschaften, in denen Organisierungbewegungen nicht lediglich unterstützt werden müssen (Kap. 3.2.2). Im Gegenteil, häufig erscheinen Belegschaften vordergründig apathisch – vordergründig, weil es diese Apathie i. d. R. nicht gibt (Bradbury u. a. 2016, 6-13), sondern sich dahinter eher pragmatische Arrangements mit dem Status Quo verbergen (Kap. 6.2), die nur mühsam und im Laufe vertrauensvoller Zusammenarbeit aufgebrochen werden können. Für Hauptamtliche, die von außen kommen, ist das häufig eine anstrengende Sisyphusarbeit, die auch zu Frustrationen führen kann. Und dennoch: Grundsätzlich ist der neue Aufbau gewerkschaftlicher Organisationsmacht überhaupt die Voraussetzung, um dem permanenten Flexibilisierungs- und Optimierungsdruck entgegenzuwirken, der in vielen Branchen normal geworden ist. Dass eine derartige Betriebs- und Arbeitspolitik durchaus auf Anklang bei Beschäftigtengruppen stoßen kann, deutet sich zumindest in den Betriebskritiken an, die in Kapitel 6 vorgestellt wurden.

Organisierung der Organisierten – Gewerkschaftliche Bildungsarbeit als Befähigung zur Selbsttätigkeit | Ob es eine »Gewerkschaft als Bewegung« geben kann, hängt davon ab, ob Lohnabhängige in den Betrieben und an der gewerkschaftlichen Basis selbst interessenpolitisch aktiv werden. In den letzten Jahren wurde sehr oft für die ›Organisierung der Unorganisierten‹ plädiert. Das war und ist vollkommen richtig. Gleichzeitig darf dabei die Organisierung der bereits Organisierten nicht aus den Augen geraten. Ende 2015 waren rund 6 Millionen Menschen in einer DGB-Gewerkschaft organisiert. Das sind 6 Millionen potenziell aktive GewerkschafterInnen. Lokal und in den Betrieben ist aber nur eine Minderheit aktiv. Offen ist die Frage, wie eine solche Selbsttätigkeit gefördert werden kann. Die in Kapitel 7.3 dargestellten Beispiele zeigen zumindest, dass es möglich ist. Nachhaltiges interessenpolitisches Engagement setzt aber mehr voraus, u. a. weiteres Lernen. Gewerkschaftliche Bildungsarbeit wäre in diesem Zusammenhang ein zentrales Moment der strategischen Neuausrichtung und der weiteren ›Organisierung der Organisierten‹.

Neue Formen der betriebsnahen Bildungsarbeit (Wittemann 1994), die darauf zielen, das Selbstbewusstsein, die Selbstaufklärung und die interessenpolitische Selbsttätigkeit der abhängig Beschäftigten zu fördern, wären zu erproben und zu entwickeln: »Die betriebsnahe Bildungsarbeit hat die Aufgabe, ›die Vermittlung herzustellen zwischen den Auseinandersetzungen und Konflikten um die Verbesserung der Verhältnisse im Betrieb und der Notwendigkeit des Kampfes um die Zentralen der gesellschaftlichen, politischen und wirtschaftlichen Macht […]‹. Sie ist insofern politische Bildungsarbeit, als sie den betrieblichen Funktionären, ausgehend von deren eigenen Problemen und Erfahrungen, ein Bewußtsein von den gesellschaftlichen Zusammenhängen ihres Handelns vermittelt und Verfahren zur Lösung dieser Probleme diskutiert […].« (Schmidt 1975, 180) Ihren Ausgangspunkt nimmt betriebsnahe Bildungsarbeit von den konkreten betrieblichen (Konflikt-) Erfahrungen, bei denen sie aber nicht stehenbleibt. Nicht eine technische Schulung (wie z. B. des Betriebsverfassungsgesetzes oder des Tarifrechts, die zweifelsohne wichtig sind), sondern die Vermittlung »soziologischer Phantasie« ist primäres Ziel einer derartigen Bildungsarbeit – nicht die Vermittlung des für wahr gehaltenen Wissens, sondern die politische Mündigkeit und Selbsttätigkeit stünden im Zentrum dieser Bildungsarbeit.

8.2
Gesellschaftliche Macht und inklusive Solidarität

Gesellschaftliche Macht und gesellschaftspolitischer Anspruch | Gewerkschaften als Bewegungen können sich allerdings nicht auf die Ausübung von Macht in Betrieben und Arbeitsmärkten beschränken. Die Erfahrungen, etwa im Einzelhandel (Kap. 7.4) oder bei der Organisierung »neuer« Branchen, zeigen, dass die Unterstützung gewerkschaftlicher Anliegen in der Öffentlichkeit einen entscheidenden Rückenwind für KollegInnen darstellen kann. »Gesellschaftliche Macht« aufzubauen, bedeutet – als strategisches Ziel der Gewerkschaft –, Unterstützung durch andere gesellschaftliche Gruppierungen und Organisationen zu gewinnen und so Solidaritätsnetzwerke zu knüpfen. Als gelungenes Beispiel dafür kann die Schlecker-Kampagne aus den Jahren 1994/95 dienen, die oben dargestellt wurde. Gesellschaftliche Macht basiert auf gelebten Solidaritätsnetzen. Auf der Seite der Gewerkschaften setzt dies die Fähigkeit voraus, breitere gesellschaftlicher Diskussionen zu initiieren und ausstrahlende Kampagnen durchzuführen, um politische Hegemonie, und sei es nur punktuell, zu erringen. Professionell geplante Öffentlichkeitsarbeit kann dabei eine wichtige Rolle spielen, zentral ist aber die Schaffung einer »sozialen Öffentlichkeit« in Betrieben, lokalen Gewerkschaftsgliederungen und Kommunen.

Zugleich muss gerade die »Gewerkschaft als Bewegung« im politischen Feld als konstruktive Gegenmacht auftreten (Urban 2008, 363 ff.). Denn die Reproduktionsinteressen der abhängig Beschäftigten werden immer auch durch Politik berührt (Kap. 3.1). Augenfällig ist dies im Bereich der Sozial- und Arbeitsmarktpolitik, dies gilt allerdings nicht weniger für die Wirtschafts- und Steuerpolitik, Wohnungsbau oder Verkehrspolitik. In der Vergangenheit führte diese Einsicht zu Bündnissen zwischen Gewerkschaften und ArbeiterInnenparteien. Diese Bündnisse sind zumindest in den kapitalistischen Zentren weitgehend zerbrochen. Gewerkschaften müssen daher noch selbstbewusster ihr politisches Mandat wahrnehmen, ohne allerdings als politische Partei zu agieren. Das Ausmaß an Kritik am zeitgenössischen Kapitalismus, das in Kapitel 6 lediglich skizziert werden konnte, belegt, dass es dafür gute Gründe gibt: Es handelt sich nicht um Ablenkung von den »eigentlichen« Aufgaben einer Gewerkschaft, sondern um den notwendigen Ausdruck des politischen Unmuts in den Belegschaften. Politische Gegenmacht kann eine Gewerkschaft gleichwohl nur sein, wenn sie mobilisierungsfähig, unabhängig und konfliktbereit gegenüber politischen Akteuren ist, die zur Umsetzung der eigenen Forderungen gebracht werden sollen. Ihre politische Autonomie ist daher unerlässlich.

Inklusive Solidarität als Leitmotiv gewerkschaftlichen Handelns | Die »Gewerkschaft als Bewegung« versteht sich nicht nur als möglichst effizientes Mittel, um die Interessen der bereits Organi-

sierten durchzusetzen. Das unterscheidet sie etwa von Berufsgewerkschaften, die in jüngster Vergangenheit durch ihre Streikfähigkeit und
-bereitschaft Aufsehen erregt haben. Effizienz ist wichtig. Aber zugleich nimmt sie eine weitere Perspektive ein, versteht sich als Teil
einer breiteren Bewegung der abhängig Beschäftigten (Gindin 1995,
268). Aufgrund der Belegschaftsspaltungen und der sozialen Klassenfragmentierung, die im Zuge der langen Wende zum Neoliberalismus
(Kap. 5) entstanden sind, ist dieses Leitmotiv vielleicht so wichtig wie
noch nie. Die »Gewerkschaft als Bewegung« kombiniert deshalb den
Aufbau von Macht, die direkt in den Händen der Beschäftigten liegt,
mit einer Strategie, die darauf abzielt, umfassende Klassensolidarität
zu schaffen und die bestehenden Macht- und Herrschaftsstrukturen
zu verändern.

Das bedeutet auch eine gesellschaftsverändernde – transformative – und inklusiv-solidarische Organisierungspolitik zu entwickeln.
Transformatives Organisieren »[…] stellt jede Kampagne in den Kon-
text des zugrunde liegenden Systems von Ausbeutung und Unter-
drückung […]. Transformatives Organizing zeichnet sich durch seine explizite Absicht aus, sowohl das System als auch die Menschen
zu verändern, die sich in den Kampagnen engagieren, um so echte
Emanzipation für alle zu erlangen.« (Williams 2013, 4)

Die Orientierung an einer umfassenden Solidarität aller Lohnabhängigen ist darüber hinaus nichts, was der Gewerkschaftsarbeit
grundsätzlich bereits eigen ist, sondern ein politisches Programm, für
das bewusst eingetreten und politisch gestritten werden muss.

In diesem Sinne sieht sich die »Gewerkschaft als Bewegung« als
Teil einer breiteren Klassenbewegung der Lohnabhängigen. Gewerkschaftspolitik wird von ihr in einer Allgemeinwohlperspektive entwickelt, die nicht nur den in Lohn und Brot Stehenden nützt, die über
vergleichsweise gute Löhne und sichere Arbeitsverträge verfügen,
sondern auch den Erwerbslosen, den prekär Beschäftigten und den
Schwächsten der Gesellschaft.

Elementar ist dafür eine Orientierung auf Bündnisse mit anderen
Initiativen und Organisationen von Lohnabhängigen, beispielsweise
Erwerbslosenorganisationen oder MieterInneninitiativen. Aber auch

im gewerkschaftlichen Kerngeschäft, der Tarifpolitik, ist es möglich eine Klassenperspektive zu entwickeln bzw. die gewerkschaftlichen Interessen mit breiteren Klasseninteressen zu harmonisieren (Moody 1997a, 60), wie Kim Moody anhand der kanadischen AutomobilarbeiterInnengewerkschaft (CAW) erläutert: »Ein gutes Beispiel dafür, Tarifforderungen in einen weiteren sozialen Zusammenhang zu stellen, gaben die Canadian Auto Workers (CAW) mit ihren Tarifforderungen von 1996 für die wichtigsten Autokonzerne. Anders als die United Auto Workers in den USA im selben Jahr, hat die CAW ein aggressives Verhandlungsprogramm vertreten, das auf die Schaffung von Arbeitsplätzen in der Industrie und im Land setzte. Kürzere Arbeitszeiten, die Beschränkung von Outsourcing und garantierte Arbeitsplatzquoten für die einzelnen Gemeinden, in denen die einzelnen Fabriken angesiedelt waren, waren das Herz des Programms. Mit einem Verhandlungsprogramm, das darauf abzielte, Beschäftigung zu schützen und neue Beschäftigungsmöglichkeiten in den betroffenen Gemeinden zu schaffen, war es einfach, Unterstützung in der Lohnabhängigenklasse der Region zu finden.« (ebd., 61) Exemplarisch zeigt dies, wie auch Tarifpolitik so gestaltet werden kann, dass sie nicht nur den bereits oder den noch Beschäftigten, sondern der Lohnabhängigenklasse im weiteren Sinne nützen kann.

Inklusiv-solidarische Gewerkschaftspolitik, das sei lediglich ergänzend erwähnt, setzt darüber hinaus zwingend ihre Internationalisierung voraus – eine komplizierte Aufgabe, die sich an den Realitäten des Standortwettbewerbs bricht. Dass sie bewältigt werden muss, liegt nicht nur darin begründet, dass französische gegen deutsche, polnische gegen italienische oder spanische gegen US-amerikanische Belegschaften im Rahmen des Unterbietungswettbewerbs ausgespielt werden können, rein nationale Strategien also letztlich die Durchsetzungsfähigkeit der Beschäftigten untergraben. Notwendig ist die Internationalisierung aufgrund der in der Menschheitsgeschichte erstmaligen Herausbildung eines wirklichen kapitalistischen Weltmarktes nach 1990 und der fortschreitenden Internationalisierung und Konzentration des Kapitals innerhalb globaler Wertschöpfungsketten (Kap. 5.3).

8.3
Die Demokratisierung der Wirtschaft

Demokratisierung der Wirtschaft | Eine konsequente gewerk-schaftliche Gegenmachtpolitik macht mehr oder weniger direkt die Kontrolle über die Arbeitsprozesse, die Steuerung der Unterneh-men und – in einer weiteren Perspektive – die Demokratisierung der Wirtschaft zum Thema. Ohne sie dürften sich Alternativen zur Sozialpartnerschaft und zur »intermediären Funktion« der Gewerk-schaften kaum realisieren lassen (Bierbaum 2013, 12 f.; Ehlscheid u. a. 2010). Das ist so, weil eine konsequente Gegenmachtpolitik die Verfügungsgewalt des unternehmerischen Einzelkapitals ebenso herausfordert, wie auf längere Sicht die des Gesamtkapitals. Wenn Gewerkschaften die Interessen der Lohnabhängigen also unabhän-gig von den Unternehmensinteressen vertreten wollen, wird relativ schnell die Frage nach nicht-gewinnorientiertem Wirtschaften und alternativen Formen der Unternehmens- und Wirtschaftssteuerung aufgeworfen.

Bei der Suche danach kann an verschüttete wirtschaftsdemokrati-sche Traditionen der DGB-Gewerkschaften angeknüpft werden, die nach den Kämpfen um eine wirtschaftspolitische Neuordnung An-fang der 1950er Jahre weitgehend ad acta gelegt wurden, wenngleich sie nie ganz verschwanden (Pirker 1960a, 147 ff.). Zwei Ebenen der Demokratisierung lassen sich unterscheiden, die betriebliche und die gesamtwirtschaftliche. Von Wirtschaftsdemokratie ist nur dann zu reden, wenn auf beiden die Entscheidungshoheit nicht mehr pri-vaten Eigentümern obliegt. Die betriebliche Demokratisierung führt zur »Verschiebung der Macht und der Verantwortung im einzelnen Betrieb vom privaten Eigentümer auf die organisierte Gemeinschaft aller Arbeitnehmer des Betriebes« (Anker-Ording 1971, 13). Diese Form der Demokratie wäre am einzelnen Arbeitsplatz zu verwurzeln, würde aber die gesamte Leitung des Betriebes und des Unternehmens in die Hände der Belegschaft legen – nicht in Form einer Mitbestim-mung einiger weniger Repräsentanten der Belegschaft am Tische der Privatbesitzer, sondern durch demokratische Institutionen, die der

Gesamtbelegschaft Kontroll- und Planungstätigkeiten und derart die
Ausübung wirklicher Macht erlauben (ebd., 14-17).

Wirtschaftliche Demokratisierung macht allerdings an den Grenzen der Unternehmen nicht halt. Sie zielt darauf ab, Formen kollektiven Eigentums zu etablieren, die zur Eigeninitiative der Arbeitenden
anhalten. Diese demokratisierten Unternehmen können innerhalb
einer demokratischen Rahmenplanung der Wirtschaft – jenseits chao-
tischer Marktprozesse und ohne den Aufbau von Kapitalmacht –
wirtschaften (Šik 1979). Gemeineigentum an Produktionsmitteln und
Mitwirkungsrechte der Bevölkerung bei der wirtschaftlichen Planung
sind dafür grundlegend.

Mit den autoritären zentraladministrativen Ökonomien der ehemaligen Ostblockstaaten hat die Wirtschaftsdemokratie wenig gemein.
Im Gegenteil, sie widerspricht bürokratischer und technokratischer
Elitenherrschaft grundlegend. In den bürokratisieren Ostblockökono-
mien wurden fast alle wirtschaftlichen Entscheidungen auf zentraler
Ebene getroffen. Ergebnis und Voraussetzung dieser Zentralisierung
war der stark hierarchische Aufbau von Planungs- und Leitungs-
apparaten. Insgesamt wurden im Zuge der Entscheidungsfindung
Pläne kaum öffentlich auf eine Art diskutiert, die wirkliche massen-
demokratische Einflussnahme möglich gemacht hätte. Trotz Diskus-
sionsmöglichkeiten etwa in den Betrieben blieben die wirtschaftlichen
Entscheidungen faktisch einer kleinen Minderheit vorbehalten. Mitwirkungsrechte der Arbeitenden bzw. der Bevölkerung gab es auf
gesamtgesellschaftlicher und betrieblicher Ebene sowie individuell
lediglich in eingeschränkter Form. Hierbei handelte es sich also nicht
um eine demokratisch-sozialistische Planwirtschaft, sondern um eine
bürokratische Diktatur einer Minderheit über eine Mehrheit (Kosta
1978, 141-143). Eine Diktatur gleichwohl, die in ihrer ökonomischen
Basis viele fortschrittliche Elemente kannte, gemeinwohlorientiert
war und danach strebte, die sozialen und kulturellen Interessen der
beherrschten Mehrheit zu befriedigen. Angesichts der ungünstigen
Kräfteverhältnisse und der Schwäche insbesondere der Gewerk-
schaftslinken mag ein wirtschaftsdemokratisches Reformprojekt zunächst abwegig klingen. In zentralen Bereichen der Industrieproduk-

tion und der Dienstleistungsarbeit werden durch die Subjektivierung der Arbeit (die dem Einzelnen mehr kreative Verantwortung im Arbeitsprozess auferlegt) und durch mittlerweile nicht mehr ganz so neue Formen der Arbeitsorganisation wie Gruppenarbeit (durch die die Kontrolle des und die Verantwortung für den gelingenden Arbeitsprozess einer Gruppe von Beschäftigten selbst zukommt) allerdings Voraussetzungen geschaffen, die eine Demokratisierung von Unten möglich machen. Das gilt auch dann, wenn die in den Unternehmen üblichen Formen der subjektivierten Arbeit und Gruppenarbeit nur eine restriktive Eigenorganisation möglich machen – denn die Rahmenbedingungen und Zielvorgaben werden weiterhin vom Kapital gesetzt und sind zunehmend in ein straffes Wettbewerbsregime eingeflochten. Dennoch ist die vom Management nicht beabsichtigte Folge, dass Fähigkeiten in den Belegschaften wachsen, die für eine Demokratisierung genutzt werden können (Fricke/Wagner 2012, 15).

Sicher, auch in industriellen Großbetrieben, in denen Experimente mit beteiligungsorientierten Managementformen weiter verbreitet sind, führten diese keineswegs zu einer Demokratisierung und Humanisierung der Arbeit (Dörre 2010, 20), Beschäftigte und Betriebsräte wurden lediglich zu Akteuren einer Rationalisierung (Dörre 2002, 16), die auf Wettbewerbsfähigkeit und Profitabilitätssteigerung zielte. Und doch entstanden unter der Dominanz der Konzerne »Erfahrungszellen der Demokratisierung«, die zukünftig zu nutzen wären. Hier geht es nicht darum Kapitalherrschaft und -übermacht zu leugnen. Vielmehr möchte ich auf die Spielräume für demokratische Beteiligung hinweisen, die durch Widersprüche in der Vergesellschaftung von Arbeit geöffnet werden. Zumindest scheint mir die Annahme durchaus plausibel zu sein, dass derartige Erfahrungen die Fähigkeit der Beschäftigten stärkt, zu Akteuren demokratischer Planung zu werden (Fricke/Wagner 2012, 10).

Dass die Aneignung und Ausweitung dieser Erfahrungszellen eine grundlegende Machtverschiebung und den Ausbau institutioneller Lohnabhängigenmacht voraussetzt, ist offensichtlich. Dazu würde jedenfalls eine weiterreichende Verkürzung der Arbeitszeit gehören, durch die mündige demokratische Beteiligung überhaupt erst ermöglicht würde (Dörre 2010, 23). Heute, das dürfte eine als gesichert geltende Lehre aus der Geschichte der sozialdemokratischen Linken sein, sind Vorstellungen gänzlich unangemessen, die ein Hinüberwachsen des Kapitalismus in eine demokratischere postkapitalistische Ordnung auch nur für möglich halten (Martens 2010, 25). Wirtschaftsdemokratie dürfte der Gewerkschaftsbewegung also ohne aktionsorientiertes Programm, das auf mobilisierende Reformvorschläge setzt, kaum als reife Frucht in den Schoß fallen.

Die Vergesellschaftung der Arbeit selbst schafft also durchaus Anknüpfungspunkte für eine »Bewegung der neuen Demokratie«. In diesem Zusammenhang ist ebenfalls auf die gewachsenen informationstechnologischen Potenziale hinzuweisen, die durch die allgemeine Verbreitung von Computertechnologien entstanden sind. Für eine partizipatorische Planungspolitik stehen heute sowohl in Betrieben und Unternehmen als auch gesamtgesellschaftlich Mittel zur Verfügung, von denen in den Geburtsstunden wirtschaftsdemokratischer Ansätze (etwa in den 1920er Jahren in Deutschland oder in den 1960er Jahren in der Tschechoslowakei) nur geträumt werden konnte. Diese Möglichkeiten könnten noch wachsen, schenkt man den Debatten um eine weitere Digitalisierung der Produktions- und Dienstleistungsarbeit Glauben, in der beispielsweise von der Echtzeiteinspeisung von Verbraucher- und Kundeninformationen in den Produktionsprozess oder einer verbesserten informationstechnologischen Koordininierung von Herstellern und Zulieferern die Rede ist (Butollo/Engel 2015; Kraemer 2015). Auf die negativen Folgen bzw. auf die Gefahren der Digitalisierung wurde zu Recht verschiedentlich hingewiesen, so beispielsweise auf neue Möglichkeiten der Kontrolle und des Vergleichs von Arbeitsleistungen, die zur Arbeitsintensivierung genutzt werden könnten (Pickshaus 2015). Allerdings wohnt all dies der Technologie nicht an sich inne, sie kann für emanzipatorische oder herrschaftssichernde Zwecke genutzt werden. Ob die neuen Technologien für eine Demokratisierung genutzt werden können, hängt letztlich von den politischen Kräfteverhältnissen ab.

Abschließend sei betont: Moderne wirtschaftsdemokratische Leitbilder, die einer konkreten Utopie gleichkommen, wären heute überhaupt erst wieder zu entwickeln. Das setzt die Wiederbelebung einer ernsthaften Debatte in den Gewerkschaften und in der politischen Linken voraus. Bisher liegen nur gelegentliche Anknüpfungsversuche an die Arbeiten der 1920er, an schwedische Modelle oder an den tschechoslowakischen Reformsozialismus vor (Dörre 2010, 18 f.). Eine konkrete Utopie aber verlangt nach mehr, sie arbeitet Ansatzpunkte im Heute heraus und orientiert auf die praktische Verwirklichung im Morgen. Eine ernsthafte Diskussion über solche Schritte fehlt heute (Fricke/Wagner 2012, 9 f.). Diese Aufgabe bleibt.

Literatur

Aglietta, M. (2000): Ein neues Akkumulationsregime. Hamburg.
AK Strategic Unionism (2013): Jenaer Machtressourcenansatz 2.0. In: Schmalz, St./Dörre, K. (Hg.): Comeback der Gewerkschaften? S. 345-376. Frankfurt/M.
Anker-Ording, A. (1971): Betriebsdemokratie. Frankfurt/M.
Behruzi, D. (2015): Wettbewerbspakte und linke Betriebsratsopposition. Fallstudien in der Automobilindustrie. Hamburg.
Bergmann, J. u. a. (1975): Gewerkschaften in der Bundesrepublik. Frankfurt/M.
Bierbaum, H. (2013): Eingebunden. Jenseits des Krisenkorporatismus. In: Luxemburg. H. 1. S. 6-14. Berlin.
Birke, P. (2013): Dezentrale Streiks als Krisenproteste. In: Luxemburg. H. 1. S. 14-20. Berlin.
Ders. (2010): Die große Wut und die kleinen Schritte. Gewerkschaftliches Organizing zwischen Protest und Projekt. Berlin.
Bispinck, R./Schulten, Th. (2008): Das Konzept der expansiven Lohnpolitik – eine kritische Würdigung aus heutiger Sicht. In: Bispinck, R. u. a. (Hg.): Wirtschaftsdemokratie und expansive Lohnpolitik. S. 48-66. Hamburg.
Dies. (2005): Deutschland vor dem tarifpolitischen Systemwechsel? In: WSI-Mitteilungen, H. 8. S. 466-472. Düsseldorf.
Boewe, J. (2013): ›Wir können noch einen Schritt weiter gehen‹. Das Organizingprojekt der IG BAU unter den Gebäudereinigern im Bankenviertel Frankfurt am Main. In: Wetzel, D. (Hg.): Organizing. S. 269-279. Hamburg.
Boewe, J./Schulten, J. (2013): Eine erfolgreiche Zumutung. Organizing in der Windkraftindustrie. Die Innenperspektive der IG Metall. In: Wetzel, D. (Hg.): Organizing. S. 119-127. Hamburg.
Dies. (2015): Der lange Kampf der Amazon-Beschäftigten. Berlin.
Bourdieu, P. (2001): Das politische Feld. Konstanz.
Bowles, S. u. a. (1986): Power and Profits. In: Review of Radical Political Economics. Vol. 18. S. 132-167.
Brandt, G. (1990): Arbeit, Technik und gesellschaftliche Entwicklung. Frankfurt/M.
Bradbury A. u. a. (2016): Secrets of a Succsesfull Organizer. New York.
Brenner, R. (2010): The Political Economy of the Rank-and-File Rebellion. In: Brenner, A. u. a. (Hg.): Rebel Rank and File. S. 37-76. London/New York.

Brinkmann, U. u. a. (2008): Strategic Unionism: Aus der Krise zur Erneuerung? Wiesbaden.

Brinkmann, U. u. a. (2006): Prekäre Arbeit. Ursachen, Ausmaß, soziale Folgen und subjektive Verarbeitungsformen unsicherer Beschäftigungsverhältnisse. Bonn.

Bundesagentur für Arbeit (2014): Arbeitslosigkeit im Zeitverlauf. Statistik der Bundesagentur für Arbeit. Internetquelle.

Burawoy, M. (1985): The Politics of Production. London.

Butollo, F. / Engel, Th. (2015): Industrie 4.0. Arbeits- und gesellschaftspolitische Perspektiven. In: Z. Zeitschrift Marxistische Erneuerung. H. 3. Frankfurt/M.

Camfield, P. (2013): What is Trade Union Bureaucracy? In: Alternate Routes. http://www.alternateroutes.ca/index.php/ar/article/view/19221.   Zugriff: 13.5.2014

Candeias, M. / Röttger, B. (2009): Ausgebremste Erneuerung? In: Das Argument. S. 894-905. Hamburg.

Cohen, Sh. (2006): Ramparts of Resistance. London / Ann Arbor.

Cubela, S. (2015): Eine große Tür nach draußen! Überlegungen zum gewerkschaftlichen Organizing. In: Express, Nr. 6-7. S. 6 f. Frankfurt/M.

Deppe, F. (2015a): Ende der Einheitsgewerkschaft? In: Zeitschrift Sozialismus, S. 6-13. Hamburg.

Ders. (2015b): Revitalisierung durch Streik? In: Z. Zeitschrift Marxistische Erneuerung. Nr. 103. S. 96-102. Frankfurt/M.

Ders. (2012a): Gewerkschaften in der Großen Transformation. Köln.

Ders. (2012b): Gewerkschaften in der Krise. In: Z. Zeitschrift Marxistische Erneuerung. Nr. 92. S. 8-19. Frankfurt/M.

Ders. (2003): Gewerkschaften unter Druck. Supplement der Zeitschrift Sozialismus. Hamburg.

Detje, R. u. a. (2011a): Krise ohne Konflikt. Hamburg.

Dies. (2011b): Ohnmacht und adressatenlose Wut im Betrieb. In: Z. Zeitschrift Marxistische Erneuerung. Nr. 87. S. 46-60. Frankfurt/M.

Deutschmann, C. (2002): Postindustrielle Industriesoziologie. Frankfurt/M.

DGB (2015): Mitgliederstatistik. In: http://www.dgb.de/uber-uns/dgb-heute/ mitgliederzahlen/2010. Zugriff: 19.07.2015.

Doering-Manteuffel, A. / Raphael, L. (2010): Nach dem Boom. Göttingen.

Dörre, K. (2014): Das deutsche Jobwunder. Vorbild für Europa? Brüssel.

Ders. (2012b): Schluss. In: Dörre, K. u. a. (Hg.): Kapitalismustheorie und Arbeit. S. 488-508. Frankfurt/M.

Ders. (2011): Funktionswandel der Gewerkschaften. In: Haipeter, T. / Dörre, K. (Hg.): Gewerkschaftliche Modernisierung. S. 267-302. Wiesbaden.

Ders. (2010): Wirtschaftsdemokratie. Eine Bedingung individueller Emanzipation. In: SPW, Nr. 5. S. 18-23. Dortmund.

Ders. (2003): Das flexibel-marktzentrierte Produktionsmodell – Gravitationszentrum eines ›neuen Kapitalismus‹? In: Dörre, K. / Röttger, B. (Hg.): Das neue Marktregime. S. 7-35. Hamburg.

Ders. (2002): Kampf um Beteiligung. Arbeit, Partizipation und industrielle Beziehungen im flexiblen Kapitalismus. Wiesbaden.

Dörre, K. u. a. (2016): Streikrepublik Deutschland? Die Erneuerung der Gewerkschaften im Osten. Frankfurt/M.

Dörre, K. u. a. (2011): Guter Betrieb, schlechte Gesellschaft? In: Koppetsch, C. (Hg.): Nachrichten aus den Innenwelten des Kapitalismus. S. 21-50. Wiesbaden.

Dörre, K. u. a. (2009): Krise ohne Krisenbewusstsein? In: PROKLA. Zeitschrift für kritische Sozialwissenschaft. Nr. 4. S. 559-577. Münster.

Dribbusch, H. / Birke, P. (2014): Die DGB-Gewerkschaften seit der Krise. Bonn.

Draper, H. (1970): Marxism and the Trade Unions. In: https://www.marxists. org/archive/draper/1970/tus. Zugriff: 23.1.2016.

Ehlscheid, Ch. u. a. (2010): Die große Krise und die Chance der Gewerkschaften. In: Sozialismus, H. 6. S. 43-49. Hamburg.

Ellguth, P. / Kohaut, S. (2015): Tarifbindung und betriebliche Interessenvertretung. In: WSI-Mitteilungen Nr. 4. S. 290-297). Düsseldorf.

Engels, F. (1990): Die Lage der arbeitenden Klasse in England. In: MEW, Bd. 2. Berlin/Ost.

Esser, J. (1982): Gewerkschaften in der Krise. Frankfurt/M.

Esping-Andersen, G. (1990): The Three Worlds of Welfare Capitalism. Princeton.

Fantasia, R. (1988): Cultures of Solidarity. Berkeley.

Fricke, W. / Wagner, H. (2012): Einführung. In: Fricke, W. / Wagner, H. (Hg.): Demokratisierung der Arbeit. S. 9-18. Hamburg.

Fütterer, M. / Rhein, M. (2015): Erneuerung geht von unten aus. Berlin.

Geissler, B. u. a. (1984): Arbeiteridentität und Krisenwahrnehmung. In: Zoll, Rainer (Hg.): Hauptsache, ich habe meine Arbeit. S. 12-24. Frankfurt/M.

Gindin, S. (2013): Gewerkschaften neu denken – Sozialismus ins Auge fassen. In: Emanzipation, Nr. 5. S. 24-50. Köln.

Goes, T. (2015a): Zwischen Disziplinierung und Gegenwehr. Wie sich Prekarisierung auf Beschäftigte im Großhandel auswirkt. Frankfurt/M.

Ders. (2015b): Linkspopulismus und Prekarisierung. In: PROKLA, Nr. 180. S. 433-452. Münster.

Ders. (2013): Deutungsmuster der Prekarisierung. Dissertationsschrift. Jena.

Goes, T. u. a. (2015): Gewerkschaften im Aufwind? Betriebliche Mitbestimmung und Organisationsmacht in Ostdeutschland. Frankfurt/M.

Gordon, D. M. u. a. (2004): Segmented Work, Divided Workers. Cambridge.

Greef, S. (2014): Gewerkschaften im Spiegel von Zahlen, Daten und Fakten. In: Schröder, W. (Hg.): Handbuch Gewerkschaften in Deutschland. S. 659-756. Wiesbaden.

Gruppe Blauer Montag (2008): Risse im Putz. Berlin/Hamburg.

Haipeter, T. (2013): Perspektiven der Sozialpartnerschaft. In: Schmalz, St. / Dörre, K. (Hg.): S. 115-131.

Ders. **(2011)**: Einleitung. Interessenvertretungen, Krise und Modernisierung – über alte und neue Leitbilder. In: Haipeter, T./Dörre, K. (Hg.): Gewerkschaftliche Modernisierung. S. 7-31. Wiesbaden.

Hälker, J. **(Hg.)** **(2008)**: Organizing. Supplement der Zeitschrift Sozialismus, Nr. 9. Hamburg.

Hälker, J./Vellay, C. **(Hg.)** **(2007)**: Union Renewal. Gewerkschaften in Veränderung. Düsseldorf.

Harvey, D. **(2005)**: Räume der Neoliberalisierung. Hamburg.

Hensche, D. **(2014)**: Hände weg von Koalitionsfreiheit, Tarifautonomie und Streikrecht. Berlin.

Hirsch, J./Roth, R. **(1986)**: Das neue Gesicht des Kapitalismus. Hamburg.

Hinz, S./Woschnack, D. **(2012)**: Tarifrunde 2012 – Mehr als nur ein kurzer Moment der Revitalisierung für die IG Metall? In: Z. Zeitschrift Marxistische Erneuerung. Nr. 92. S. 70-81. Frankfurt/M.

Hobsbawm, E. **(1995)**: Das Zeitalter der Extreme. München.

Holst, H./Matuschek, I. **(2011)**: Sicher durch die Krise? In: Haipeter, T./Dörre, K. (Hg.): Gewerkschaftliche Modernisierung. S. 167-193. Wiesbaden.

Huckenbeck, K. u. a. **(Hg.)** **(2007)**: Kampagnen. Eine Kampfform der Gewerkschaften und Sozialen Bewegungen. Frankfurt/M.

Huhn, J. **(2001)**: Die Schlecker-Kampagne 1994–1995. Gewerkschaft als soziale Bewegung. Frankfurt/M.

Husson, M. **(2009)**: Kapitalismus pur. Köln.

Jacobi, O. **(1985)**: Lange Wellen wirtschaftlicher Entwicklung und Gewerkschaften. In: http://library.fes.de/gmh/main/pdf-files/gmh/1985/1985-11-a-642.pdf.

Kalina, Th./Weinkopf, C. **(2013)**: Niedriglohnbeschäftigung 2011. IAQ-Report. Duisburg.

Kern, H./Schumann, M. **(1990)**: Das Ende der Arbeitsteilung? Zuerst 1984. München.

Kempe, M. **(2010)**: Ermutigungen für den aufrechten Gang im Betrieb. Münster.

Korpi, W. **(1978)**: The Working Class in Welfare Capitalism. London.

Kosta, J. **(1978)**: Für eine demokratische Alternative zu den ›realsozialistischen‹ Wirtschaftssystemen. In: Huber, J./Kosta, J. (Hg.): Wirtschaftsdemokratie in der Diskussion. S. 139-159. Frankfurt/M.

Köhnen, H. **(1999)**: Für eine neue Gewerkschaftspolitik. Strategien der Canadian Auto Workers. Offenbach.

Kraemer, R. **(2015)**: Die Roboter kommen, die Arbeit geht? In: LuXemburg, H. 3. S. 30-37. Berlin.

Kutlu, Y. **(2015)**: Kampf um Anerkennung. In: Z. Zeitschrift Marxistische Erneuerung. N. 103. Frankfurt/M.

Luxemburg, R. **(1990)**: Einführung in die Nationalökonomie. Luxemburg Gesammelte Werke Bd. 5. Berlin.

Dies. **(1966)**: Politische Schriften Bd. 1. Frankfurt/M.

Martens, H. (2010): Neue Wirtschaftsdemokratie. In: SPW, Nr. 5. S. 24-29. Dortmund.

Mandel, E. (2000): Macht und Geld. Eine marxistische Theorie der Bürokratie. Köln.

Ders. (1987): Die langen Wellen im Kapitalismus. Köln.

Ders. (1970): Marxistische Wirtschaftstheorie. Frankfurt/M.

Markard, M. (2009): Einführung in die Kritische Psychologie. Hamburg.

Marx, K. (1986): Das Kapital. Bd 1. Berlin/Ost.

Mezirow, J. (1997): Transformative Erwachsenenbildung. Baltmannsweiler.

Mies, M. (1990): Patriarchat und Kapital. Zürich.

Moody, K. (2014): In Solidarity. Chicago.

Ders. (2007): US Labor in Trouble and Transition. London.

Ders. (1997a): Towards an International Social Movement Unionism. In: New Left Review, Nr. 225. S. 52-73. London.

Ders. (1997b): Workers in a Lean World. London.

Muster, M./Richter, U. (Hg.) (1990): Mit Vollgas in den Stau. Automobilproduktion, Unternehmensstrategien und die Perspektiven eines ökologischen Verkehrssystems. Hamburg.

Müller, W. (2006): Job-Export. isw-report 68. München.

Neuner, M. (2013): Bedingungsgebundene Tarifarbeit. In: Schmalz, St. / Dörre, K. (Hg.): Comeback der Gewerkschaften? S. 213-225. Frankfurt/M.

Offe, C. (2006): Strukturprobleme des kapitalistischen Staates. Zuerst 1972, Frankfurt/M.

Ders. (1984): Zu einigen Widersprüchen des modernen Sozialstaates. In: Ders. (Hg.): ›Arbeitsgesellschaft‹: Strukturprobleme und Zukunftsperspektiven. S. 323-339. Frankfurt/M.

Ders. (1972): Strukturprobleme des kapitalistischen Staates. Frankfurt/M.

Polanyi, K. (1978): The Great Transformation. Frankfurt/M.

Post, Ch. (2003): Ernest Mandel und die marxistische Theorie der Bürokratie. In: Achcar, G. (Hg.): Gerechtigkeit und Solidarität. S. 120-156. Köln.

Poulantzas, N. (2002): Staatstheorie. Politischer Überbau, Ideologie, Autoritärer Etatismus. Hamburg.

Pickshaus, K. (2015): Gefährliche Liebschaften. Die IG Metall und die Industrie 4.0. In: LuXemburg, H. 3. Onlineausgabe. Berlin.

Pirker, T. (1960a): Die blinde Macht. Bd. 1. München.

Ders. (1960b): Die blinde Macht. Bd. 2. München.

Rhein, T. (2013): Deutsche Geringverdiener im europäischen Vergleich. IAB-Kurzbericht. Nürnberg.

Röttger, B. (2008): Die Neoliberalisierung des ›Rheinischen Kapitalismus‹. In: Butterwegge, Ch. u. a. (Hg.): Neoliberalismus. Analysen und Alternativen. S. 90-111. Wiesbaden.

Roßmann, W. (2001): Gewerkschaften im marktwirtschaftlichen Auflösungsprozess? In: Bieling, H.-J. u. a. (Hg.): Flexibler Kapitalismus. S. 375-396. Hamburg.

Rügemer, W. / Wigand, E. (2014): Union Busting in Deutschland. Frankfurt/M.

Dies. (2015²): Die Fertigmacher. Arbeitsunrecht und professionelle Gewerkschaftsbekämpfung. Köln.

Sauer, D. (2013): Die organisatorische Revolution. Hamburg.

Ders. (2005): Arbeit im Übergang. Zeitdiagnosen. Hamburg.

Schulten, J. (2013): Organizing auf hessisch. Das Organizing-Projekt von ver.di bei Amazon in Bad Hersfeld. In: Wetzel, D. (Hg.): Organizing. Die Veränderung der gewerkschaftlichen Praxis durch das Prinzip Beteiligung. S. 260-269. Hamburg.

Schwetz, W. (2013): Strategische Recherche. In: Wetzel, D. (Hg.): Organizing. S. 195-215. Hamburg.

Schmalz, St. / Dörre, K. (Hg.) (2013): Comeback der Gewerkschaften? Frankfurt/M.

Schmidt, I. (2012): Rosa Luxemburgs Accumulation of Capital: A Centennial Update with Additions from Long Wave Theory and Karl Polanyi's Great Transformation. In: Critique. Journal of Socialist Theory. S. 337-356. Vol. 40. London.

Schmidt, E. (1975): Ordnungsfaktor oder Gegenmacht. Frankfurt/M.

Schmidt, M. G. (1998): Sozialpolitik in Deutschland. Opladen.

Schneider, M. (2000): Kleine Geschichte der Gewerkschaften. Bonn.

Schulten, Th. (2013): Europäischer Tarifbericht des WSI – 2012/2013. In: WSI-Mitteilungen, H. 8. S. 588-598. Düsseldorf.

Ders. (2001): Solidarische Lohnpolitik in Europa. Düsseldorf.

Senftleben, G. (1985): Die Theorie der langen Wellen. Wuppertal.

Silver, B. J. (2005): Forces of Labor. Hamburg.

Šik, O. (1979): Humane Wirtschaftsdemokratie. Hamburg.

Sachverständigenrat der Wirtschaft (2015): Statistik Erwerbstätige und Erwerbslose. In: http://www.sachverstaendigenrat-wirtschaft.de/zr_deutschland.html?&L=0#c147. Zugriff: 12.06.2015.

Statistisches Bundesamt (2015a): Volkswirtschaftliche Gesamtrechnung. Bruttoinlandsprodukt, Bruttonationaleinkommen, Volkseinkommen. Lange Reihen ab 1925. In: https://www.destatis.de/DE/ZahlenFakten/GesamtwirtschaftUmwelt/VGR/Inlandsprodukt/Tabellen/Volkseinkommen1925_pdf.pdf?__blob=publicationFile.

Steinkühler, F. (1985): Gewerkschaftliche Positionen zur sozialen Beherrschbarkeit der Technik. In: Gewerkschaftliche Monatshefte. S. 563 – 570. Düsseldorf.

Ders. (1986): Solidarische Arbeitnehmergesellschaft verwirklichen. In: Gewerkschaftliche Monatshefte, H. 10. S. 577-586. Düsseldorf.

Streeck, W. (2014): Gekaufte Zeit. Die vertagte Krise des demokratischen Kapitalismus. Frankfurt/M.

Ders. (2008): Industrial Relations Today. Reining in Flexibility. MPIfG Working Papers 08/3. Köln.

Sweezy, P. (1959): Theorie der kapitalistischen Entwicklung. Köln.

ten Brink, T. (2008): Geopolitik. Münster.

Therborn, G. (1987): Auf der Suche nach dem Handeln. Geschichte und Verteidigung der Klassenanalyse. In: PROKLA Zeitschrift für kritische Sozialwissenschaft, H. 66, S. 128-161. Münster.

Uellenberg-van Dawen, W. (2013): Gute Arbeit in den Dienstleistungen. In: Schmalz, St. / Dörre, K. (Hg.): S. 397-407.

Urban, H.-J. (2008): Die postneoliberale Agenda und die Revitalisierung der Gewerkschaften. In: Butterwegge, Ch. u. a. (Hg.): Neoliberalismus. Analysen und Alternativen. S. 355-374. Wiesbaden.

Upchurch, M. u. a. (2009): The Crisis of Social Democratic Trade Unionism in Western Europe. Farnham.

ver.di (2015): Stärker werden! Mobilisierungskampagnen für Tarifrunden. Berlin.

Wagner, H. (2012): Demokratisierung der Arbeit heute. In: Fricke, W. / Wagner, H. (Hg.): Demokratisierung der Arbeit. S. 19-38. Hamburg.

Wallerstein, I. (2007): World-Systems Analysis. Durham und London.

Weber, M. (2005): Wirtschaft und Gesellschaft. Frankfurt/M.

Williams, St. (2013): Fordert alles. Lehren aus dem Transformativen Organizing. New York.

Wittemann, K. P. (1994): Ford-Aktion. Marburg.

Wood. E. M. (2010): Demokratie contra Kapitalismus. Köln.

Dies. (2002): The Origins of Capitalism. London.

Dies. (1997): Labor, the State, and Class Struggle. In: Monthly Review. H. 3. http://monthlyreview.org/1997/07/01/labor-the-state-and-class-struggle.

Zoll, R. (Hg.) (1984): Die Arbeitslosen, die könnt' ich alle erschießen. Frankfurt/M.

Ders. (1976): Der Doppelcharakter der Gewerkschaften. Frankfurt/M.